Liebe Leserin, lieber Leser!

Mit dem Kauf der gedruckten Ausgabe erhalten Sie die Möglichkeit, kostenlos eine digitale Version dieses Buches zu nutzen. Und so geht's:

1. Registrieren Sie sich unter http://www.opensourcepress.de/voucher

2. Geben Sie dort Ihren persönlichen Code ein:

   oroebooR8a

3. Nutzen Sie die E-Book-Ausgabe des Buches – wann immer und wo immer Sie möchten!

Damit wir diesen Service auch künftig anbieten können, bitten wir Sie um die Beachtung folgender Hinweise:

- Geben Sie Ihren persönlichen Code nicht an Dritte weiter.
- Die Online-Ausgabe unterliegt den gleichen urheberrechtlichen Bestimmungen wie das gedruckte Buch und ist ausschließlich für Ihre persönliche Nutzung bestimmt.
- Die Bereitstellung für Dritte z.B. über das Internet oder Intranets ist ausdrücklich untersagt.

Wir danken Ihnen für Ihr Verständnis und wünschen Ihnen eine interessante Lektüre – ob in gedruckter oder digitaler Form!

Ihr Team von Open Source Press

Patrick Lobacher

Certified TYPO3 CMS Integrator

Vorbereitung auf die Prüfung der TYPO3 Association

3. Auflage

Open Source Press

Bibliografische Information der Deutschen Nationalbibliothek

Die Deutsche Nationalbibliothek verzeichnet diese Publikation in der Deutschen Nationalbibliografie; detaillierte bibliografische Daten sind im Internet über http://dnb.d-nb.de abrufbar.

Gesamtlektorat: Dr. Markus Wirtz
Satz: textovia web application (http://textovia.com)
Umschlaggestaltung: Olga Saborov
Gesamtherstellung: Kösel, Krugzell

ISBN: 9783955391119 (gedruckte Ausgabe)

http://www.opensourcepress.de

Inhaltsverzeichnis

Einführung

TYPO3 wurde 1997 von dem dänischen Entwickler Kasper Skårhøj der Öffentlichkeit vorgestellt und erlebt seitdem einen anhaltenden Boom. Längst schon ist das Open Source Enterprise Content Management System zum Marktführer in seinem Bereich aufgestiegen, und immer mehr Websites von ganz unterschiedlichem Umfang werden weltweit damit realisiert. Dabei setzen nicht nur Mittelständler auf das System, sondern vor allem auch immer mehr Global Player mit komplexen Webauftritten, darunter Firmen wie Philips, Lufthansa, Aida, Rewe, Volkswagen, ThyssenKrupp AG, Sixt, Cisco WebEx, Epson, Konica Minolta, General Electric und viele andere.

Der stetig wachsende Erfolg und das damit verbundene Medienecho führten zu immer mehr Publikationen über TYPO3, die es mithin ermöglichen, die Arbeit mit dem System von Grund auf zu erlernen. Solange TYPO3 im privaten oder halbprivaten Bereich genutzt wird, ist der Einsatz unkritisch; fehlendes Wissen kann man sich hier mit der Zeit aneignen, eine andere Lösung wählen oder im Notfall die Lösungsversuche aufgeben und auf das Feature oder die Anpassung ganz verzichten.

Sobald man allerdings mit der Erstellung von TYPO3-Webseiten sein Geld verdienen möchte, nehmen die Anforderungen zu. Die Lektüre von ein, zwei Fachbüchern genügt da kaum; allzu oft fehlen dann tiefere Einblicke in das System und Praxiserfahrung. Kunden haben natürlich ganz eigene Vorstellungen von ihrer Website und deren Funktionalitäten, die sich selten in schablonenhafter Umsetzung gängiger Vorlagen realisieren lassen. Nur wenn der TYPO3-Dienstleister die notwendige Expertise hat, kann ein Projekt zur allseitigen Zufriedenheit gelingen.

Für den professionellen Bereich tut also eine objektive Kenngröße, ein Urteil über die Qualität von TYPO3-Dienstleistern Not, das es potenziellen Kunden möglich macht einzuschätzen, ob der Dienstleister in der Lage sein wird, einen Auftrag „State of the Art“ durchzuführen, eventuell auftretende Probleme in den Griff zu bekommen, Zusatz- oder Sonderwünsche rasch umzusetzen – kurz: ob er in der Lage sein wird, das Projekt zügig und zuverlässig zum Erfolg zu bringen.

Bewertung der Qualität von TYPO3-Dienstleistungen

Die (möglichst) objektive Bewertung der Qualität von TYPO3-Dienstleistungen wirft allerdings eine Reihe von Problemen auf, v.a. wenn man sich auf Selbstauskünfte der Dienstleister verlässt.

Fehleinschätzung der eigenen Fähigkeiten

Der Dienstleister neigt verständlicherweise dazu, sein Wissen eher zu überschätzen, schließlich wirbt er um Kunden. Stößt er im weiteren Projektverlauf auf Probleme, die bei seinen „Selbstversuchen" nicht aufgetreten sind, mangelt es ihm am nötigen Fachwissen, diese zu lösen. Doch selbst wenn es zunächst keine offenkundigen Probleme gibt, sind die von Unerfahrenen eingesetzten Methoden und Lösungen oft zu bemängeln: Es wird geflickt und getrickst, nur um das gewünschte Ergebnis präsentieren zu können.

Dabei muss es sich natürlich nicht unbedingt um Vorsatz handeln – oft fehlen schlicht Wissen und Erfahrung, um potenzielle Fehler, die erst unter gewissen Bedingungen zum Tragen kommen, zu erkennen oder z. B. mangelhafte Erweiterbarkeit vorherzusehen. Dann mag die Website zwar auf den ersten Blick funktionieren, ist aber vielleicht zu langsam, schlecht wartbar oder birgt Sicherheitsrisiken.

Dem Autor des vorliegenden Buches beispielsweise werden beinahe wöchentlich Projekte angetragen, die ein anderer Dienstleister „in den Sand gesetzt" hat. Schätzt man die eigenen Fähigkeiten nämlich falsch ein oder pokert zu hoch, weil man den Auftrag braucht, übersieht man im Vorfeld die Komplexität von Projekten; kommt dann unweigerlich der Zeitpunkt, an dem das eigene Fachwissen nicht mehr ausreicht, muss man sich in kurzer Zeit Spezialkenntnisse aneignen oder den Support durch die Community bemühen. Beides führt selten und nur bedingt zu professionellen Lösungen, und im schlimmsten Fall stellt man – viel zu spät – fest, dass man dem Projekt nicht gewachsen ist.

Eine Einschätzung der eigenen Fähigkeiten, im Sinne einer normativen Einordnung, wie sie durch eine Zertifizierung erfolgt, dient also u.a. auch der eigenen Standortbestimmung (und natürlich dem Nachweis hierüber).

Qualität von Referenzen

Ein gängiges Kriterium, nach dem Kunden ihren Dienstleister in der Praxis bewerten, sind dessen Referenzen. Bei näherer Betrachtung sind diese aber nur bedingt aussagekräftig: Der Kunde kann „von außen" gar nicht einschätzen, in welcher Qualität der Auftritt realisiert wurde; so kann es, um nur ein Beispiel zu nennen, praktisch unmöglich sein, neue Menüpunkte hinzuzufügen, wenn der Dienstleister die Möglichkeiten von TYPO3 nicht genutzt und das Menü hartkodiert hat. Der Kunde kann also meist nur Design und Qualität des Quellcodes (sofern er Erfahrung damit hat) bewerten, eventuell noch die Funktionalität – über die TYPO3-Kenntnisse des Dienstleisters erhält er aber tatsächlich keine verlässlichen Hinweise.

Zertifizierung ist hier ein objektives Kriterium, das, von der *TYPO3 Association* als berufener Stelle vergeben, Bewertung über das bloße Betrachten von Referenzen (also Websites) hinaus ermöglicht.

Profitabilität

Neben der funktionellen Qualität eines Projekts muss man allerdings ein weiteres Kriterium betrachten, wenn es um die Kompetenz von Dienstleistern geht: Auch in TYPO3 ist es möglich, definierte Ergebnisse auf verschiedenen Wegen zu erreichen. Es gibt Ansätze, die ein schnelles Arbeiten ermöglichen und Code und Struktur hinterlassen, die gut zu pflegen sind. Das erfordert jedoch viel Wissen und Erfahrung, ohne die dieselbe Aufgabe deutlich mehr Arbeitszeit in Anspruch nimmt. Damit steigen für den Kunden unter Umständen die Kosten; bei Projekten mit einem vereinbarten Honorarfixum sinkt hingegen der Stundenlohn des Dienstleisters, was den Kunden zunächst nicht betrifft.

Geht es aber um Wartbarkeit und schnelle Reaktion bei weiteren Anfragen, muss man sich als Kunde sicher sein, dass der Anbieter nicht nur die ursprüngliche Projektvariante beherrscht, sondern auch auf neue Fragestellungen zu reagieren in der Lage ist und dass er zudem das Projekt stets in einem Zustand hält, der Wartung, Erweiterung oder gar Übernahme durch andere erlaubt; gerade dies erfordert Erfahrung, die unter dem Stichwort „good practice" Standards zusammenfasst, die technisch nicht zwingend sind, sich jedoch als gut und sinnvoll bewährt haben.

Die Zertifizierung zum *TYPO3 CMS Integrator* ist darum, wie viele Zertifizierungen im IT-Bereich, darauf angelegt, nicht nur Wissen, sondern auch Erfahrung zu erfassen (wenn dies auch ein psychometrisch schwieriges Unterfangen ist).

TYPO3-Zertifizierung als Qualitätsmaßstab

Zur Lösung der oben genannten Probleme wurde die Zertifizierung *Certified TYPO3 CMS Integrator* ins Leben gerufen. Die Prüfung erfasst Wissen und Erfahrung des Dienstleisters möglichst umfassend und ermittelt ein objektives Urteil darüber, ob der Prüfungsteilnehmer in der Lage ist, ein TYPO3-Kundenprojekt nach festgelegten Bedingungen professionell und qualitativ hochwertig durchzuführen. Der Kunde soll sich auf diese Kenngröße verlassen können – auch und gerade wenn er über keinerlei TYPO3-Kenntnisse verfügt. Zusammenfassend kann man also sagen, dass die TYPO3-Zertifizierung hilft, die Qualität der TYPO3-Dienstleistungen zu verbessern, weil professionelle Anbieter sich von weniger versierten abgrenzen können und Kunden ein objektives Kriterium an die Hand bekommen, um zu erkennen, wer sein Handwerk versteht.

Certified TYPO3 CMS Integrator

Das erste Zertifikat ist der *Certified TYPO3 CMS Integrator*. Da man mit einer Einzelprüfung kaum alle Aspekte von TYPO3 abdecken kann, wurde zunächst eine Rolle erarbeitet, um sie dann mit einem definierten Profil auszustatten; eine Rolle, die für die Praxis die wohl größte Relevanz hat. Derzeit wird zudem an einer Zertifizierung für Entwickler gearbeitet, die gegen Ende 2014 zur Verfügung stehen wird.

Definition

Das Profil des TYPO3 CMS Integrators ist wie folgt definiert:

> Der „Certified TYPO3 CMS Integrator“ entwickelt das Template für die Website, konfiguriert alle notwendigen Extensions und vergibt Zugriffsrechte für die Backend-Benutzer. Der „Certified TYPO3 CMS Integrator“ kümmert sich dabei nicht um die Installation von TYPO3 auf dem Webserver, und er programmiert keine Extensions. Der „Certified TYPO3 CMS Integrator“ beherrscht die Konfiguration des vorinstallierten TYPO3-Systems mit dem Installer.[1]

Damit haben wir eine klare Definition und Abgrenzung, über welche Kenntnisse der Integrator verfügen muss. Während der Administrator

1 http://typo3.org/certification/about-the-certification/definition-certified-typo3-cms-integrator/

dafür sorgt, dass TYPO3 auf einem Server eingerichtet ist, erstellt der Integrator die Website und konfiguriert sie. Sobald aber eine eigene Extension gefordert ist, kommt der TYPO3-Programmierer ins Spiel.

Objectives

Um nun die Prüfungsthemen näher zu spezifizieren, wurden vom Zertifizierungsteam sogenannte *Objectives*, also Lernziele, definiert. Das vorliegende Buch orientiert sich mit seinen Fragenbereichen sehr genau an diesen Objectives, was sich auch in der Kapitelstruktur widerspiegelt:

Allgemeines zu TYPO3 (Kapitel 1)
: die Geschichte von TYPO3, Allgemeines, offizielle Events usw.

Installation (Kapitel 2)
: Einstellungen, Konfiguration, Handling, Passwörter usw.

Performance (Kapitel 3)
: Caching usw.

Dokumentation (Kapitel 4)
: Aufbau der TSref, Formate der Dokumentation, wichtige Manuals usw.

Extensions (Kapitel 5)
: Extension Manager, Installation und Konfiguration von Extensions usw.

Backend Administration (Kapitel 6)
: TYPO3-Module, Benutzermanagement und Workspaces, TSconfig, RTE usw.

Templating (Kapitel 7)
: Marker, Subparts, Fehlermeldungen usw.

TypoScript (Kapitel 8)
: Objekte, Logik, Menüs, `stdWrap`, `optionSplit` usw.

Das Buch deckt die gegebenen Objectives in Sachen Umfang etwa in derselben Gewichtung ab, wie sie für die Prüfung gelten: So gibt es in den Kapiteln 6 und 8 deutlich mehr Fragen als in den anderen Kapiteln – das macht die Bedeutung klar, die speziell diesen Themenkomplexen in der Prüfung beigemessen wird.

Die Zertifizierung

Die Zertifizierung wurde von der *TYPO3 Association* ins Leben gerufen. Das dafür eigens gegründete TYPO3-Zertifizierungsteam besteht aus namhaften Experten im Bereich Zertifizierung und TYPO3. Der Autor selbst ist ebenfalls Mitglied. Das Team ist für den Entwurf, die Durchführung und die ständige Verbesserung der Zertifizierung zuständig.

Allgemeines zur Prüfung

Die Prüfung wird grundsätzlich und ausschließlich in englischer Sprache durchgeführt. Dabei arbeitet TYPO3 mit dem Anbieter „Pearson VUE“ zusammen, der in seinen weltweit über 3.700 Testcentern in 145 Ländern eine elektronische Prüfung ermöglicht. Die Fragen wurden von TYPO3-Experten (darunter einige Core-Entwickler) entwickelt und nach strengen Richtlinien überarbeitet. Ein weiteres Expertengremium ist für die Evaluation der Fragen zuständig, um hohe Qualität sicherzustellen und zu ermitteln, in welcher Gewichtung (korrespondierend mit der Lösungswahrscheinlichkeit) die jeweilige Frage in die Prüfung eingehen soll.

Man kann die Prüfung, falls man nicht besteht, beliebig oft wiederholen; allerdings müssen zwischen dem nicht bestandenen und dem neuen Prüfungstermin mindestens zwei Monate liegen. Lesen Sie, bevor Sie sich anmelden, die Frequently Asked Questions (FAQ) durch, die auf der Certification-Website zu finden sind.[2]

Anmeldung

Normalerweise kostet die Prüfung 200,- EUR. Wenn Sie selbst (oder Ihre Firma) Mitglied der TYPO3 Association sind, erhalten Sie 50,- EUR Rabatt. Damit man diesen Nachlass bei der Anmeldung auch gutgeschrieben bekommt, muss man zunächst eine E-Mail an `certification@typo3.org` schicken, in der man seine Mitgliedsnummer und den Namen des Prüflings mitteilt. Anschließend erhält man einen Gutschein-Code.

Ist die Firma, in der man arbeitet, Association-Mitglied mit dem Status Silber oder höher, erhält sie eine definierte Anzahl von Gutscheinen, mit denen sich die Prüfung um 50,- EUR reduziert:

2 `http://typo3.org/certification/faq/`

- Silber: 3 Gutscheine pro Jahr
- Gold: 10 Gutscheine pro Jahr
- Platin: 20 Gutscheine pro Jahr

Nun sucht man sich auf der Pearson VUE Website[3] ein geeignetes Schulungscenter aus. Dazu wählt man links Information Technology (IT) und rechts TYPO3 aus.

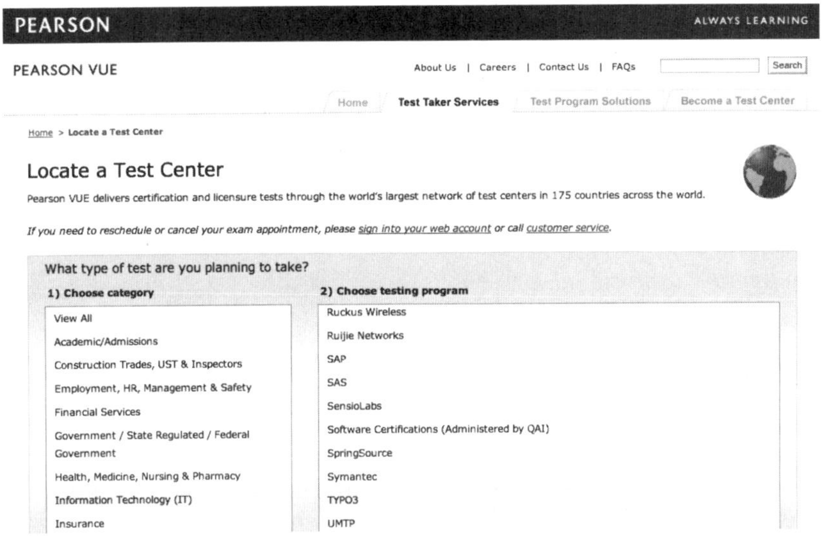

Abbildung 1: Auswahl der Kategorie und des Testing Programs

Anschließend werden Sie auf die Login-Seite weitergeleitet, wo Sie sich links entweder einloggen können (wenn Sie bereits einen Account haben) oder aber rechts einen neuen Account anlegen können.

Kommt an dieser Stelle allerdings dirckt schon die Suchmaske, dann müssen Sie zunächst oben rechts auf Login klicken.

Geben Sie nun Ihre Daten vollständig ein. Die Anmeldung wird nun offensichtlich persönlich geprüft – denn es erfolgt eine Meldung, dass man Login und Passwort innerhalb eines Geschäftstages erhält.

Sobald die Bestätigungsmail ankommt, kann man sich ein geeignetes Testcenter suchen, einen Termin festlegen und anschließend per Kreditkarte (einzig mögliches Zahlungsmittel!) bezahlen.

Denken Sie daran, dass Sie die Prüfung bei Nichterscheinen, sofern Sie dieses nicht mindestens 48 Stunden vorher über die Website anmelden, auch bezahlen müssen.

3 http://www.pearsonvue.com/vtclocator/

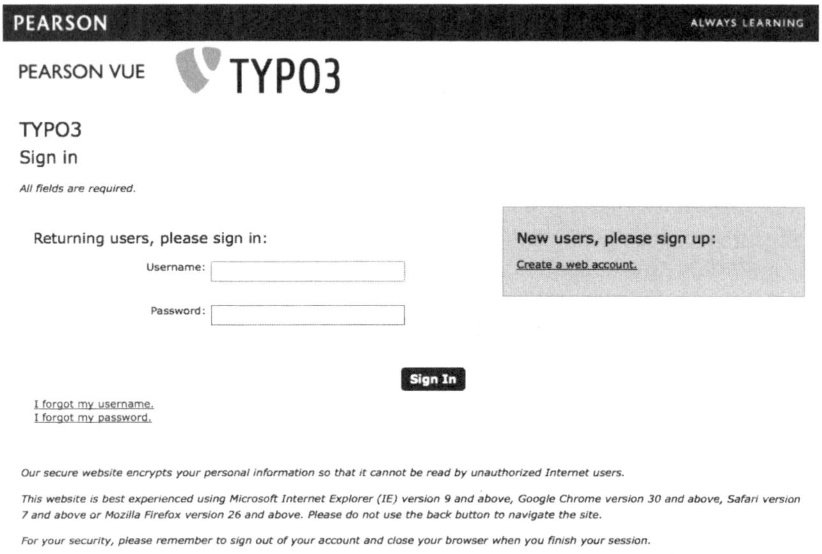

Abbildung 2: Login bzw. Account anlegen

Ablauf der Prüfung

Am besten ist es, wenn Sie 15-30 Minuten vor Beginn der Prüfung bereits im Testcenter ankommen. Dort können Sie sich in Ruhe orientieren und anmelden. Bei der Anmeldung werden Ihre Daten überprüft, insbesondere auch der Personalausweis bzw. Reisepass. Andere Dokumente (wie Führerschein) sind nicht zugelassen.

Anschließend müssen Sie ein sogenanntes NDA (Non Disclosure Agreement) unterschreiben, also eine Verschwiegenheitsvereinbarung, die Sie vorab auf der Website[4] prüfen können und mit der Sie sich verpflichten, die Fragen nicht nach außen weiterzugeben.

Sobald die Formalitäten erledigt sind, werden Sie zu einem Computer geführt, an dem Sie die Prüfung online und unter Aufsicht durchführen.

Sie haben hierfür 90 Minuten Zeit, die Prüfung umfasst 75 Fragen. Während der Prüfung sind natürlich keine Hilfsmittel zugelassen. Sollten Sie versuchen, unerlaubte Hilfsmittel zu benutzen, wird die Prüfung beendet und gilt als nicht bestanden. Zudem ist es nicht gestattet, den Prüfungsraum zu verlassen, bevor Sie die Prüfung für beendet erklären bzw. die offizielle Prüfungszeit abgelaufen ist.

4 http://typo3.org/fileadmin/t3org/documents/certification/NDA_-_TYPO3_Certification.pdf

Inhalt der Prüfung

Es erwarten Sie in der Prüfung 75 Fragen, für deren Beantwortung Sie 90 Minuten Zeit haben. Die Fragen sind in englischer Sprache verfasst. Sofern nicht ausdrücklich anders vermerkt, beziehen sich die Fragen zur Drucklegung dieses Buches auf Version CMS 6.2 LTS (und keine andere!) von TYPO3 (Stand August 2014). Informieren Sie sich vor der Prüfung auf der offiziellen Website[5], auf welche TYPO3-Version sich die Prüfung aktuell bezieht. Die allermeisten der in diesem Buch diskutierten Fragen behalten natürlich auch nach einem Versionswechsel ihre Gültigkeit, so dass Sie auch dann mit der Lektüre bestens vorbereitet sind.

Wenn Fragen über Beschriftungen im Backend gestellt werden (Modulnamen, Optionen etc.), liegt immer das englischsprachige Backend zugrunde. So heißt das Modul zur Eingabe der Seitenelemente in den Fragen stets Page und nicht Seite.

Sie müssen nicht exakte Werte für Optionen oder Ähnliches auswendig lernen – die Fragen sind meist so aufgebaut, dass es eher darauf ankommt, den logischen Sachverhalt verstanden zu haben. Lesen Sie die Fragen sehr aufmerksam durch, in einigen Fällen entscheidet ein einzelnes Wort darüber, welche der angebotenen Antworten richtig ist.

Alle Fragen sind im typischen Stil von Multiple-Choice-Prüfungen gestellt, das heißt, zu einer Frage werden mehrere (immer mindestens vier) mögliche Antworten angeboten. Dabei kann eine Antwort richtig sein oder aber auch mehrere – als Hilfe wird die Anzahl der richtigen Antworten neben der Frage vermerkt. Wenn Sie nicht exakt die richtigen Antworten ankreuzen, gilt die ganze Frage als falsch beantwortet.

Bewertung und Zertifikat

Nach der Prüfung werden die Einträge elektronisch ausgewertet und festgestellt, wie viel Prozent der Antworten richtig waren. Die Zahl wird mit dem zuvor bestimmten Schwellenwert (*Cut-off Score*) verglichen und auf diese Weise ermittelt, ob der Kandidat die Prüfung bestanden hat.

Ist dies der Fall, erhält er sofort die Meldung auf dem Bildschirm, dass er die Prüfung bestanden hat und bekommt innerhalb weniger Wochen das Zertifikat per Post zugesandt. Er/Sie darf sich fortan als *Certified TYPO3 CMS Integrator* bezeichnen. Darüber hinaus kann man Werbung mit dem erworbenen Titel machen, beispielsweise durch ein entsprechendes Banner, das auf der Certification-Website zum Download zur Verfügung gestellt wird, durch Aufnahme des Titels in die eigene Website oder auf

5 `http://typo3.org/certification/faq/`

der Visitenkarte; auch die Nennung des vollen Namens auf der Certification-Website erfolgt auf Wunsch, eine Option, die die Mehrzahl der Prüfungsabsolventen bislang in Anspruch nimmt.

Das Zertifikat ist nun 3 Jahre (36 Monate) lang gültig und muss dann erneuert werden.

Zur Benutzung dieses Buches

Hier noch einige wichtige Hinweise und Klarstellungen zu den im Buch nun folgenden Aufgaben und Fragen:

- Es hat keinen Sinn, die vorliegenden Fragen auswendig zu lernen. Wichtig ist, die dahinter liegenden Zusammenhänge und Informationen erfasst, verstanden und in der Praxis genutzt zu haben. In diesem Zusammenhang der ausdrückliche Hinweis: Es handelt sich bei den hier diskutierten Fragen *nicht* um originale Prüfungsfragen!

- Aus didaktischen Gründen sind die Fragen einerseits in Kapiteln thematisch sortiert und bauen andererseits auf anderen Fragen auf, wodurch sich manchmal allein aus dem Kontext der Frage im Kapitel die Antwort erraten lässt. Das ist natürlich bei der Prüfung nicht so. Ebenso ist jeder Teilbereich hier im Buch mit einer Einleitung versehen, die Sie in das Thema einführt – unter Umständen enthält sie schon den ein oder anderen Hinweis auf eine richtige Antwort. In der Prüfung haben Sie diesen Luxus nicht, nutzen Sie ihn also so wenig wie möglich.

- Versuchen Sie möglichst den gesamten Stoff zu verstehen. Wenn Sie beim Durcharbeiten des Buches feststellen, dass Ihr Wissen noch lückenhaft ist, sollten Sie diese Lücken schließen und das entsprechende Kapitel dann noch einmal bearbeiten. Spekulieren Sie nicht darauf, die Prüfung nur zu bestehen, weil die falsch beantworteten Fragen nicht genug Punkte ausmachen, um Ihren Erfolg zu gefährden.

- Viele der folgenden Fragen wurden entwickelt, um einen bestimmten Sachverhalt darzustellen, abzufragen und zu erläutern. Selbst wenn dabei versucht wurde, nie realitätsfremd und akademisch zu werden, mögen Sie bisweilen denken: „Das hätte ich ohnehin nie auf diese Weise gemacht." Versuchen Sie sich dennoch in die Frage hineinzudenken und sie zu beantworten.

- Einige Fragen zielen auf Möglichkeiten des Grundsystems von TYPO3 ab, bestimmte Funktionalitäten umzusetzen, die Sie in der Praxis vielleicht mit einer Extension realisieren. Beachten Sie dabei, dass die Zertifizierungsprüfung zwar die Installation und Konfiguration von Extensions abfragt – nicht aber das Wissen um die Extensions selbst (Ausnahme: Systemextensions). Daher sollten Sie sich über die Funktionen des Grundsystems im Klaren sein, auch wenn Sie in der täglichen Arbeit für bestimmte Funktionalitäten gewohnheitsmäßig eine Extension verwenden.

- Den Fragen folgen zunächst mögliche Antworten und anschließend eine Erläuterung zum Sachverhalt. Am Ende der Erläuterung finden Sie dann die Angabe der richtigen Antworten. So ist gewährleistet, dass Sie nicht aus Versehen vorab die korrekte Lösung sehen und sich damit die Möglichkeit nehmen, die Frage unvoreingenommen zu beantworten.

- Selbst wenn Ihnen die richtige Antwort sofort klar sein sollte, kann es sinnvoll sein, die Erläuterung aufmerksam zu lesen. Die Frage in der Prüfung könnte beispielsweise dasselbe Thema, jedoch einen anderen Aspekt abfragen – diesen finden Sie unter Umständen in der Erklärung dargestellt.

- In den Beispielen werden Sie hin und wieder von der Beispiel-Domain `http://mytypo3domain.de` lesen. Damit ist natürlich Ihre eigene Domain oder die Domain eines Projekts gemeint, an dem Sie arbeiten, keine reale Domain.

- Hinter jeder Frage steht in Klammern die Anzahl der richtigen Antworten.

- Zur Steigerung der Qualität des Buches würde ich mich sehr freuen, wenn Sie mir schreiben, wie es Ihnen in der Prüfung ergangen ist und welche Fragen und Erläuterungen besonders hilfreich oder nicht so hilfreich waren. Schreiben Sie mir: `<patrick@lobacher.de>`

Ich freue mich auf Ihr Feedback!

Danksagung

Die zweite Auflage ist nun schon vor über zwei Jahren erschienen, und seitdem hat sich rund um die Zertifizierung viel getan – daher ist es nun abermals Zeit, diese zu aktualisieren, Fehler zu beheben und neue Themen aufzugreifen. Das TYPO3-Projekt ist derzeit bei Version 6.2 LTS angekommen – die zweite Auflage behandelte noch Version 4.6.

Vielen Dank für die zahlreichen positiven Rückmeldungen per E-Mail oder persönlich auf Events – sie haben mich darin bestärkt, die Arbeit fortzusetzen. Ich freue mich, dass das Buch offenkundig sein Ziel erreicht, seinen Leserinnen und Lesern TYPO3 näherzubringen und ihnen bei der Prüfungsvorbereitung zu helfen.

Ich hoffe, ich habe es auch in dieser aktualisierten Auflage geschafft, spannende Themen auszuwählen und einen Einblick in die Welt von TYPO3 zu bieten.

Bedanken möchte ich mich – wieder einmal – bei meiner Frau Marina, die abermals auf mich verzichten musste, während ich diese Zeilen schreibe. Das muss wahre Liebe sein. : -)

Patrick Lobacher

München, September 2014

Kapitel 1

Allgemeines

Über manche Frage in diesem Kapitel werden Sie sich möglicherweise wundern – geht es doch gar nicht um Technisches, sondern um das „soziale Leben“ des Projekts. Warum?

Ein zukünftiger TYPO3 Integrator soll nicht allein Fachwissen vorweisen, sondern auch das organisatorische Umfeld von TYPO3 in Grundzügen kennen und verstehen. TYPO3 ist ein in der Community gewachsenes Produkt, das von diesem Entwicklungskonzept auch geprägt ist. Open-Source-Softwareprojekte folgen zum Teil einer anderen Logik als solche, in denen von Softwarehäusern proprietäre Software entwickelt wird. Darüber hinaus ist die organisatorische Struktur von Interesse, wenn es beispielsweise um Hilfe und Support geht. In der Zertifizierungsprüfung soll ja auch die Erfahrung des Kandidaten überprüft werden, und wer sich über Jahre mit TYPO3 beschäftigt, weiß dann eben doch so einiges über das Schalten und Walten der Community und der Association, auch wenn er es vielleicht nur beiläufig registriert.

1.1 Das Projekt TYPO3

In diesem Abschnitt geht es um die Geschichte von TYPO3 und Personen, die sich um das Projekt verdient gemacht haben, aber auch darum, was Sie mit TYPO3 machen und nicht machen dürfen. Zudem wird in einigen Fragen thematisiert, was zu tun ist, wenn Sie eine Sicherheitslücke oder einen Fehler entdecken.

1.1.1 Wer hat TYPO3 erfunden? (1)

a) Die Firma TYPO3 Association

b) Robert Lemke

c) Kasper Skårhøj

d) Die Firma TYPOlight

e) Michael Stucki

Die Antwort auf diese Frage sollte klar sein; dass dies nicht so ist, zeigen immer wieder Gespräche mit Personen, die neu in der TYPO3-Welt sind. Hier herrscht vielmehr die Meinung vor, die TYPO3 Association habe das CMS erfunden – das stimmt so aber natürlich nicht. Während die Association erst 2004 gegründet wurde, gibt es das CMS TYPO3 bereits seit 1997.

Den Namen Robert Lemke hört man, gerade in letzter Zeit, im Umfeld von TYPO3 sehr häufig – und in Zukunft unter Umständen noch öfter. Er ist Entwicklungsleiter von TYPO3 Flow und TYPO3 Neos. Er und sein Team programmieren seit circa 8 Jahren an dieser wegweisenden und vom Code her völlig neuen TYPO3-Version – mit der Geburtsstunde von TYPO3 hatte er aber nichts zu tun.

Die Einführung von TYPOlight führte seinerzeit zu einiger Verwirrung in der TYPO3-Welt. Das lag an der Namensähnlichkeit wie auch an der gleichen Benennung verschiedener Features wie *Typolinks*, *Hooks* und *Extensions*, um nur ein paar Beispiele zu nennen. Letztlich sind die beiden Produkte aber vollkommen unabhängig voneinander. Zudem hat das Team rund um Leo Feyer, dem Erfinder von TYPOlight, aus der Verwechslungsgefahr die Konsequenzen gezogen und das Projekt am 06.06.2010 in *Contao* umbenannt.

Auch über den Namen Michael Stucki stolpert man recht oft, ist er doch der *Chief Developer* des 4-er Zweiges von TYPO3.

Tatsächlich aber wurde TYPO3 von Kasper Skårhøj im Jahre 1997 – im Sinne der Erstentwicklung – erfunden. Daher ist allein Antwort c) richtig.

1.1.2 In welchem Land wurde der TYPO3-Erfinder geboren? (1)

a) Schweden

b) Norwegen

c) Finnland

d) Dänemark

e) Deutschland

Zum Einstieg dürfte auch diese Frage eher leicht zu beantworten sein, denn schon der Name des Erfinders verrät seine nordische Herkunft. Tatsächlich ist das Geburtsland von Kasper Skårhøj Dänemark.

Im Jahr 1997 entwickelte er, noch als Student, in Kopenhagen ein CMS, das wenig später den Namen TYPO3 bekommen sollte.

Richtig ist also Antwort d).

Abbildung 1.1: Kasper Skårhøj auf dem Linux-Tag 2005

1.1.3 Welche der folgenden Schreibweisen von TYPO3 sind in der Kommunikation zu verwenden? (1)

a) TYPO3

b) Typo3

c) typo3

d) TyPo3

e) TYPO 3

f) TYP 03

Mit dem zunehmenden Erfolg von TYPO3 nimmt auch die Kommunikation rund um das CMS zu. So entstehen Webseiten, Pressemeldungen, Plakate, Blog-Einträge, Twitter-Nachrichten und vieles mehr.

Mitte 2006 hat sich das TYPO3-Design-Team entschieden, einen *Style-Guide*[1] zu erstellen, der das Corporate Design des TYPO3-Projekts definiert. So wurden die Rahmenbedingungen der Logonutzung, Schriftarten, Farben und eben auch die Schreibweise von TYPO3 festgelegt, um in der Öffentlichkeitsarbeit ein homogenes Erscheinungsbild zu wahren und TYPO3 als Marke zu etablieren.

Dabei wurde auch festgelegt, dass TYPO3 stets und ausschließlich in Großbuchstaben und ohne Leerzeichen vor der Zahl zu schreiben ist. Die einzige Ausnahme: Gibt man eine URL an, die „typo3" enthält, also z.B. `typo3.org`, dann werden ausschließlich Kleinbuchstaben verwendet. Richtige Antwort ist hier also a).

Abbildung 1.2: Das offizielle TYPO3-Logo

1 `http://typo3.org/about/the-brand/style-guide/`

1.1.4 Da TYPO3 ein Open-Source-Projekt ist, kann das TYPO3-Logo von jedem verwendet und verändert werden. (1)

a) Ja, das ist richtig. Dies regelt die GPL.

b) Ja, das ist richtig. Open-Source-Projekte haben keine Namensrechte.

c) Ja, das ist richtig. Man kann auf `typo3.org` Nutzungsrechte kaufen.

d) Nein, man darf das Logo weder verwenden noch verändern.

e) Nein, man darf das Logo in keinem Fall verändern.

Es verwundert, welche Vorstellungen in Bezug auf Open-Source-Produkte herrschen. So sind viele Menschen der Ansicht, dass man bei einem Open-Source-Projekt praktisch alles tun und machen kann, was man will. Dabei ist die Sachlage, z.B. auch zur Nutzung des Logos, juristisch eindeutig: Zunächst einmal steht das Logo unter einer Lizenz – in diesem Fall der *Creative Commons License*, und genauer: der *Attribution-No Derivative Works 2.5 Generic.*[2]

Das bedeutet, dass das Logo zwar verbreitet, aber keine Änderungen daran vorgenommen werden dürfen. Aussehen und Einsatz des Logos regelt der TYPO3 Style Guide, den wir oben bereits vorgestellt haben. Bei Verstößen erlöschen sofort sämtliche Nutzungsrechte. Antwort e) ist also korrekt.

1.1.5 Angenommen, Sie sollen ein offizielles TYPO3-Dokument mit einem Bild erstellen. Welche Motive dürfen Sie verwenden? (1)

a) Computer

b) Konferenztische

c) Telefone

d) Händeschütteln

c) Bergsteiger

2 `http://creativecommons.org/licenses/by-nd/2.5`

Diese Frage sollten Sie nicht allzu ernst nehmen, denn zunächst einmal hätte die Erstellung eines Dokuments im Namen der TYPO3 Association oder des Projekts allgemein nichts mit Ihren Aufgaben als TYPO3 Integrator zu tun. Dennoch kann man von Ihnen erwarten, dass Sie sich mit dem TYPO3-Projekt so weit auseinandergesetzt haben, dass Sie als TYPO3 Integrator und Mitglied der Community auch Diskussionen und Entscheidungen über Image und Design des Projekts verfolgt haben.

Im Style Guide ist nämlich auch die Verwendung von fotografischem Material im offiziellen Kontext festgelegt. Man will mit der Bebilderung prinzipiell „intensive Momente der menschlichen Zusammenarbeit" darstellen. Ausdrücklich als ungeeignet werden dabei die Motive der Antworten a) bis d) angesehen.

Bilder von Bergsteigern wiederum transportieren das Image nahezu perfekt. Wenn Sie das Backend Ihrer TYPO3-Installation aufrufen, sehen Sie dort versionsabhängig verschiedene Bilder (beispielsweise das aus Abbildung 1.3) – jedoch alle nach den in den „Photography guidelines" des Style Guide niedergelegten Kriterien. Somit ist Antwort e) richtig.

Abbildung 1.3: Ein für das TYPO3-Image typisches Bild

1.1.6 Wofür steht die Abkürzung ECM? (1)

a) Erweitertes Content Management

b) Enterprise Content Module

c) European Content Management

d) Enterprise Content Management

e) Edition of Contemporary Management

f) Enhanced Content Management

Wir werden nun nicht alle möglichen Abkürzungen abfragen, sondern uns nur auf solche konzentrieren, die Ihnen wirklich geläufig sein sollten – *ECM* (manchmal auch *ECMS*) gehört zweifellos dazu. Denn damit wird die Software klassifiziert, mit der Sie tagtäglich arbeiten: Es handelt sich natürlich um ein Content Management System (*CMS*), da – vereinfacht – Inhalte verwaltet werden. Um aber auszudrücken, dass sich das System nicht nur für kleine, semiprofessionelle Projekte eignet, sondern auch für große Unternehmen mit deren komplexen Anforderungen, hat man dem Terminus ein *E* für *Enterprise* vorangestellt.

Die Wikipedia definiert ECM wie folgt: „Enterprise-Content-Management (ECM) umfasst die Technologien zur Erfassung, Verwaltung, Speicherung, Bewahrung und Bereitstellung von Content und Dokumenten zur Unterstützung von organisatorischen Prozessen im Unternehmen." [3] Richtig ist also Antwort d).

1.1.7 Was ist eine TYPO3-Usergroup? (1)

a) Eine Gruppe im Internet wie `typo3.ug.muenchen`

b) Ein von Firmen organisiertes Support-Netzwerk

c) Ein zwangloses Treffen von TYPO3-Enthusiasten

d) Ein Chat-Kanal

e) Ein Verein, vergleichbar mit der TYPO3 Association, nur auf User-Basis

Auch bei diesem Begriff herrscht hin und wieder Verwirrung. Gruppen, wie die in Antwort a) genannte, werden üblicherweise als Newsgroups bezeichnet, die über einen speziellen Newsclient kommunizieren. Es ist aber auch möglich, die in einer Newsgroup geführten Diskussionen per E-Mail zu verfolgen und daran teilzunehmen. In solchen Newsgroups schließen sich Freiwillige zusammen und diskutieren verschiedene, irgendwie mit TYPO3 in Verbindung stehende Themen. Gerade als Anfänger findet man dort schnell erste Problemlösungen.

Es gibt derzeit etwa 100 solcher Newsgruppen zu beinahe allen Teilbereichen rund um TYPO3. Tatsächlich enthält die in Antwort a) genannte Newsgroup ein `ug`, das auch für *Usergroup* steht – dies ist aber nur eines der Kommunikationsmedien der Usergroup. Antwort b) ist frei erfunden. Antwort e) klingt zwar plausibel, hat aber mit Usergroup nichts zu tun.

Einen Chat-Kanal gibt es natürlich auch (`#TYPO3` auf IRC) – dieser heißt aber *Channel*. Bleibt also nur Antwort c), und genau diese ist auch richtig. Eine TYPO3-Usergroup ist ein zwangloses, meist regelmäßiges Tref-

3 `http://de.wikipedia.org/wiki/Enterprise-Content-Management`

fen von TYPO3-Begeisterten in vielen Städten weltweit. So gibt es beispielsweise TYPO3-Usergroups in München oder Hamburg, aber auch außerhalb Deutschlands, in ganz Europa und sogar weltweit treffen sich Begeisterte, um Erfahrungen auszutauschen.

1.1.8 Was gehört zum TYPO3 Verhaltenskodex (Code of Conduct)? (6)

a) Sei rücksichtsvoll.

b) Sei respektvoll.

c) Sei anderen behilflich.

d) Wenn Du mit dem Weg, den TYPO3 geht, nicht einverstanden bist, teile dies anderen mit.

e) Frage andere, wenn Du unsicher bist.

f) Wenn Du Dich aus dem TYPO3-Projekt zurückziehst, tue dies rücksichtsvoll.

Tatsächlich ist der sogenannte *Verhaltenskodex* (*Code of Conduct*) bei uns relativ unbekannt. Darin sind Verhaltensweisen beschrieben, die nach von Meinung Kasper Skårhøj, dem TYPO3-Erfinder und Verfasser dieses Kodex, dem Projekt dienlich sind. Zwar ist niemand gezwungen, sich an die dort genannten Vorgaben zu halten, allerdings ist ihre Befolgung einer Zusammenarbeit sicher zuträglich – und davon würden wiederum alle profitieren.

Der *TYPO3 Code Of Conduct*[4] basiert auf dem *Ubuntu Code Of Conduct*[5] und steht unter der Lizenz *Creative Commons Attribution-Share Alike 3.0.*

Nun aber zur Lösung der Frage: Es fällt schwer, eine Antwort auszusuchen, die *nicht* sinnvoll scheint, denn alle klingen nützlich. Und so ist es auch – richtig sind alle Antworten von a) bis f).

4 `http://typo3.org/community/code-of-conduct`

5 `http://www.ubuntu.com/community/conduct`

1.1.9 Sie haben eine Sicherheitslücke in TYPO3 entdeckt. Was sollten Sie nun tun? (1)

a) Man muss als reiner Anwender nichts unternehmen – dies ist Aufgabe der Core-Mitglieder.

b) Sie informieren Kasper Skårhøj per E-Mail an `kasper@typo3.org`.

c) Sie posten die Sicherheitslücke im Forum von `www.securityfocus.org`.

d) Sie informieren das TYPO3-Sicherheitsteam per E-Mail an die Adresse `security@typo3.org`.

e) Wenn die Sicherheitslücke in einer eingesetzten Extension auftritt, sollten Sie auch den Autor der Extension informieren.

f) Sie posten die Sicherheitslücke in der Newsgruppe `typo3.projects.security`.

Eine der größten Gefahren für Datensicherheit und -integrität in TYPO3 sind zweifelsfrei Sicherheitslücken. Über diese ist es möglich, in die Installation einzudringen und Daten auszulesen, zu verändern oder gar zu löschen. Darüber hinaus kann man oft – wenn man schon das TYPO3-System kompromittiert hat – den Server oder sogar das ganze Netzwerk schädigen oder übernehmen und damit potenziell andere Internet-Nutzer mit Spam oder weiteren Angriffen schädigen.

Damit einem Hacker das gelingt, muss er aber erst einmal von der Sicherheitslücke erfahren. Wenn Sie diese auf einer öffentlich zugänglichen Plattform (Foren, Newsgruppen etc.) posten, dann erfahren natürlich nicht nur diejenigen davon, die Gutes im Schilde führen, sondern auch potenzielle Angreifer. Daher tut man gut daran, derlei brisante Informationen ausschließlich an die richtige Stelle zu schicken – und dies ist das TYPO3-Sicherheitsteam, das Sie unter der E-Mail-Adresse `security@typo3.org` erreichen.

Den Autor der Extension sollten Sie allerdings *nicht* anschreiben – das übernimmt das Sicherheitsteam direkt. Nur so ist gewährleistet, dass die Kontrolle des Sicherheitsteams nicht verlorengeht.

Kasper selbst sollten Sie ebenfalls *nicht* behelligen. Einerseits ist er technisch nicht mehr im TYPO3-Kernteam involviert, zudem bekommt er ausgesprochen viele E-Mails – da würde Ihre Mail unter Umständen untergehen.

Somit ist ausschließlich die Antwort d) richtig.

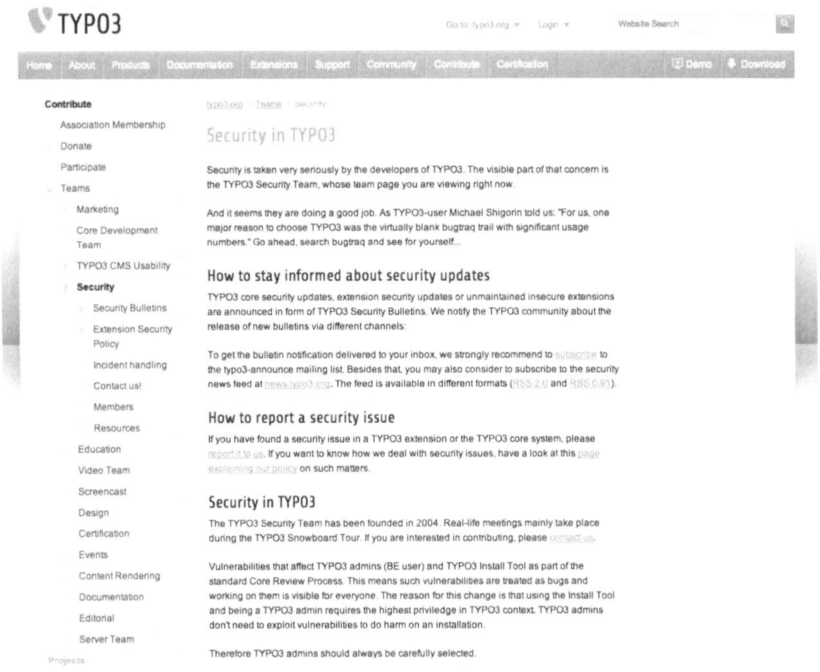

Abbildung 1.4: Die Website des TYPO3 Security-Teams

1.1.10 Sie haben einen Fehler in TYPO3 entdeckt. Was sollten Sie nun tun? (2)

a) Man muss als reiner Anwender nichts unternehmen – das ist Aufgabe der Core-Mitglieder.

b) Sie informieren Kasper Skårhøj per E-Mail an `kasper@typo3.org`.

c) Sie stellen einen so genannten Bugreport im Bugtracker ein.

d) Sie informieren das TYPO3-Fehlerteam per E-Mail an `bugs@typo3.org`.

e) Wenn der Fehler in einer Extension auftritt, sollten Sie auch den Autor der Extension informieren.

Es kann sein, dass Sie bei der täglichen Arbeit einen Fehler in TYPO3 entdecken. Da es keine komplexe Software ohne Fehler gibt, ist es sogar recht wahrscheinlich, dass Sie früher oder später über einen solchen *Bug* stolpern. Sie sollten nun zuallererst ausschließen, dass Sie selbst die Quelle des Fehlers sind, weil z.B. Ihr TypoScript-Code einen Fehler enthält. Sobald Sie sich dessen sicher sind, sollten Sie andere fragen, ob ihnen der Fehler ebenfalls aufgefallen ist.

Vor allem sollten Sie versuchen, ein Szenario zu finden, in dem der Fehler zuverlässig – also reproduzierbar – auftritt. Erst dann geht es an die nächsten Schritte. Der Vorschlag in Antwort a) ist also schon einmal auszuschließen – verhielte sich jeder so, würde der Fehler unter Umständen nie behoben werden. Machen Sie den Fehler also unbedingt publik.

Kasper Skårhøj persönlich sollten Sie nicht behelligen (abgesehen davon, dass die in Antwort b) angegebene E-Mail-Adresse nicht existiert); er programmiert selbst nicht mehr aktiv im Projekt, so dass er, wenn überhaupt, Ihre E-Mail auch nur weiterzuleiten hätte.

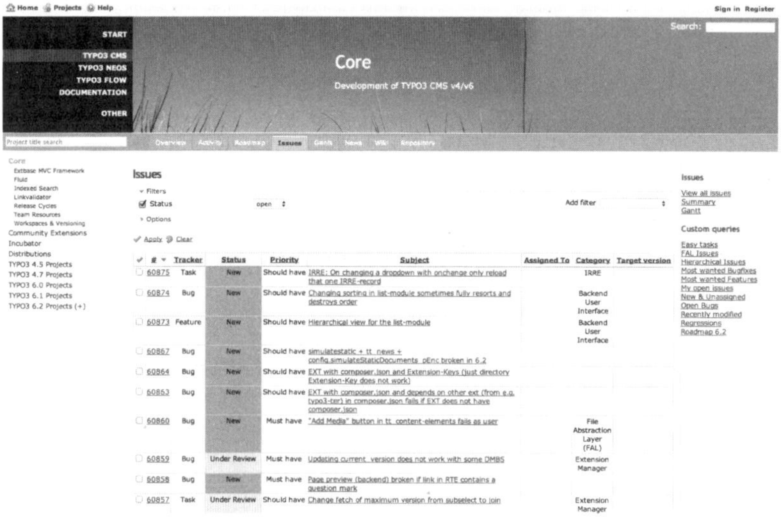

Abbildung 1.5: Die richtige Anlaufstelle für die Meldung von Fehlern

Der Bugtracker[6] ist schließlich die beste Anlaufstelle für Ihre Meldung. Man kann dort einen Account anlegen und so am Projekt mitwirken. Wenn Sie also einen Fehler finden, sollten Sie zuerst im Bugtracker prüfen, ob nicht vielleicht ein anderer denselben Fehler schon gemeldet hat; vielleicht gibt es ja bereits eine Lösung oder es wird zumindest schon daran gearbeitet. Finden Sie nichts zu Ihrem Problem, legen Sie einen neuen Eintrag dazu an. Kurze Zeit später wird sich einer der TYPO3-Entwickler um die Behebung des Fehlers kümmern. Die in Antwort d) angegebene E-Mail-Adresse sollten Sie übrigens *nicht* nutzen – nutzen Sie für Meldungen ausschließlich den Bugtracker. Sinnvoll ist es allerdings, bei Problemen mit Extensions den jeweiligen Autor zu informieren.

Somit sind die Antworten c) und e) richtig.

6 `http://forge.typo3.org/projects/typo3v4-core/issues`

1.2 Die TYPO3 Association

Der folgende Abschnitt behandelt die TYPO3 Association und ihre Tätigkeitsfelder. Sie müssen diese zentrale Institution in Grundzügen verstehen und ihr Engagement abgrenzen können gegen das der Community. Kennen Sie z.B. den Unterschied zwischen offiziellen und inoffiziellen Events? Ist Ihnen klar, an wen Sie sich wenden können, wenn Sie auf ein Problem stoßen?

1.2.1 Was ist die TYPO3 Association? (1)

a) Die TYPO3 Association ist ein gewinnorientiertes Unternehmen, das das TYPO3-Projekt finanziert.

b) TYPO3 Association ist der Name der Firma, die von Kasper Skårhøj zur Unterstützung des Projekts ins Leben gerufen wurde.

c) Die TYPO3 Association ist ein eingetragener Verein mit Sitz in der Schweiz.

d) TYPO3 Association ist der Name des Zusammenschlusses aller TYPO3-Usergroups in Europa.

e) TYPO3 Association ist ein eingetragener Markenname des TYPO3-Projekts. Der Einfachheit halber wird dieser mit TYPO3 abgekürzt.

Geht man systematisch vor, lassen sich die meisten Antworten schnell ausschließen. Zunächst – und das ist wohl das Wichtigste – ist die TYPO3 Assocation eine nicht-kommerzielle Einrichtung, eine sog. Non-Profit-Organisation, die sich folgende Ziele gesetzt hat:[7]

- Unterstützung der Entwicklung von TYPO3
- Organisation von Events zum Zweck der Informationsverbreitung und Weiterbildung
- Unterstützung der Einführung internationaler Softwarestandards in TYPO3
- Aus- und Weiterbildung sowie Zertifizierung zur Qualitätssicherung
- Vertretung der Interessen der Mitglieder bei Vergabe von öffentlichen Aufträgen

7 `http://association.typo3.org/`

- Kommunikation nach innen und außen, v.a. über die Websites des Projekts

Da die TYPO3 Association, wie bereits erwähnt, keine kommerzielle Institution und auch nicht mit solchen assoziiert ist, sind die ersten beiden Antworten falsch. Usergroups (Antwort d) stehen nicht in direkter Verbindung zur TYPO3 Association, sie werden unabhängig und auf eigene Initiative organisiert, und die Theorie aus Antwort e) ist natürlich Unsinn. Richtig ist insofern allein Antwort c). Tatsächlich ist die Association ein Verein mit Sitz in der Schweiz.

Wer hierfür steuerliche Gründe vermutet, irrt (ein Verein hat keine Steuern zu zahlen, wenn er nicht kommerziell agiert), vielmehr bot sich der Standort als ungefährer geografischer Mittelpunkt Europas an, und viele der Gründungsmitglieder waren ohnehin in der Schweiz ansässig. Darüber hinaus haben die Mitglieder eines Vereins nach Schweizer Vereinsrecht a priori kein Stimmrecht, was die Organisation und Verwaltung deutlich vereinfacht. Die Gründung der Association erfolgte im Jahr 2004.

1.2.2 Welche Aufgaben hat die TYPO3 Association? (4)

a) Organisation von Events

b) Finanzierung von Vollzeitprogrammierern

c) Festlegung der Farben im TYPO3-Logo

d) Erhebung von Mitgliedsbeiträgen

e) Programmierung neuer Webseiten für das TYPO3-Projekt

Diese Frage schließt an die vorherige an, so dass die richtigen Antworten in diesem Kontext eher leicht zu bestimmen sind. In der Zertifizierungsprüfung fehlt dieser Kontext natürlich, so dass Sie sich im Folgenden mit den Aufgaben und Veranstaltungen der Association en detail vertraut machen sollten.

Alle genannten Antworten klingen zunächst plausibel. Wie bereits erwähnt, werden von der TYPO3 Association verschiedene Events organisiert oder angeregt. Das betrifft beispielsweise die *T3BOARD*, die *T3DD* (TYPO3 Developer Days) und natürlich die Leitmesse *T3CON*. Andere Events, wie z.B. Infotage oder das *TYPO3camp München*, werden unabhängig von der Association organisiert. Antwort a) ist aber auf jeden Fall richtig.

Zu den weiteren Antworten: Von der Bezahlung von Vollzeit-Entwicklern hat man Abstand genommen und finanziert mittlerweile lieber Projekte und Code-Sprints. Antwort b) ist damit also falsch. Bestimmung und Wahrung des Erscheinungsbildes in der Kommunikation sind ebenfalls Sache der Association, also auch die Farbwahl für das Logo. Auch werden, wie von fast jedem Verein, Mitgliedsbeiträge erhoben, und auch die Verantwortung für alle offiziellen Webseiten liegt beim Verein. Somit sind alle Antworten – bis auf b) – richtig.

1.2.3 Was ist Voraussetzung, um Mitglied in der TYPO3 Association zu werden? (1)

a) Ein Wohnsitz in der EU.

b) Ein Wohnsitz in Europa.

c) Die Zahlung eines einmaligen Betrags.

d) Die Zahlung eines einmaligen Betrags und einer jährlichen Mitgliedsgebühr.

e) Man muss durch die TYPO3 Association vorgeschlagen und gewählt werden.

f) Man muss mindestens ein Projekt nachweisen können, das man selbständig mit TYPO3 realisiert hat.

Die TYPO3 Association wäre schlecht beraten, würde sie Mitglieder nur aus bestimmten Regionen der Erde, respektive Europa, aufnehmen. Egal, wo Sie ansässig sind (und gleich, ob Sie je mit TYPO3 gearbeitet haben!), natürlich können Sie Mitglied der Association werden.

Durch eine Mitgliedschaft unterstützen Sie die Association in ihrem Bemühen, TYPO3 noch besser und erfolgreicher zu machen. Die einmalige Aufnahmegebühr beträgt (für Privatpersonen) 100,- EUR, der jährliche Mitgliedsbeitrag 105,- EUR. Dies wird dann als sogenannte *Bronze*-Mitgliedschaft bezeichnet.[8]

Bei vielen Veranstaltungen, die von der Association organisiert werden (u.a. auch bei Zertifizierungsprüfungen), erhält man dafür als Mitglied eine Ermäßigung.

Auch Firmen können Mitglied werden und zahlen dann einen einmaligen Betrag von 500,- EUR; der jährliche Beitrag beträgt, abhängig vom

8 `http://association.typo3.org/membership-levels/ref/assoc/`

Level der Mitgliedschaft, 770,- EUR bei *Silber*, 2.100,- EUR bei *Gold* und 10.500,- EUR bei *Platin*. Die Unterschiede zwischen den Levels finden Sie auf der in der Fußnote genannten Übersichtsseite.

Richtig ist also ausschließlich Antwort d).

1.2.4 Welche Events werden von der TYPO3 Association organisiert? (4)

a) TYPO3 Anwendertag

b) T3BOARD

c) TYPO3 Conference

d) TYPO3 Conference North America

e) TYPO3camp

f) T3DD

g) TYPO3 Akademie

Mit zunehmender Bekanntheit und Verbreitung von TYPO3 nimmt auch die Anzahl an Events zu, die rund um das CMS veranstaltet werden. Diese Events sollen das soziale Miteinander und den Austausch – über elektronische Medien hinaus – fördern, TYPO3 zu noch größerer Akzeptanz verhelfen und neue Interessenten für das CMS gewinnen.

Und obwohl eine der Hauptaufgaben der TYPO3 Association darin besteht, Veranstaltungen zu organisieren, ist sie nicht für alle der oben genannten (von denen, um das vorweg zu nehmen, keine erfunden ist) verantwortlich.

Die TYPO3 Anwendertage z.B. werden seit Jahren an verschiedenen Standorten in Deutschland von Agenturen oder TYPO3-Usergruppen organisiert. Das TYPO3camp, ins Leben gerufen und durchgeführt von der TYPO3camp GbR, wird ebenfalls unabhängig von der Association veranstaltet und bietet drei Tage lang Sessions rund um TYPO3 und verwandte Themen an. Die TYPO3 Akademie schließlich ist ebenfalls unabhängig, wird von einer Agentur in Eigenverantwortung organisiert und ist damit keine offizielle Veranstaltung der TYPO3 Association.

Richtig sind also die Antworten b), c), d) und f).

1.2.5 Wer ist für die TYPO3-Zertifizierungsprüfung inhaltlich verantwortlich? (1)

a) Kasper Skårhøj

b) Robert Lemke

c) TYPO3.org

d) TYPO3 Association

e) Der Verband europäischer IT-Zertifizierungen

f) Pearson VUE

Die ersten Zertifizierungsprüfungen zum TYPO3 Integrator liegen zur Drucklegung dieses Buches bereits einige Zeit zurück, in Community und Öffentlichkeit scheint aber hier und da trotzdem noch Unsicherheit darüber zu bestehen, wer, als Person oder Organisation, für die Prüfung verantwortlich ist.

Klar dürfte sein, dass Robert Lemke hier keine Funktion hat, schon weil er bekanntermaßen mit TYPO3 Flow und TYPO3 Neos befasst ist (die noch nicht Thema der Zertifizierung sind). Kasper Skårhøj könnte zwar ein Verantwortlicher sein, doch obwohl er die Zertifizierung angeregt hat, ist er nicht federführend damit betraut – die Antworten a) und b) sind also falsch.

Die in Antwort e) genannte Institution gibt es (unseres Wissens) nicht, und Pearson VUE stellt zwar international Infrastruktur zur Durchführung EDV-gestützter Prüfungen zur Verfügung, ist aber keineswegs für Prüfungsinhalte verantwortlich.

Auch Antwort c) ist falsch: TYPO3.org stellt lediglich ein Informationsangebot der TYPO3 Association dar. Mit der Association haben wir den Verantwortlichen schließlich gefunden: Zuständig für das Zertifizierungsprogramm ist das TYPO3 Certification Team, eine Arbeitsgruppe der Association; das Team hat die Prüfung ausgearbeitet, evaluiert und führt sie nun weltweit durch.

Die einzig richtige Antwort ist darum d).

1.3 Versionen

In unregelmäßigen Abständen werden neue, aktualisierte Versionen von TYPO3 veröffentlicht, einige zur Fehlerbeseitigung, andere dagegen bieten neue Features, die eine Anpassung Ihrer Arbeitsweise als Integrator u.U. erforderlich machen (oder zumindest nahelegen). Der folgende Abschnitt behandelt daher die wichtigsten Merkmale der aktuellen Version 6.2, aber auch die älterer Versionen. Natürlich müssen Sie nicht das Changelog neuer Versionen auswendig lernen, die architektonischen Neuerungen aber sollten Sie in den Grundzügen kennen und verstehen.

Das Changelog, in dem Sie diese Neuerungen detailliert nachlesen können, finden Sie im Installationshauptverzeichnis in der Datei `ChangeLog` oder im Wiki.[9] Hier erhalten Sie eine allgemeine Übersicht der neuen Merkmale, Bugfixes etc.

1.3.1 Warum können Sie für die Version 6.2 kein Dummy-Paket mehr auf `http://typo3.org/download/` herunterladen? (1)

a) Die Website `http:// typo3 .org/ download/` enthält einen Fehler, wodurch man keine Pakete mehr herunterladen kann.

b) Das Dummy-Paket ist technisch überflüssig geworden.

c) Durch das neue Distribution Management wird das Dummy-Paket dort integriert.

d) Das Laden des Dummy-Pakets ist ab 6.2 nur noch per GIT möglich.

e) Das Dummy-Paket ist im Forge erhältlich.

Das Dummy-Paket war bis zur Version 6.2 wichtiger Bestandteil eines TYPO3-Downloads. Während auf der einen Seite der Kern stand, mussten pro Installation verschiedene Verzeichnisse und Dateien mit den benutzerspezifischen Einstellungen und Daten bereitstehen, etwa die Verzeichnisse `typo3temp`, `typo3conf` und `uploads` sowie die Datei `index.php`.

Seit Version TYPO3 CMS 6.2 LTS hat man den Installationsprozess allerdings soweit vereinfacht, dass man nun lediglich den Kern herunterladen muss und alles weitere vom Backend aus installiert wird. Somit ist das Dummy-Paket tatsächlich technisch überflüssig geworden.

Richtig ist also Antwort b).

9 Aktuell unter `http://wiki.typo3.org/TYPO3_6.2`

1.3.2 Gibt es globale Kategorien in TYPO3 und, wenn ja, seit welcher Version? (1)

a) Globale Kategorien gibt es nicht in TYPO3. Jede Extension kann dafür eine eigene Implementierung wählen (z. B. `tt_news`).

b) Aufgrund der Trennung von Backend und Frontend kann es keine globalen Kategorien geben.

c) Ja, seit der Version 6.0.

d) Ja, seit der Version 6.1.

e) Ja, seit der Version 6.2.

Meist enthalten neue TYPO3-Versionen nicht ausschließlich Bugfixes, vielmehr werden mit fast jeder Version auch neue Funktionalitäten eingeführt, und hin und wieder werden Extensions in der einen oder anderen Form als Systemextension integriert, wenn das sinnvoll erscheint.

So hatten früher zahlreiche Extensions eine eigene Implementierung von Kategorien. Dies hat man sich im Core-Team zu Herzen genommen und daher mit der Version 6.0 eine globale Kategorie-Verwaltung implemetiert, die nun jeder nutzen kann.

Richtig ist also Antwort c).

1.3.3 Was enthält der Ordner t3lib in der Version 6.2 LTS? (1)

a) Die TYPO3-Kernbibliotheken

b) Das TypoScript Rendering

c) Der Ordner wurde entfernt

d) Die Caches

e) Das Backend

Der Ordner `t3lib` enthält normalerweise die TYPO3-Kernbibliotheken und wurde von Funktionen wie `$content=t3lib_div::_GP('myGetVar');` verwendet. In der Version 6.0 wurde allerdings begonnen, den TYPO3-Kern neu anzuordnen und vor allem aufzuräumen. In TYPO3 CMS 6.2 LTS schließlich wurde der Ordner sogar ganz entfernt, da er nicht mehr benötigt wurde. Die darin enthaltenen Funktionen sind nun in `typo3/sysext/` gewandert.

Richtig ist damit Antwort c).

1.3.4 Seit wann kann man Dateien per Drag&Drop in die Dateiliste ziehen? (1)

a) Nein, das ist nicht möglich. Dafür ist eine Extension notwendig.

b) Ja, das ist bereits seit der ersten TYPO3-Version möglich.

c) Ja, das ist seit Version 4.1 möglich.

d) Ja, das ist seit Version 4.2 möglich.

e) Ja, das ist seit Version 4.3 möglich.

f) Ja, das ist seit Version 4.4 möglich.

g) Ja, das ist seit Version 4.5 möglich.

h) Ja, das ist seit Version 4.6 möglich.

i) Ja, das ist seit Version 4.7 möglich.

j) Ja, das ist seit Version 6.0 möglich.

k) Ja, das ist seit Version 6.1 möglich.

l) Ja, das ist seit Version 6.2 möglich.

Während man mit Extensions (wie `gridelements`) bereits Drag&Drop für Content-Elemente realisieren konnte, war dies für die Dateiliste bisher noch nicht möglich. Zwischenzeitlich wurde hier ein Flash-Uploader verwendet, der es wenigstens ermöglichte, mehrere Dateien auf einmal hochzuladen.

Mit der Version 6.2 allerdings hat man auch hier Drag&Drop eingeführt, welches nun auch mit beliebig vielen Dateien funktioniert.

Richtig ist damit Antwort l).

1.3.5 Wie kann in TYPO3 CMS 6.2 LTS überprüft werden, ob die Ausgabe für eine bestimmte Bildschirmbreite wie gewünscht aussieht? (1)

a) Da sich TYPO3 CMS 6.2 LTS nicht für Responsive Webdesign (RWD) eignet, kann dies überhaupt nicht überprüft werden.

b) Im Modul Page ▸ View kann über die Einstellung Width die Breite der Vorschau angepasst werden.

c) Dies kann über einen neu eingeführten TypoScript-Parameter `mod.web_view.previewFrameWidths = ...` realisiert werden.

d) Dies kann ausschließlich im Frontend überprüft werden, indem dort der Browser auf die gewünschte Breite gezogen wird.

Responsive Webdesign ist (zu Recht) in aller Munde und daher sollte natürlich auch TYPO3 den Integrator hier unterstützen. Daher wird Antwort a) falsch sein.

Tatsächlich enthält das Modul Page ▸ View am oberen Rand eine Option Width, mit der der Vorschaubereich entsprechend skaliert werden kann. Antwort b) ist also richtig.

Die dort angezeigten Größen können über ein PageTSconfig verändert werden – das folgende Script stellt den Vorschaubereich auf 1780 x 145 Pixel ein:

```
mod.web_view.previewFrameWidths {
   1780.label = <any LLL or string>
   1780.height = 145
}
```

Antwort c) ist aber falsch, da hier die Rede von TypoScript ist. Und da es eine alternative Möglichkeit gibt, ist auch Antwort d) falsch.

Richtig ist also einzig Antwort b).

1.3.6 Was genau bedeutet das „LTS" in der Version TYPO3 CMS 6.2 LTS? (1)

a) Language translation service

b) Long term scheduling

c) Long time support

d) Long term solution

e) Long term support

f) Long time solution

Der Release-Zyklus von TYPO3 folgt (weitestgehend) klaren Regeln. So gibt es halbjährlich Major-Releases (4.5, 4.6, 4.7, 6.0, 6.1, 6.2, ...) und zwischen diesen Bugfix- oder Maintenance-Releases.

Eine einmal veröffentlichte Version wird noch ca. 18 Monate lang unterstützt; es werden also neue Minor-Versionen veröffentlicht, wenn es zu Sicherheitslücken kommt. Somit ist man gezwungen, spätestens nach 18 Monaten auf eine neue Major-Version zu wechseln.

Da ein Major-Update aber durchaus problematisch sein kann, haben sich viele Kunden (insbesondere aus dem Enterprise Bereich) eine Version gewünscht, die länger unterstützt wird – also längere Laufzeit bei maximaler Sicherheit bietet.

Für die Version 6.2 hat sich das TYPO3 Core-Team nach der Version 4.5 LTS diesen Wunsch wieder zu Herzen genommen und am 25.03.2014 eine Version veröffentlicht, die nun Support über 3 Jahre (also bis April 2017) gewährt. Der Name dieser Version ist „TYPO3 CMS 6.2 LTS", wobei der Zusatz für *Long Term Support* steht.

Somit ist einzig Antwort e) richtig.

1.3.7 Seit welcher Version können Sie eine neue TYPO3 Minor-Version per Knopfdruck im Backend aktualisieren? (1)

a) Mit allen TYPO3-Versionen – dies ist ein Core-Feature der ersten Stunde.

b) Mit keiner TYPO3-Version – das geht nur manuell.

c) Seit TYPO3 4.5 LTS

d) Seit TYPO3 4.6

e) Seit TYPO3 4.7

f) Seit TYPO3 6.0

g) Seit TYPO3 6.1

h) Seit TYPO3 6.2 LTS

Eine solche Funktion – wie sie andere CMS schon länger bieten – wäre eventuell ganz praktisch, da man bei einem Minor-Upgrade (also z.B. von 6.2.4 auf 6.2.5) nicht mehr manuell an die Instanz müsste.

Auch wenn dies jedem TYPO3-Verantwortlichen den Schweiß auf die Stirn treibt (da aus Gründen der Qualitätssicherung überhaupt nichts automatisch geschehen sollte und schon gar nicht auf dem Live-System), wurde eine solche Funktion mit der TYPO3-Version 6.2 LTS eingeführt. Zu erreichen ist sie im Install Tool unter dem Menüpunkt Important actions ▸ Core update

Somit ist Antwort h) richtig.

1.3.8 Was bedeutet es, wenn eine Funktion in der TYPO3-Version 6.2 als „deprecated" bezeichnet wird? (2)

a) Die Funktion steht in der Version 6.2 nicht mehr zur Verfügung.

b) Die Funktion soll in der Version 6.2 nicht mehr verwendet werden.

c) Die Funktion wird in der Version 6.3 entfernt.

d) Die Funktion wird in der Version 6.4 entfernt.

e) Die Funktion wird in der Version 6.5 entfernt.

TYPO3 entwickelt sich stetig weiter, und so kommt es vor, dass Funktionen irgendwann einmal nicht mehr dem Stand der Technik entsprechen und sich bessere Lösungen für eine Aufgabe durchsetzen.

In der Version 4.6 beispielsweise wurde das PEAR-Paket *HTTP_Request2* integriert, das einige Optionen im Install Tool, wie `curlProxyServer`, `curlProxyTunnel`, `curlProxyUserPass` und `curlTimeout`, überflüssig macht. Diese waren in 4.6 als „deprecated" markiert, aber noch verfügbar – übertragen auf die Version 6.2 bedeutet dies, dass Antwort a) nicht stimmt.

Allerdings sollen diese Funktionen nicht mehr verwendet werden – Antwort b) ist also schon einmal richtig.

Entfernt werden solche Funktionen grundsätzlich erst ab Version 6.2. Vorher listete man sie im sogenannten *Deprecation-Log*, entfernt wurden sie aber nicht.

Die Frist zur endgültigen Entfernung solcher Funktionen ist nun mit zwei Versionen angesetzt; in 6.2 als „deprecated“ bezeichnete Funktionen verschwinden folglich mit Version 6.4.

Richtig sind also die Antworten b) und d).

Kapitel 2

Installation

Sie müssen als Integrator *nicht* in der Lage sein, ein TYPO3-System korrekt zu installieren – das ist Aufgabe des Administrators. Wenn das System installiert ist, gibt es im täglichen Betrieb jedoch Aufgaben, die die Installation – z. B. von Teilsystemen – betreffen, die Sie bewältigen müssen, sei es zur Fehlerbehebung oder zum Aktivieren bestimmter Features.

Zudem ist es wichtig, grundlegende Kenntnisse über Installationsvoraussetzungen zu haben, und auch Fragen rechtlicher Natur (etwa die Lizenz betreffend) sollten Sie beantworten können.

2.1 Software und Lizenz

TYPO3 ist zwar frei und kostenlos erhältlich, unterliegt aber dennoch einer Lizenz. Kennen Sie die Rechte und Pflichten, die diese Lizenz definiert?

2.1.1 Auf welchen Betriebssystemen ist TYPO3 lauffähig? (6)

a) Windows Vista

b) Windows XP SP3

c) Windows 2000

d) Windows 8

e) Dell

f) Debian GNU/Linux

g) Mac OS X 10.9

Zunächst ist festzuhalten: TYPO3 selbst „läuft“ nicht auf einem Betriebssystem. TYPO3 ist eine PHP-Anwendung, die eine Datenbank benötigt. Somit beziehen sich Systemvoraussetzungen nicht auf TYPO3, sondern auf PHP und diese Datenbank.

Lassen Sie sich also nicht verblüffen, falls ein Betriebssystem abgefragt wird, das Sie noch nie verwendet haben: Sobald ein Webserver, PHP und MySQL für dieses Betriebssystem zur Verfügung stehen, ist auch TYPO3 darauf lauffähig, egal, ob es sich um BSD handelt, um Solaris oder um andere Unix-artige oder auch Windows-Betriebssysteme.

PHP ist nach unserer Kenntnis für alle derzeit gängigen MS-Windows-Betriebssysteme erhältlich, für nahezu alle Linux- und Unix-Betriebssysteme, genau wie für Mac OS X. Selbst für Windows Mobile gibt es Binaries zur Installation von Apache, PHP und MySQL; so sollte es möglich sein, TYPO3 sogar auf diesem Mobil-Betriebssystem zu verwenden.

Folglich sind alle Antworten – bis auf e) – richtig. Dell ist ein Computerhersteller und kein Betriebssystem.

2.1.2 Welche Serversoftware ist notwendig, um TYPO3 6.2 und höher lauffähig installieren zu können? (1)

a) Linux, Apache, MySQL und PHP 5.2.x (LAMP)

b) PHP 5.2.x, MySQL, Apache

c) PHP 5.3.x, ein Webserver, MySQL

d) Java, PHP 4.4, phpMyAdmin

e) IIS, ASP

TYPO3 lässt sich grundsätzlich auf sehr unterschiedlichen Systemen installieren. Wichtig ist, dass das System über einen Webserver (wie Apache oder IIS) verfügt – Antwort d) ist daher falsch, denn eine HTTP-Serversoftware fehlt hier. Version und Typ der Webserver-Software spielen kaum eine Rolle – mit den meisten aktuellen Webservern, die PHP-Unterstützung bieten, ist ein Betrieb von TYPO3 möglich.

Zudem wird eine Datenbank benötigt, auch hier ist TYPO3 nicht auf ein bestimmtes Produkt fixiert. Am häufigsten wird sicher MySQL eingesetzt, und TYPO3 ist auf die Verwendung dieser Datenbank optimiert; es wäre allerdings unter Verwendung der Systemextension *dbal* auch möglich, beispielsweise Oracle oder PostgreSQL zu nutzen. Antwort e) kann auch nicht richtig sein, da hier gar keine Datenbank in der Liste zu finden ist.

Und obwohl unter a) das bekannte Quartett *LAMP* genannt ist, ist auch diese Antwort falsch. Ab TYPO3 in Version 6.2 ist nämlich PHP in Version 5.3 oder höher für den Betrieb Voraussetzung, da in der Programmierung Funktionen verwendet wurden, die es in früheren Versionen von PHP nicht gibt. In TYPO3-Versionen bis 4.5 war PHP 5.2 ausreichend, so dass in früheren Prüfungsversionen Antwort b) hätte richtig sein können.

Da hier aber explizit nach TYPO3 6.2 gefragt ist, ist ausschließlich Antwort c) richtig.

2.1.3 Auf Ihrem Webspace steht PHP in der Version 5.2.17 zur Verfügung. Welche Versionen von TYPO3 können Sie darauf installieren? (3)

a) TYPO3 4.3.x

b) TYPO3 4.4.x

c) TYPO3 4.5.x LTS

d) TYPO3 4.6.x

e) TYPO3 4.7.x

f) TYPO3 6.0.x

g) TYPO3 6.1.x

h) TYPO3 6.2.x

Selbstverständlich müssen Sie nicht jede Minor-Version von PHP im Kopf haben, damit Sie wissen, welche TYPO3-Version Sie installieren können.

Allerdings gibt es beim PHP-Projekt zwischen der Version 5.2.x und 5.3.x große Unterschiede. Die Version 5.2.x von 2006 ist in die Jahre gekommen, und seitdem hat sich im PHP-Projekt viel getan. Neuerungen sind vor allem in die Version 5.3.x eingeflossen, so beispielsweise: Unterstützung von Namensräumen (Namespaces), verbesserter XML-Support durch Nutzung von XMLReader und XMLWriter, SOAP-Unterstützung, Late Static Binding, Jump Label, Closures und vieles andere mehr.

Da PHP 5.3.x aber in den vergangenen Jahren gerade bei Hostern noch nicht flächendeckend eingesetzt wurde und man zudem mit der TYPO3-Version 4.5.x LTS eine Langzeitversion herausbringen wollte, die auch auf Webspaces mit geringeren Anforderungen funktioniert, setzt man erst seit der TYPO3-Version 4.6 (und höher) PHP 5.3.x voraus.

Somit sind die Antworten a), b) und c) richtig.

2.1.4 Sie installieren TYPO3 (oder eine Extension) und bekommen anschließend nur eine weiße Seite (sowohl im Backend wie auch im Frontend) angezeigt – was können Sie tun? (2)

a) Sie löschen die Cache-Dateien, danach ist die Seite wieder sichtbar.

b) Sie überprüfen das PHP-Errorlog.

c) Sie tragen die Zeile

```
$TYPO3_CONF_VARS['SYS']['displayErrors'] = '1'
```

in die Datei `typo3conf/localconf.php` ein und rufen die Seite erneut auf, um eine Fehlermeldung zu sehen.

d) Sie tragen die Zeile

```
$TYPO3_CONF_VARS['SYS']['displayErrors'] = '1'
```

in die Datei `typo3conf/AdditionalConfiguration.php` ein und rufen die Seite erneut auf, um eine Fehlermeldung zu sehen.

e) Sie loggen sich erneut als Admin in das Backend ein und analysieren von dort die Fehlermeldung.

f) Im Install Tool können Sie das TYPO3-Errorlog konsultieren, um die Fehlerursache zu finden.

Nachdem Sie TYPO3 installiert haben, kann es in seltenen Fällen dazu kommen, dass Sie als Ausgabe nur eine weiße Seite sehen. Aber nicht nur dort – auch nach der Installation von Extensions oder bei Fehlern in einer UserFunc kann dieses Phänomen auftreten.

Tatsächlich handelt es sich dabei um eine klare Fehlermeldung, und ein Besucher der Website soll auf diese Weise nicht mit Systeminterna konfrontiert werden, die ihm Rückschlüsse auf Server, Verzeichnisaufbau oder Ähnliches erlauben würden. Daher wurde die Anzeige sämtlicher Fehler in PHP so eingestellt, dass zunächst eine weiße Seite erscheint.

Das lässt sich selbstverständlich ändern, und mit der in Antwort d) genannten Install Tool-Einstellung machen Sie die Fehlermeldung sichtbar und erhalten damit Informationen zur Fehlerbehebung. Da PHP aber auch ein sogenanntes Errorlog führt, können Sie natürlich auch dort nachsehen. Die Datei `localconf.php`, die in c) genannt ist, gibt es allerdings seit TYPO3 CMS 6.0 nicht mehr.

Im Install Tool wiederum gibt es kein Log – Antwort f) ist daher falsch, ebenso Antwort a), denn ein Löschen des Cache (das aufgrund des Fehlers ohnehin nur direkt in der Datenbank möglich wäre) ändert die Situation in keiner Weise. Und Antwort e) ist natürlich ebenfalls nicht möglich, da ein Login ja an der weißen Seite scheitert.

Richtig sind daher die Antworten b) und d).

2.1.5 Sie installieren eine Extension und können anschließend Ihr System nicht mehr benutzen, da es entweder eine Fehlermeldung anzeigt oder eine weiße Seite – was müssen Sie tun? (3)

a) Sie löschen den Cache im Backend über Flush frontend caches und Flush general caches.

b) Sie löschen den zugehörigen Schlüssel bei

```
'EXT' => array(
  'extConf' => array(
      'extensionkey' => '...'
```

in der Datei `typo3conf/LocalConfiguration.php` (oder kommentieren die Zeile aus).

c) Sie löschen den zugehörigen Schlüssel bei

```
'packages' => array(
  'extensionkey' => array(...)
```

in der Datei `typo3conf/PackageStates.php` (oder kommentieren die Zeile aus).

d) Sie löschen sämtliche Cache-Tabellen aus der Datenbank.

e) Sie löschen sämtliche Dateien aus dem Verzeichnis `typo3conf`, die mit `temp_` beginnen.

f) Sie löschen sämtliche Dateien aus dem Verzeichnis `typo3temp/Cache/Data`.

Das Szenario ist gar nicht so selten, wie man vermuten mag. Man hat ein lauffähiges TYPO3-System, installiert irgendeine der über 6.000 im TER liegenden Extensions und ausgerechnet diese hat einen Fehler.

Nach Abschluss der Installation bekommt man daher entweder eine Fehlermeldung oder aber eine weiße Seite, und in beiden Fällen ist das System meist überhaupt nicht mehr verwendbar. Nun ist guter Rat teuer, denn selbst auf einem Development- oder Test-System ist diese Situation sehr unangenehm.

Dadurch, dass das System unbrauchbar geworden ist, scheidet Antwort a) natürlich aus.

Da der Fehler durch die neue Extension in das System gekommen ist, muss man diese schnellstens wieder loswerden. Das geschieht zunächst in der Datei `LocalConfiguration.php` (hier ist die Konfiguration zu finden) und `PackageStates.php` (hier wird der Status der Extension vermerkt) im Verzeichnis `typo3conf`.

Hier sollten Sie den Extension-Key der Extension, die Sie gerade installiert haben, wieder entfernen (sofern vorhanden) oder aber die zugehörigen Zeilen auskommentieren.

Nun ist die Extension zwar grundsätzlich deinstalliert, deren Konfiguration wurde aber bereits in temporäre Dateien geschrieben, die sich mittlerweile nicht mehr in `temp_`-Dateien, sondern im Unterverzeichnis `typo3temp/Cache/Data` befinden – daher muss man diese ebenfalls löschen.

Nun sollte Ihr Webauftritt wieder erreichbar sein wie vor der Konfiguration. Die Cache-Tabellen der Datenbank sollten Sie (wenn überhaupt) leeren, aber nicht löschen. Selbst ein Löschen ist zur Inbetriebnahme nicht notwendig, da die dort gespeicherten Inhalte lediglich zu Darstellungsfehlern, aber niemals zu Betriebsfehlern führen.

Richtig sind demnach die Antworten b), c) und f).

2.1.6 Wo finden Sie in TYPO3 die Information, welche Version Sie genau (also im Format 6.x.y) einsetzen? (2)

a) Sie schauen im Quellcode im Frontend nach – dort wird von TYPO3 ein Kommentar mit der genauen Versionsnummer eingefügt.

b) Sie schauen im Quellcode im Backend nach – dort wird von TYPO3 ein META-Tag mit der genauen Versionsnummer eingefügt.

c) Sie rufen die URL des Backend Ihrer TYPO3-Installation auf, also zum Beispiel `http://mytypo3domain.de/typo3`, loggen sich aber nicht ein. Auf der Anmeldeseite steht die verwendete TYPO3-Version.

d) Wenn Sie sich ins Backend eingeloggt haben und auf das Modul About TYPO3 CMS wechseln, steht die genaue Version auf der Startseite.

e) Wenn Sie sich ins Backend eingeloggt haben, steht die genaue Version im Seitentitel.

Im Frontend-Quellcode wird zwar ein Kommentar eingefügt, der einen Hinweis darauf gibt, dass TYPO3 eingesetzt wird – die Versionsnummer findet man dort aber nicht. Auch auf der Backend-Anmeldeseite findet sich keine Angabe zur Versionsnummer. Die gesuchte Information ließe sich zwar prinzipiell im Login-Screen (im Bereich Copyright) einblenden, indem man im Install Tool die Option

```
$TYPO3_CONF_VARS[SYS][loginCopyrightShowVersion]
```

setzt, das wurde in der Frage aber nicht vorausgesetzt.

Betrachten wir nun den Quelltext der Backend-Anmeldeseite, befindet sich dort zwar ein META-Tag, das die Angabe von Major- und Minor-Version enthält, erst *nach* dem Login aber ist die exakte Version zu erfahren, und zwar sowohl auf der Startseite (sofern keine andere Startseite eingestellt wurde – ansonsten wählen Sie About TYPO3 CMS) als auch im Seitentitel.

Richtig sind damit die Antworten d) und e).

2.1.7 Welche URL konsultieren Sie, wenn Sie erfahren möchten, ob eine neue Version von TYPO3 erschienen ist? (2)

a) `http://www.typo3.de`

b) `http://www.typo3.org`

c) `http://news.typo3.org`

d) `http://association.typo3.org`

Gemeint ist hier natürlich, wie Sie *zuverlässig* an die gewünschte Information kommen, unabhängig davon, ob sie u.U. auf jeder der oben genannten Websites zu finden ist.

`http://www.typo3.de` zum Beispiel bot vor einigen Jahren umfangreiche (deutschsprachige) Informationen rund um TYPO3, zu Features, zur Geschichte usw. Leider ist die Domain seit langer Zeit inaktiv und leitet weiter zu `http://www.typo3.org`.

Auf der in d) genannten Website wiederum finden Sie Informationen über die TYPO3 Association, d.h. den Verein, der hinter dem Projekt TYPO3 steht. Auf keiner der beiden Seiten finden sich jedoch üblicherweise Informationen zum Erscheinen einer neuen Version.

Alle Neuigkeiten rund um das TYPO3-Projekt werden aber selbstverständlich auf *einer* zentralen Website veröffentlicht: `http://news.typo3.org`. Dort also erfährt man auch vom Release einer neuen Version. Es ist jedem TYPO3 Integrator zu empfehlen, diese Nachrichten beispielsweise über einen Feedreader zu abonnieren, um nicht wichtige Neuerungen oder Änderungen zu verpassen.

Die Website `http://www.typo3.org` schließlich ist eine Anlaufstelle für Entwickler und Benutzer gleichermaßen und stellt u.a. Downloads zur Verfügung; auf der entsprechenden Unterseite Download finden Sie (nachdem Sie sich für Pakete mit oder ohne Webserver entschieden haben) eine Übersicht aller verfügbaren TYPO3-Versionen.

Richtig sind also die Antworten b) und c).

2.1.8 Unter welcher Lizenz steht TYPO3? (1)

a) Apache-Lizenz

b) GPL

c) BSD

d) LGPL

e) CPL

f) EPL

g) PHP License

Alle oben aufgeführten Beispiele sind gängige Open-Source-Lizenzen, und sicher kennen Sie die meisten wenigstens dem Namen nach. Warum man sich bei TYPO3 für die GPL (*GNU General Public License* [1]) entschieden hat, unter der das CMS derzeit steht, wurde nicht öffentlich gemacht.

Abbildung 2.1: Das offizielle Logo des GNU-Projekts, kreiert von Victor Siame

1 `http://www.gnu.org/licenses/gpl.html`

Die Wahl ist aber naheliegend, schließlich ist die GPL ebenso populär wie bewährt. Die Lizenzvereinbarung finden Sie nach der Installation von TYPO3 im Rootverzeichnis in den Dateien `LICENSE.txt` und `GPL.txt`. Übrigens wird die Lizenz in jeder(!) Datei des TYPO3-Projekts im Header genannt.

Die richtige Antwort ist also b).

2.1.9 Welche Rechte und Pflichten haben Sie, wenn Sie eigenen Code für TYPO3 schreiben? (3)

a) Da TYPO3 unter der GPL steht, darf ich eigene Erweiterungen am Code dem Kunden nicht in Rechnung stellen.

b) Ich darf den Code weitergeben, muss aber alle Copyrighthinweise durch meine eigenen ersetzen.

c) Wenn ich den Code verändert habe, darf ich das System nicht mehr auf einem Kundenserver installieren.

d) Ich darf TYPO3 kommerziell nutzen.

e) Bei Veränderungen darf ich das System weitergeben, muss aber die ursprünglichen Copyrighthinweise bewahren.

f) Das System darf überhaupt nicht verändert werden.

g) Eigenentwicklungen darf ich dem Kunden in Rechnung stellen.

Auch diese Frage zielt auf die Lizenz ab, unter der TYPO3 steht, und das ist, wie bereits erwähnt, die GPL Version 2 oder höher.

Die Lizenz fasst juristisch das, was das *GNU-Projekt*, bzw. die *Free Software Foundation* als dessen organisatorische Vertretung, als die „vier Freiheiten" definiert; sie bilden soz. das philosophische Fundament der gesamten Free-Software-Bewegung.

In der deutschen Übersetzung lauten diese vier Freiheiten:[2]

- Die Freiheit, das Programm für jeden Zweck zu benutzen (Freiheit 0).
- Die Freiheit, zu verstehen, wie das Programm funktioniert und wie man es für seine Ansprüche anpassen kann (Freiheit 1). Der Zugang zum Quellcode ist dafür Voraussetzung.

2 `http://www.gnu.org/philosophy/free-sw.de.html`

- Die Freiheit, Kopien weiterzuverbreiten, so dass man seinem Nächsten weiterhelfen kann (Freiheit 2).

- Die Freiheit, das Programm zu verbessern und die Verbesserungen der Öffentlichkeit zur Verfügung zu stellen, damit die ganze Gemeinschaft davon profitieren kann (Freiheit 3). Der Zugang zum Quellcode ist dafür Voraussetzung.

In der Praxis bedeutet das, dass für die Software keine Lizenzgebühren erhoben werden dürfen. Zwar könnte man die Software verkaufen, doch da der Source-Code offenliegt, entbehrt dieses „Geschäft“ jeder Grundlage. Dienstleistungen zur Einrichtung, Konfiguration, Programmierung oder Erweiterung dürfen demgegenüber natürlich kommerziell betrieben werden und sind tatsächlich auch die Grundlage der meisten „Open-Source-Firmen“.

Betrachten wir vor diesem Hintergrund die Antwortmöglichkeiten: Wäre Antwort a) richtig, wäre das fatal, denn dann könnten Dienstleister rund um TYPO3 ihre Eigenentwicklungen auf Kundenwunsch nicht in Rechnung stellen. Antwort b) ist ebenfalls absurd, denn durch eigene Veränderungen verliert die ursprüngliche Lizenz natürlich nicht ihre Gültigkeit. Auch die Antworten c) und f) widersprechen offenkundig jeder Open-Source-Logik: Wie könnte ein Open-Source-Projekt funktionieren, wenn Änderungen am Code ausgeschlossen wären?!

Die Antworten d), e) und g) sind dagegen richtig und stehen mit der GPL in Einklang.

2.2 Allgemeines

Ihr Administrator hat TYPO3 installiert und Ihnen den Link zur Installation geschickt, nun sollen Sie ans Werk gehen und eine neue Website erstellen. Dabei stellen sich viele Fragen, wie zum Beispiel:

- Sie planen eine Website mit politisch/moralisch/religiös „zweifelhaften“ Inhalten. Ist es erlaubt, ein solches Projekt mit TYPO3 zu realisieren?

- Wie lauten die Default-Passwörter für passwortgeschützte Bereiche?

- Was tun, wenn man sein Passwort vergessen hat?

- Wie legen Sie ein Backup an – sowohl der Dateien und Verzeichnisse als auch der Datenbankinhalte?

- Welche Dateien und Verzeichnisse sind unbedingt notwendig, um einen fehlerfreien Betrieb von TYPO3 zu gewährleisten? Welche nicht?

2.2.1 Welche Arten von Websites dürfen Sie mit TYPO3 erstellen? (4)

a) Politische Websites

b) Religiöse Websites

c) Antireligiöse Websites

d) Pornografische Websites

e) Websites mit menschenrechtsverletzenden Inhalten

f) Firmenwebsites

g) Private Websites

TYPO3 stellt zunächst einmal nur die *technische* Grundlage zur Erstellung von Websites dar, und gemäß den bereits behandelten Freiheiten, die die GPL festschreibt, darf man das Programm grundsätzlich „für jeden Zweck" nutzen. Welche Inhalte mit dem System kommuniziert werden, ist also Sache des Erstellers.

Dass mit dem CMS Firmenwebsites und private Websites realisiert werden dürfen, ist selbstverständlich und muss nicht weiter erläutert werden.

Wie aber sieht es mit den anderen Antworten aus? Kasper Skårhøj hat sich dazu auf der Projekt-Website[3] explizit geäußert:

> But as the original author of TYPO3 I will express my personal wish here; that TYPO3 is not used to spread material that is against the moral teaching of the Bible and the human rights. Especially I would be sad to see TYPO3 being used for pornographic material which in my eyes and personal experience is the greatest plague of the Internet and definitely one of the last things I wanted to support with my work.

3 http://typo3.org/community/people/kaspers-korner/kaspers-korner-original/

Der Begründer von TYPO3 äußert also den ausdrücklichen Wunsch, in welchen Kontexten er die Software *nicht* eingesetzt sehen möchte.

Die Frage ist allerdings nicht moralisch zu verstehen, sondern juristisch, und da die GPL keine Einschränkungen zur Verwendung macht, sind tatsächlich alle der oben angegebenen Antworten richtig.

Denoch sollte man Kasper Skårhøjs Wunsch respektieren und auf c), d) und e) verzichten. Darüber hinaus hätten Gerichte im Einzelfall natürlich zu entscheiden, ob eine Website gegen geltendes Recht verstößt!

2.2.2 TYPO3 wurde von Ihrem Administrator in einer Standard-Installation eingerichtet. Der Admin hat Ihnen zwar den Link zum Backend übermittelt, nicht aber die Zugangsdaten. Wie lauten sie, wenn sie vom Administrator nicht geändert wurden? (1)

a) Username `root`, Passwort `leer`

b) Username `typo3`, Passwort `typo3`

c) Username `administrator`, Passwort `password`

d) Username `admin`, Passwort `password`

e) Username `admin`, Passwort `typo3`

f) Es gibt keinen Default User bzw. kein Default Passwort

Während bei vielen Systemen bei der Installation ein Administratorpasswort festgelegt wird, wird bei der Installation von TYPO3 bis zur Version 6.2 lediglich der Benutzer `admin` (der über Administratorrechte verfügt) mit dem Passwort `password` angelegt.

Mit dem neuen Install Tool gehört dies nun der Vergangenheit an und man muss sowohl Benutzername wie auch Passwort selbst festlegen.

Richtig ist also Antwort f).

2.2.3 Welche Dateien sind unbedingt notwendig, damit TYPO3 im Frontend aufgerufen werden kann? (2)

a) `typo3conf/LocalConfiguration.php`

b) `index.php`

c) `typo3/index.php`

d) `typo3conf/ENABLE_INSTALL_TOOL`

Selbstverständlich müssen Sie als TYPO3 Integrator nicht alle Dateien kennen, die für den Betrieb von TYPO3 eine Rolle spielen; ein gewisses Grundwissen sollten Sie aber mitbringen.

Die in a) genannte Datei ist die zentrale Konfigurationsdatei, mit der Sie als Integrator hin und wieder zu tun haben werden. Es wird vorausgesetzt, dass Sie sie kennen. Die Datei `index.php` wiederum ist für das Abarbeiten eines Aufrufs im Frontend verantwortlich. Sie wird vom Webserver übrigens meist auch dann benutzt, wenn Sie nur die Domain, also beispielsweise `http://mytypo3domain.de`, im Browser aufrufen.

Die beiden folgenden Dateien werden hingegen für einen Frontend-Aufruf nicht benötigt. Die Datei in Antwort c) ruft das Backend auf (das Backend ist für ein vollständiges Funktionieren von TYPO3 natürlich notwendig, nicht aber für die Anzeige der Website im Frontend). Und ob das Install Tool – Antwort d) – aktiviert ist oder nicht, hat keine Auswirkungen auf das Frontend. Richtig sind damit die Antworten a) und b).

2.2.4 Welche Verzeichnisse sind unbedingt notwendig, damit TYPO3 im Frontend aufgerufen werden kann? (3)

a) `typo3conf/`

b) `typo3temp/`

c) `t3lib/`

d) `typo3/`

e) `fileadmin/`

f) `uploads/`

Für Verzeichnisse gilt wie für Dateien (vgl. die vorhergehende Frage): Wichtig ist nicht, dass Sie jedes einzelne Verzeichnis kennen, wichtig ist, dass Sie die grundsätzlichen Abläufe und Zusammenhänge verstehen.

Beim Start benötigt TYPO3 Dateien aus dem Verzeichnis `typo3/`, Antwort d) ist also auf jeden Fall richtig. Anschließend wird die Konfiguration geladen, d.h. die Datei `typo3conf/LocalConfiguration.php`, somit ist auch Antwort a) richtig.

Nach der Umstrukturierung zur Version 6.2 hat man sich allerdings vom Verzeichnis `t3lib/` getrennt – daher ist Antwort c) falsch.

Nun wird die Website bereits angezeigt. In den beiden letztgenannten Verzeichnissen `uploads/` und `fileadmin/` befinden sich Bilder, Templates, CSS- und ähnliche Dateien, die zwar Verhalten und Aussehen der Website bestimmen, zum Start von TYPO3 jedoch nicht unbedingt erforderlich sind.

Ebenso verhält es sich mit den Dateien im Verzeichnis `typo3temp/`, hier werden aus Gründen der Performance temporäre Daten zwischengespeichert, z.B. Sprachdateien, gecachte Versionen einiger JavaScript-Dateien und dynamisch erzeugte Grafiken (z.B. für Menüs erzeugte Bilder). Erkennt TYPO3, dass eine temporäre Datei fehlt, wird sie zur Laufzeit einfach neu erzeugt. Das Verzeichnis selbst muss aber existieren, weil dort z.B. Lock-Files angelegt werden; fehlt es, kommt es zu einer Fehlermeldung, und die weitere Abarbeitung der Seite wird abgebrochen.

Richtig sind daher die Antworten a), b) und d).

2.2.5 Welche Datei ist für die Anzeige von Text-Menüs im Frontend zuständig? (1)

a) `typo3conf/LocalConfiguration.php`

b) `t3lib/class.t3lib_menu.php`

c) `typo3/sysext/frontend/Classes/ContentObject/Menu/TextMenuContentObject.php`

d) `typo3/class.typo3_menu.php`

e) `typo3/Classes/ContentObject/Menu/TextMenuContentObject.php`

Auch hier gilt: Sie müssen nicht Funktion und Speicherort jeder TYPO3-Datei kennen – das wäre bei knapp 11.000 Dateien, die den Kern von TYPO3 bilden, wohl etwas viel verlangt. Sie müssen jedoch einige Konventionen kennen, z.B. in Bezug auf die Namensgebung von Dateien.

Zudem gibt es drei wichtige Systemextensions, die sich im Verzeichnis `typo3/sysext/` befinden:

`core`
enthält die systemnahen Dateien, die früher zumeist in `t3lib` zu finden waren

`frontend`
enthält die Frontend-relevanten Dateien

`backend`
enthält die Backend-relevanten Dateien

Daher muss die gesuchte Datei innerhalb der Extension `frontend` zu finden sein – c) ist also richtig.

2.2.6 Wie lässt sich ein Backup einer TYPO3-Website anfertigen? (3)

a) Durch Installation einer geeigneten Extension

b) Über die URL `http://mytypo3domain.de/typo3/backup`

c) Im Install Tool, im Abschnitt Backup

d) Über einen Rechtsklick auf das TYPO3-Symbol im Seitenbaum und Auswählen von Export to .t3d.

e) Durch ein Backup des Datenbank-Dumps und Document-Root-Verzeichnisses.

Es ist tatsächlich gar nicht so einfach, ein vollständiges, rückspielbares Backup einer TYPO3-Website anzulegen. Im TER[4] gibt es einige Extensions, die sich diesem Thema widmen und alle mehr oder weniger das tun, was sie versprechen.[5] Antwort a) ist also richtig, da das Anlegen eines Backups so – zumindest grundsätzlich – möglich ist. Die URL in Antwort b) ist dagegen erfunden, ebenso der genannte Abschnitt im Install Tool.

Eine häufig verwendete Methode, Backups anzulegen, ist die, über eine Exportfunktion den Seitenbaum abzuspeichern, wie in Antwort d) vorgeschlagen. Dieses Verfahren ist allerdings problematisch: So werden z.B.

4 TYPO3 Extension Repository, `http://typo3.org/extensions/repository/`

5 So gibt es Extensions, die ein Backup einer TYPO3-Installation erstellen, das sich auch wieder einspielen lässt – problemlos allerdings nur auf exakt demselben Server mit identischen Pfaden. Möchte man auf einen anderen Server rückspielen, kommt es zu Problemen.

Extensions nicht mit abgespeichert (das mag manchmal sinnvoll sein), und ein Großteil der Dateien im Verzeichnis `fileadmin/` fehlt im Backup, wenn im TYPO3-Referenzindex keine Verknüpfung eingetragen war; zudem wird die History nicht mit abgespeichert. Schließlich führt dieses Verfahren gerade bei umfangreicheren Websites oft zu Problemen, was die nötigen Ressourcen betrifft, da es sehr rechen- und speicherintensiv ist.

Das TYPO3-eigene Dateiformat, das in Dateien mit der Endung `t3d` bzw. `t3x` verwendet wird, liefert als Ergebnis des Backup-Vorgangs ein serialisiertes Array mit allen Informationen, die notwendig sind, um die Seiten und deren Inhalte wieder rückzuspielen – mit den o.g. Einschränkungen.

Die beste und sicherste Backup-Lösung ist darum wohl tatsächlich ein manuelles Backup, das sich natürlich per Cronjob automatisieren lässt. So werden, korrekte Skripte vorausgesetzt, jedes Mal *alle* benötigten Dateien gespeichert.

Zusammenfassend sind sachlich also die Antworten a), d) und e) richtig, auch wenn die Variante in Antwort d), wie oben ausgeführt, nur eingeschränkt zu empfehlen ist, v.a. bei umfangreicheren Websites.

2.2.7 Sie haben Ihr Passwort für den Zugang zum Backend vergessen und können sich nicht mehr einloggen. Sie können aber per FTP auf das Dateisystem zugreifen. Ein anderer User ist nicht greifbar. Was können Sie tun? (2)

a) Sie rufen das Backend auf und ändern Ihr Passwort, dafür muss das ursprüngliche Passwort nicht eingegeben werden.

b) Im Bereich Admin Tools ▸ Install können Sie das Passwort ändern.

c) Sie können das Install Tool direkt aufrufen und dort im Abschnitt Important Actions einen neuen Adminzugang anlegen.

d) Wenn Sie Zugang zur Datenbank haben, können Sie dort ein neues Passwort eintragen.

e) Sie verwenden das PHP-Skript `createUser.phpsh` in `typo3/tools`, um einen neuen User anzulegen.

Das Backend-Passwort ist *die* Zugangsinformation, um mit TYPO3 zu arbeiten – ohne einen Login im Backend können Sie praktisch nichts ausrichten. Wäre ein anderer User (der über Administratorrechte verfügen müsste) greifbar, könnten Sie sich von ihm ein neues Passwort zuweisen lassen – Hilfe anderer ist aber laut Fragestellung nicht verfügbar.

Antwort a) scheidet offensichtlich aus, da Sie sich, wie in der Frage ausdrücklich formuliert, nicht einloggen können. Ebenso wenig existiert das in Antwort e) genannte Skript. Auch der Ansatz in Antwort b) erfordert natürlich einen Backend-Login und scheidet daher aus.

Der Ansatz in Antwort d), direkt in der Datenbank zu arbeiten, scheint brauchbar. Backend-User-Passwörter werden in der Datenbank allerdings in Form von MD5-Hashwerten abgespeichert, Sie müssen also das Passwort vor dem Eintrag in die Datenbank entsprechend generieren. Dies ist allerdings erschwert, da ein sogenannter *Salted Password*-Mechanismus verwendet wird und Sie somit auch das *Salt* kennen müssten – dieses wiederum ist in der Datei `LocalConfiguration.php` gespeichert. Antwort d) wäre also möglich.

Auch wenn Sie das Passwort zum Install Tool kennen und vorgehen, wie in Antwort c) vorgeschlagen (also `http://www.example.de/typo3/install` aufrufen), haben Sie das Problem gelöst.[6]

Richtig sind demnach die Antworten c) und d).

2.2.8 Sind Backend- und Frontend-Passwörter in TYPO3 6.2 verschlüsselt in der Datenbank angelegt? (1)

a) Ja, in einer neuen, leeren Installation sind sowohl Backend- wie auch Frontend-Passwörter verschlüsselt gespeichert.

b) Ja, in einer neuen Installation mit dem Introduction Package sind sowohl Backend- wie auch Frontend-Passwörter verschlüsselt gespeichert.

c) Es sind nur Backend-Passwörter verschlüsselt.

d) Es sind nur Frontend-Passwörter verschlüsselt.

e) Nein, sowohl Backend- wie auch Frontend-Passwörter sind unverschlüsselt gespeichert – schließlich muss man das Passwort im Notfall, z.B. wenn es vergessen wurde, zuschicken können.

6 Falls Sie Zugriff auf die Datei `typo3conf/LocalConfiguration.php` haben, können Sie übrigens dort auch direkt ein neues Passwort für das Install Tool als MD5-Hash eintragen.

Bis zur Version 4.6 hat TYPO3 jedes Passwort für das Backend in einen MD5-Hash umgewandelt und diesen in der Datenbank gespeichert. Auch wenn ein Hash genau genommen keine Verschlüsselung ist, spricht man in diesem Zusammenhang von „verschlüsselten“ Passwörtern.

Mit Zugang zu diesem Hash und über eine sogenannte *Rainbow-Tabelle*[7] lässt sich das ursprüngliche Passwort jedoch grundsätzlich wieder herstellen bzw. ermitteln.

Daher wurde für TYPO3 die Extension *saltedpasswords* entwickelt, die ein Passwort zusätzlich „salzt“ – es also vor der Hash-Generierung um eine zufällige Zeilenfolge, das „Salz“, ergänzt, um den Hash weiter abzusichern.

Obwohl die Extension seit der Version 4.3 als Systemextension mitgeliefert wird, ist sie erst seit Version 4.6 per Default bei einer Neuinstallation aktiv. Sie verschlüsselt auf diese Weise nicht nur Backend-Passwörter, sondern sorgt auch dafür, dass nun Frontend-Passwörter endlich nicht mehr im Klartext gespeichert werden.

Somit ist also Antwort a) richtig.

2.2.9 Wenn bestimmte Funktionalitäten in TYPO3 nicht zufriedenstellend ausgeführt werden, kann das auch an der PHP-Konfiguration liegen. Wo können Sie diese einsehen? (1)

a) Sie brauchen zwingend einen Shell-Zugang, um die Datei `php.ini` einzusehen.

b) Das ist ohne Administratorrechte nicht möglich.

c) Sie rufen die URL `http://mytypo3domain.de/phpinfo` auf.

d) Im Install Tool gibt es dafür den Abschnitt System environment.

e) Die einzige Möglichkeit besteht darin, eine PHP-Datei mit dem Inhalt

```
<?php phpinfo(); ?>
```

auf dem Server anzulegen.

Ein Problem, das mit der PHP-Konfiguration zusammenhängt und sich darin äußert, dass TYPO3 in Fehlermeldungen zu knappen Arbeitsspei-

7 Z.B. `http://md5.rednoize.com/`

cher moniert, lösen Sie in der PHP-Konfiguration über den Parameter `memory_limit`.

Ein weiteres Phänomen, das immer wieder für Fragen sorgt: Im Extension Manager lassen sich Extensions nicht nachschlagen bzw. installieren – weil hierfür *CURL* aktiviert sein muss. In der PHP-Konfiguration gibt es dafür einen Abschnitt curl enabled.

Fehlt der Abschnitt, können Sie die Verwendung von CURL im Install Tool im Abschnitt All configurations über den Parameter curlUse anschalten. Sich über die PHP-Konfiguration informieren zu können, ist für einen TYPO3 Integrator also zuweilen unabdingbar.

Einen Shell-Zugang benötigen Sie dafür allerdings nicht unbedingt, insofern ist Antwort a) falsch. Auch der Ansatz in Antwort e) ist zwar möglich, aber nicht der einzig richtige – e) ist also ebenfalls falsch, genau wie Antwort b): Für den Zugang zum Install Tool mögen Administratorrechte praktisch sein (weil Sie das Modul dann im Backend nur anklicken müssen), Sie können das Install Tool jedoch auch als beliebiger User über die URL direkt aufrufen, Administratorrechte sind also nicht notwendig.

Als einzig richtige Antwort bleibt damit d).

2.2.10 Können Sie mehrere Domains mit einer TYPO3-Installation verwalten? (1)

a) Ja, aber nur wenn diese exakt denselben Inhalt anzeigen sollen.

b) Nein, das ist bislang noch nicht möglich.

c) Ja, aber nur wenn man pro Domain ein eigenes Verzeichnis anspricht.

d) Ja, über Domain Records.

Dass man mit einer TYPO3-Instanz eine Domain und damit einen Webauftritt verwalten kann, dürfte klar sein. Was aber, wenn man mehrere Domains verwalten will? Man könnte auf dem Webserver verschiedene Domains auf dasselbe Verzeichnis mappen, sei das in der Webserver-Konfiguration oder mittels Symlinks im Filesystem. Alle Domains würden dann auf dieselben Dokumente und Skripte, z.B. eine TYPO3-Instanz, zugreifen und in der Folge natürlich identische Inhalte anzeigen. Das hat mit einer Verwaltung von Domains in TYPO3 aber nichts zu tun.

Wünschenswert wäre es vielmehr, z.B. für jede Domain einen eigenen Einstiegspunkt im TYPO3-Seitenbaum definieren zu können, also einen einzigen Seitenbaum in TYPO3 zu verwalten, der beliebig viele (natürlich auch inhaltlich unterschiedliche) Webseiten umfasst, die dann mit verschiedenen Domains korrespondieren.

Genau das ermöglichen sogenannte *Domain Records*. Der entsprechende Eintrag wird jeweils auf der Seite angelegt, auf der auch das TypoScript-Root-Template hinterlegt wurde; so weisen Sie TYPO3 an, beim Aufruf der Domain den entsprechenden Record auszuwählen und die entsprechende Stelle im Seitenbaum anzufahren. Auf diese Weise lassen sich beliebig viele Domains mit TYPO3 verwalten.

Richtig ist darum Antwort d).

2.3 Datenbank

Grundkenntnisse der TYPO3-Datenbankstruktur sind gerade im Zusammenhang mit TypoScript sehr wertvoll. Sie müssen als TYPO3 Integrator natürlich nicht Datenbankexperte sein; wenn Sie jedoch in Grundzügen verstehen, was hinter den Kulissen vor sich geht, kann das Ihre Arbeit enorm erleichtern.

2.3.1 In welchen Datenbanktabellen werden Seitenkonfigurationen, Inhaltselemente und Webseiten-Benutzer gespeichert? (3)

a) `be_user`

b) `seiten`

c) `pages`

d) `feuser`

e) `tt_pages`

f) `content`

g) `tt_content`

h) `users`

i) `fe_users`

TYPO3 nutzt zahlreiche Datenbanktabellen – schon bei der Installation werden ca. 60 angelegt, und später kommen weitere hinzu. So gibt es etwa Tabellen für den Index, für das Caching, für Konfigurationen usw. Die wichtigsten Tabellen sollten Ihnen bekannt sein.

Es gibt beispielsweise vier verschiedene Tabellen, in denen Benutzer und Benutzergruppen gespeichert werden; unterschieden werden dabei Webseitenbenutzer (d.h. Frontendbenutzer) und Backendbenutzer. Frontendbenutzer und entsprechende Gruppen werden in den Tabellen `fe_users` und `fe_groups` abgelegt, Backendbenutzer und Backend-Benutzergruppen in den Tabellen `be_users` und `be_groups`. Gefragt war nach Frontendbenutzern, daher ist zunächst Antwort i) richtig.

Seitenkonfigurationen werden in `pages` gespeichert und Inhaltselemente, auch dieser Tabellenname sollte Ihnen geläufig sein, in `tt_content`.

Richtig sind damit die Antworten c), g) und i).

2.3.2 Wo werden die Übersetzungen von Seiten in der Datenbank gespeichert? (1)

a) `pages`

b) `tt_content`

c) `pages_translation`

d) `pages_language`

e) `language`

f) `pages_language_overlay`

g) `pages_overlay`

Betrachtet man zunächst Inhaltselemente, also Datensätze der Tabelle `tt_content`, so stellt man fest, dass deren Übersetzung in derselben Tabelle gespeichert wird. Lediglich im Feld `sys_language_uid` steht die UID der zugehörigen Sprache und in anderen Feldern der originale Inhalt.

Ganz anders wird dies bei Seiten – also Datensätzen der Tabelle `pages` – gehandhabt. Hier wird tatsächlich eine zusätzliche Tabelle mit der Verwaltung der Sprachen beauftragt. Diese Tabelle heißt `pages_language_overlay`.

Richtig ist also Antwort f).

2.3.3 In allen TYPO3-Datenbanktabellen existieren die beiden Felder `uid` und `pid`. Welche Funktion haben diese Felder? (2)

a) Das Feld `uid` enthält die User ID des Users, der den Datensatz angelegt hat.

b) Das Feld `uid` enthält die User ID des Users, der den Datensatz geändert hat.

c) Das Feld `uid` enthält die eindeutige ID des Datensatzes.

d) Das Feld `pid` enthält die ID der Seite des Elternelements.

e) Das Feld `pid` enthält die Prüf-ID, um die Konsistenz des Datensatzes zu gewährleisten.

Die beiden genannten Datenbankfelder werden Ihnen in der täglichen Arbeit, meist im Zusammenhang mit TypoScript, immer wieder begegnen. `uid` steht für *Unique Identifier*, also etwa „eindeutiger Bezeichner". Der Wert in diesem Feld wird also pro Tabelle immer nur genau einmal vergeben; so lässt sich jeder Datensatz, unabhängig vom Inhalt, eindeutig adressieren. Antwort c) ist also richtig.

Die Bedeutung des zweiten Felds, `pid`, ist etwas schwieriger zu erschließen. Wenn man sich das Prinzip von TYPO3 vor Augen hält, dass alle Inhalte und Datensätze in irgendeiner Form auf einem Seitenbaum platziert werden, liegt die richtige Antwort jedoch nahe: Die Abkürzung `pid` steht für *Parent ID*, also „Eltern-ID" – das ist die ID des Elements, das den jeweiligen Datensatz enthält, darum oft auch als *Elternseite* bzw. *Elterndatensatz* bezeichnet.

Richtig sind also die Antworten c) und d).

2.3.4 Welche Bedeutung hat das Feld `CType` in der Tabelle `tt_content`? (1)

a) Es enthält die Art des Cachings (Caching Type).

b) Es enthält die Art der Inhaltselements (Content Type).

c) Es enthält die Art des Abstands vor und hinter dem Inhaltselement (Clear Type).

d) Es enthält die Art der Verlinkung von anderen Elementen (Crosslinking Type).

Mit einigen Tabellen werden Sie immer wieder zu tun haben und sollten sie darum kennen, beispielsweise `tt_content`.

Die Tabelle enthält grundsätzlich alle Inhaltselemente und deren Konfigurationswerte. Sie umfasst, wie übrigens beinahe alle TYPO3-Tabellen, z. B. Felder, in denen Werte zu Sichtbarkeit und Sortierung gespeichert werden, einen Timestamp pro Datensatz usw. Das Feld `CType` spielt eine besondere Rolle; hier wird der *Typ* des Inhaltselements gespeichert (Bild, Text, Liste etc.), daher die Bezeichnung *Content Type*, also *CType*. Das Element kann direkt mit TypoScript angesprochen werden.

```
page = PAGE
page.10 = CONTENT
page.10 {
  renderObj.stdWrap.outerWrap.override = <div class='bildObj'> | </div>
  renderObj.stdWrap.outerWrap.override.if {
    equals = image
    value.field = CType
  }
}
```

Mit diesem Codefragment konfigurieren Sie z. B. ein `CONTENT`-Objekt (also ein Objekt, das Inhalte aus der Datenbank darstellt), dessen Inhalt nur dann mit einem Wrap umschlossen wird, wenn es sich um ein Bild (`CType` gleich `image`) handelt.

Somit ist Antwort b) richtig.

2.3.5 Was geschieht, wenn ein Datensatz im Backend gelöscht wird, beispielsweise ein Inhaltselement oder eine Seite? (1)

a) Der Datensatz wird aus der Tabelle gelöscht.

b) Der Datensatz wird aus der Tabelle gelöscht – vorher wird aber ein Backup angelegt.

c) Im Feld `deleted` des Datensatzes wird eine `1` eingetragen.

d) Der Datensatz wird in einem Textfile gespeichert und dann aus der Datenbank gelöscht.

e) Im Datensatz wird ein Feld `cleared` angelegt und dessen Wert auf `true` gesetzt.

Löscht man in TYPO3 ein Inhaltselement, wird es nicht mehr angezeigt, scheint also verschwunden. Eine gelöschte Seite etwa erscheint weder im Seitenbaum noch im Frontend, so dass man davon ausgehen könnte, dass der Datensatz aus der Tabelle entfernt wurde.

Das wäre aber fatal: Hätte man z. B. einen Eintrag versehentlich gelöscht, wäre er unwiderruflich verloren – das ist bei TYPO3 aus gutem Grund nicht der Fall. Es wird allerdings kein Backup in der Datenbank oder im Filesystem erzeugt, wie in den Antworten b) und d) behauptet, vielmehr wird schlicht ein Datenbankfeld, nämlich `deleted`, von `0`, dem Defaultwert, auf `1` gesetzt.

TYPO3 zeigt Datensätze, in denen dieses Feld den Wert `1` hat, einfach nicht an, die Daten in der Datenbank bleiben jedoch unverändert. Hat man einen Fehler gemacht und den Datensatz versehentlich gelöscht, kann man ihn wieder sichtbar machen, indem man (direkt in der Datenbank) den Wert des Feldes wieder auf `0` setzt.

Richtig ist also allein Antwort c).

2.3.6 Sie wollen TYPO3 mit der Datenbank PostgreSQL betreiben. Ist das möglich und, wenn ja, wie? (2)

a) Sie müssen die Datenbank im Install Tool aktivieren.

b) PostgreSQL wird von Haus aus unterstützt und kann daher bei der Installation im 1-2-3-Wizard ausgewählt werden.

c) Sie müssen die Systemextension `dbal` installieren.

d) Sie müssen die Systemextension `ADOdb` installieren.

e) Das ist leider nicht möglich, TYPO3 arbeitet ausschließlich mit MySQL zusammen.

Meist werden Sie TYPO3 mit der beliebten Open-Source-Datenbank MySQL betreiben. In besonderen Situationen kann aber ein anderes Datenbanksystem sinnvoll oder notwendig sein. Auch wenn die Frage konkret auf PostgreSQL abzielt, kommen auch Oracle- oder andere Systeme in Frage.

TYPO3 basiert auf PHP, und in dieser Sprache wird die Datenbank normalerweise direkt angesprochen. So führt beispielsweise der Befehl `mysql_query` eine Anfrage auf die MySQL-Datenbank aus. Für PostgreSQL oder Oracle gibt es eigene, aber anders lautende Befehle.

Zum Glück haben es die Entwickler von TYPO3 vermieden, derlei Befehle in den Core zu schreiben; vielmehr wurden abstrahierte Befehle verwendet. So sind sämtliche Datenbankzugriffe in der Core-Datei `TYPO3\CMS\Core\Database` definiert. Dort finden Sie alle MySQL-Befehle.

Um nun aber auch andere Datenbanksysteme zuzulassen, verwendet TYPO3 die Systemextension *dbal*, die ihrerseits auf der Systemextension *ADOdb* beruht. Durch diese Systemextensions werden die nativen Datenbankfunktionen so überschrieben, dass sie optimal an das Datenbank-Zielsystem angepasst sind.

Richtig sind also die Antworten c) und d).

2.4 Install Tool

Mit dem Install Tool ist es möglich, TYPO3 zu konfigurieren und vermeintliches Fehlverhalten oder Schwächen über eine exakte Justierung abzufangen. So kann es beispielsweise bei der Bildbearbeitung mit ImageMagick dazu kommen, dass in der Defaulteinstellung bestimmte Funktionen nicht zufriedenstellend oder gar nicht ausgeführt werden; in solchen Fällen müssen Sie als Integrator TYPO3 an das gegebene Grundsystem anpassen. Die vielfältigen Optionen im Install Tool gehören deshalb – auch wenn die Installation selbst nicht Aufgabe des Integrators ist – zu den Themengebieten, die in der Zertifizierungsprüfung abgefragt werden.

2.4.1 Wenn Sie die TYPO3-Sourcen entpacken und im Browser aufrufen, müssen Sie manuell eine Datei anlegen, damit Sie die Installation zum ersten Mal starten können. Wie heißt diese Datei? (1)

a) `ENABLE_INSTALL_TOOL`

b) `FIRST_INSTALL`

c) `INSTALL`

d) `ENABLE_INSTALL`

e) Die obige Aussage ist falsch, man kann die Installation ohne Anlegen einer Datei starten.

Vor der Version TYPO3 4.1 war es möglich, TYPO3 ohne irgendeine Datei zu installieren. Zu diesem Zeitpunkt musste man allerdings eine `die()`-Anweisung aus dem Quelltext der Datei `typo3/install/index.php` auskommentieren – genauer:

```
die("In the source distribution of TYPO3, the install script is disabled
by a die() function call.<br/><b>Fix:</b> Open the file
typo3/install/index.php and remove/out-comment the line that outputs
this message!");
```

Zur Version 4.1 hat man dann die Datei `ENABLE_INSTALL_TOOL` eingeführt, die sich im Verzeichnis `typo3conf` befinden muss und höchstens 60 Minuten alt sein darf.

Zur Version 6.2 LTS schließlich hat man dieses Verhalten abermals angepasst und verlangt nun bei der ersten Installation eine Datei `FIRST_INSTALL` im Root-Verzeichnis der Installation.

Richtig ist also Antwort b).

2.4.2 TYPO3 wurde von Ihrem Administrator in einer Standard-Installation eingerichtet. Er hat Ihnen die Zugangsdaten zur TYPO3-Installation übermittelt, und Sie können sich einloggen. Beim Aufruf des Moduls System ▸ Install erscheint aber eine erneute Passwortabfrage. Wie lautet dieses Passwort, wenn es vom Administrator nicht geändert wurde? (1)

a) Es lautet wie das Passwort, das zum Login der TYPO3-Installation im Backend notwendig ist.

b) Man kann während der Installation ein eigenes Passwort für das Install Tool festlegen.

c) `joh316`

d) `kas315`

e) `password`

Als Default-Passwort für das Install Tool hat Kasper Skårhøj als bekennender Christ einen Bibelvers gewählt, nämlich Johannes-Evangelium, Kapitel 3, Vers 16, also `joh316`. Dies hat man allerdings mit Einstieg in den 6er-Zweig getilgt, da Sicherheitsaspekte dagegen sprechen, Default-Passwörter zu vergeben, die jedem bekannt sind.

Seither wird auch das Passwort für den Backend-Zugang nicht mehr auf `password` gesetzt, sondern manuell abgefragt. Das hier hinterlegte Passwort wird auch für das Install Tool verwendet und muss – sofern gewünscht – entweder im Install Tool selbst oder im Schlüssel `'BE' => 'InstallToolPasswort'` in der Datei `typo3conf/LocalConfiguration.php` geändert werden.

Richtig ist also Antwort a).

2.4.3 Wie können Sie das Install Tool aufrufen? (2)

a) Über `http://mytypo3domain.de/typo3/install`

b) Über `http://mytypo3domain.de/install`

c) Sie klicken im Backend auf Install Tool.

d) Sie klicken im Backend auf Install.

e) Sie klicken im Backend auf Configuration.

Es gibt zwei Möglichkeiten, das Install Tool aufzurufen. Weil es ein Werkzeug der Administration ist und der Administrationsbereich im Verzeichnis `typo3` liegt, kann man bereits erschließen, dass Antwort a) richtig ist.

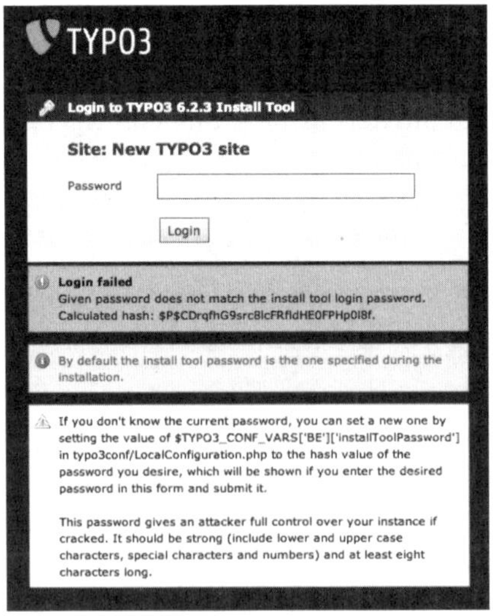

Abbildung 2.2: Die Login-Maske zum Install Tool

Daneben ist es möglich (und wohl üblicher), das Install Tool aus dem Backend aufzurufen; der entsprechende Menüpunkt heißt Install – ebenfalls richtig ist also Antwort d).

Die Bezeichnung „Install Tool" ist eigentlich irreführend, da das Werkzeug nicht der Installation, sondern der Konfiguration des Systems dient.

2.4.4 Um das Install Tool zu erreichen, muss es eine gültige Datei ENABLE_INSTALL_TOOL geben. Diese kann aber maximal 60 Minuten alt sein, dann wird sie gelöscht. Wie kann dies verhindert werden? (1)

a) Dies kann überhaupt nicht geändert werden, da die Lifetime in der Datei `sysext/install/Classes/Service/EnableFileService.php` mit 3.600 Sekunden hartkodiert ist.

b) Im Install Tool im Abschnitt `All Configuration` kann im Schlüssel `KeepFile` eingetragen werden, dass die Datei nicht gelöscht werden soll.

c) Wenn man in der Datei `ENABLE_INSTALL_TOOL` den String `KEEP_FILE` einträgt, wird die Datei nicht gelöscht.

d) Man muss hierzu eine leere Datei `KEEP_FILE` im Verzeichnis `typo3conf` anlegen.

e) Dies ist aus Sicherheitsgründen nicht möglich.

In manchen Szenarien kann die auf 3.600 Sekunden gesetzte Lifetime der Datei `ENABLE_INSTALL_TOOL` stören. Tatsächlich handelt es sich hierbei um eine Konstante `const INSTALL_TOOL_ENABLE_FILE_LIFETIME = 3600;`, die in der Datei `sysext/install/Classes/Service/EnableFileService.php` gesetzt wird.

Unter Sicherheitsaspekten ist das durchaus sinnvoll, denn man würde beispielsweise ein manuelles Löschen der Datei sicherlich ständig vergessen. Daher ist es wichtig, dass die Datei nach einer gewissen Zeit automatisch gelöscht wird.

Nun kann es allerdings sein, dass das Backend (z.B. der direkte Zugriff auf `/typo3`) ohnehin durch andere Methoden (IP-Schutz, `.htaccess`,...) abgesichert ist. In diesem Fall wäre ein automatisches Löschen überflüssig.

Tatsächlich kann man in die Datei `ENABLE_INSTALL_TOOL` den String `KEEP_FILE` eintragen – die Methode `isInstallToolEnableFilePerma-`

`nent()` sorgt dann dafür, dass die Datei nicht mehr gelöscht wird, sobald die Lifetime erreicht ist.

Richtig ist also Antwort c).

2.4.5 Sie haben den Verdacht, dass bestimmte Systemvoraussetzungen in Ihrer TYPO3-Installation nicht erfüllt sind. Wie überprüfen Sie das? (1)

a) Sie führen die Datei `systemcheck.php` aus, die sich im Verzeichnis `typo3` befindet.

b) Im Install Tool in der Sektion Basic Configuration finden Sie eine Übersicht über die erfüllten Systemvoraussetzungen.

c) Im Install Tool in der Sektion System environment und Test setup finden Sie eine Übersicht über die erfüllten Systemvoraussetzungen.

d) Sie installieren die Extension *Core Configuration Check* und lassen das System überprüfen.

e) Die Überprüfung der Systemvoraussetzungen ist ausschließlich dem Administrator des Systems möglich.

Eine Datei namens `systemcheck.php` gibt es (in einer Standardinstallation) nicht, ebenso wenig gibt es die in Antwort d) genannte Extension. Eine Überprüfung der Systemvoraussetzungen ist bereits im Grundsystem von TYPO3 vorgesehen, eine Extension ist dazu nicht notwendig.

Klicken Sie im Install Tool auf Basic Configuration, fanden Sie bis zur Version 6.1 eine ausführliche Liste der Ergebnisse, die die Systemüberprüfung ergeben hat. In der Version 6.2 LTS wurde dies aufgeteilt – einmal auf System environment und dann auf Test setup.

Das Skript überprüft die folgenden Bereiche:

- Schreibrechte wichtiger Verzeichnisse
- Einstellungen in der Datei `php.ini`
- GDlib-Einstellungen
- ImageMagick-Einstellungen
- Datenbank-Einstellungen

Um sich im Install Tool einzuloggen, müssen Sie nicht Administrator der Installation sein. Die einzig richtige Antwort ist damit c).

2.4.6 Mit welchen Versionen des Microsoft Internet Explorer können Sie im Backend weitgehend fehlerfrei arbeiten? (5)

a) MSIE 5

b) MSIE 6

c) MSIE 7

d) MSIE 8

e) MSIE 9

f) MSIE 10

g) MSIE 11

Grundsätzlich kann für die Arbeit im Backend von TYPO3 natürlich jeder halbwegs moderne Internet-Browser verwendet werden. Mit Mozilla Firefox oder Google Chrome wird man bei der Pflege der Website (von wenigen Ausnahmen abgesehen) immer zum Ziel kommen.

Tatsächlich nimmt der Internet Explorer von Microsoft (wie in der gesamten Webentwicklung) eine gewisse Sonderstellung ein. So hat sich Microsoft lange Zeit wenig um die Einhaltung allgemein akzeptierter Standards gekümmert, was es Webentwicklern sehr schwer machte, Produkte auf allen Browsern gleich aussehen und funktionieren zu lassen.

Während man im Frontend dieser Situation selbst Rechnung trägt, erledigen das beim Backend die TYPO3-Entwickler, und so kam irgendwann der Wunsch auf, jedes Feature nicht noch einmal eigens an einen MSIE anpassen zu müssen.

Während der MSIE 5 kaum noch eingesetzt und von neueren TYPO3-Versionen auch nicht mehr unterstützt wird, ist der MSIE 6 vor allem in Unternehmen auch heute noch anzutreffen. Allerdings hat sich im März 2011 selbst Microsoft entschlossen, diese Browser-Version nicht mehr zu unterstützen.[8] So war es nur folgerichtig, dass das TYPO3-Team zur

8 `http://www.ie6countdown.com/`

TYPO3-Version 4.6 auch den Support den MSIE 6 im Backend gekippt hat.

Richtig sind also c), d), e), f) und g).

2.4.7 Im Hauptmenü Ihrer Website werden die Menüpunkte von TYPO3 dynamisch als Grafiken gerendert. Obwohl Sie wissen, dass der entsprechende TypoScript-Code syntaktisch korrekt ist, werden die Menüpunkte nicht dargestellt (bzw. die erstellten Grafiken sind leer). Wie lösen Sie dieses Problem? (1)

a) Sie müssen entsprechende Anpassungen im Page TSconfig durchführen, damit die Grafiken korrekt erzeugt werden.

b) Nach dem manuellen Löschen aller Dateien in `typo3temp/` werden die Grafiken korrekt angezeigt.

c) Sie überprüfen erst den Pfad im Install Tool, Abschnitt All configuration, und passen diesen ggf. an. Dann können Sie die Grafikfunktionen im Abschnitt Test setup überprüfen.

d) Es reicht, die Dateien im Verzeichnis `typo3temp/menu/` zu löschen, damit die Grafiken wieder erzeugt und dargestellt werden.

Das sog. Page TSconfig ist der TypoScript-Code, der zur Konfiguration einer Seite im Backend verwendet wird. Da die Anzeige von grafischen Menüs eine Aufgabe des Frontends ist, hat der Code im Page TSconfig nichts mit dem Problem zu tun und Antwort a) ist falsch.

Das Löschen der Dateien in den in b) und d) genannten Verzeichnissen führt allerdings dazu, dass die Menügrafiken beim Aufruf im Frontend neu erzeugt werden. Waren sie jedoch vorher bereits fehlerhaft, sind sie das nach erneutem Generieren noch immer. Der Ordner, in dem die Dateien abgelegt werden, ist `typo3temp/menu/`. Das Löschen dieses Verzeichnisses ist also dann nützlich, wenn der Menütext beispielsweise im Backend geändert wurde, die entsprechende Grafik aber noch den alten Text zeigt.

Zu Problemen bei der Erzeugung selbst kommt es aber fast immer aufgrund eines fehlerhaften Pfads zur ImageMagick-Installation auf dem Server. Ob er korrekt ist, prüfen Sie im Install Tool im Abschnitt All configuration. Haben Sie den Pfad korrigiert, sollten Sie zur Sicherheit auch sämtliche Grafikfunktionen im Abschnitt Test setup nochmals prüfen lassen.

Richtig ist also Antwort c).

2.4.8 Es gibt bei TYPO3 im Installationsverzeichnis wohl immer ein Verzeichnis `fileadmin/`. Muss das so sein? (2)

a) Ja, das Verzeichnis `fileadmin/` muss genau in dieser Form existieren.

b) Ja, allerdings ist die Schreibweise case-insensitive, d.h. der Name kann z.B. auch `FileAdmin` lauten.

c) Nein, das Verzeichnis kann beliebig umbenannt werden.

d) Nein, das Verzeichnis kann auch fehlen.

Sie können, wenn Sie möchten, dem Verzeichnis `fileadmin/` durchaus einen anderen Namen geben, die Anworten a) und b) sind also beide falsch. Ändern Sie im Install Tool den Wert der Variablen

```
$TYPO3_CONF_VARS['BE']['fileadminDir']
```

definieren Sie so ein beliebiges anderes Verzeichnis anstelle von `fileadmin/`.

Fehlen sollte dieses Verzeichnis allerdings nicht (das heißt, Sie müssen es vor dem Umkonfigurieren selbst anlegen), andernfalls hätten Redakteure im Backend keine Möglichkeit, Dateien über das Modul List in das System hochzuladen.

Da TYPO3 aber nicht funktionsuntüchtig wird, wenn das Verzeichnis fehlt, sind die Antworten c) und d) richtig.

2.4.9 Wie überprüfen Sie, ob TYPO3 in der Lage ist, E-Mails zu versenden? (1)

a) Dazu müssen Sie den Administrator kontaktieren.

b) Im Install Tool können Sie im Abschnitt Basic Configuration eine Testmail verschicken.

c) Im Install Tool können Sie im Abschnitt Test setup eine Testmail verschicken.

d) Dazu müssen Sie ein PHP-Skript schreiben, das einen `mail()`-Befehl enthält.

e) Wenn das TYPO3-Frontend funktioniert und eine Ausgabe erzeugt, steht fest, dass die E-Mail-Funktionalität ebenfalls einwandfrei funktioniert.

Eine häufige Ausgangssituation: Ein Administrator hat TYPO3 für Sie installiert und das CMS scheint ordnungsgemäß zu funktionieren: Seiten lassen sich anlegen, Inhalte werden dargestellt.

Oft aber wird übersehen, dass eine ordnungsgemäße Installation von TYPO3 auch Konfiguration und Test des Mailversands umfasst. Verschiedene Gründe, wie z.B. Firewall- und natürlich Mailserver-Einstellungen, können dafür sorgen, dass der TYPO3-Server keine Mails verschickt.

Sie sollten daher zu Beginn der Arbeit die E-Mail-Funktionalität unbedingt überprüfen, indem Sie im Install Tool im Abschnitt Test setup unter Mail setup eine E-Mail verschicken. Diese E-Mail wird (technisch gesehen) genau so versendet wie z.B. E-Mails aus Formularen im Frontend. Ist dieser Vorgang erfolgreich, können Sie also davon ausgehen, dass der Server einwandfrei konfiguriert ist. Vor TYPO3 6.2 LTS war diese Option unter Basic Configuration zu finden.

Richtig ist folglich Antwort c).

2.4.10 Was kann passieren, wenn das Verzeichnis `typo3temp` bei einer neuen Installation keine Schreibrechte für den Webserver besitzt? (5)

a) In diesem Verzeichnis werden nur temporäre Dateien gespeichert, daher muss der Webserver keinen Zugang dazu haben, sondern kann die benötigten Dateien on-the-fly generieren.

b) Sämtliche Bilderzeugungsmechanismen funktionieren nicht mehr.

c) Das Backend kann nicht auf eine andere Sprache umgestellt werden.

d) Das Backend kann nicht mehr aufgerufen werden.

e) Das Frontend kann nicht mehr aufgerufen werden.

f) Das Install Tool kann nicht mehr aufgerufen werden.

Normalerweise dient das Verzeichnis `typo3temp` ausschließlich dazu, temporäre Dateien aufzunehmen. Man kann das Verzeichnis vollständig leeren (inkl. Unterverzeichnisse) – TYPO3 wird alle benötigten Dateien und Verzeichnisse neu aufbauen. Der Inhalt ist also rekonstruierbar. Genau aus diesem Grund wird das Verzeichnis auch meist nicht in Backups aufgenommen, denn es erhöht ohne weiteren Nutzen Umfang und Dauer eines Backups.

Der Inhalt des Verzeichnisses `typo3temp` ist vielfältig: JavaScript- und CSS-Dateien, Bilder, die etwa über ImageMagick erzeugt werden, etc. Ist kein Schreibzugriff auf das Verzeichnis gegeben, funktionieren auch diese Tools nicht mehr. Bis zur Version 4.5 LTS war das auch die einzige (der oben geschilderten) Auswirkungen, wenn das Verzeichnis keine Schreibrechte besaß.

Mit der Version 4.6 haben sich hier allerdings einige Änderungen ergeben: So müssen im Frontend und im Backend verschiedene Dateien und Verzeichnisse dort angelegt werden, etwa für das neue Caching Framework, das nun per Default aktiviert ist und seine Dateien im Verzeichnis `typo3temp` speichert.

Tatsächlich wurde das Install Tool zur Version 6.2 LTS komplett überarbeitet und noch mehr vom Kern von TYPO3 entkoppelt, um eben im Fehlerfall trotzdem funktionstüchtig zu sein. Ein `typo3temp`-Verzeichnis, das nicht beschreibbar ist, kann es allerdings auch nicht auffangen und verweigert den Dienst.

Daher sind hier alle Antworten mit Ausnahme von a) richtig.

2.4.11 Was müssen Sie tun, wenn Sie von einer Minor-Version auf die nächste aktualisieren, beispielsweise von 6.2.2 auf 6.2.3? (1)

a) Sie müssen den Cache löschen.

b) Sie müssen alle Datenbank-Tabellen leeren, deren Name mit `cache_` anfängt.

c) Sie müssen die Datenbank mit der Funktion Compare current database with specification des Moduls Important actions aufräumen.

d) Sie müssen den Referenz-Index im Modul Admin Tools ▸ DB Check aktualisieren.

e) Sie müssen den Upgrade Wizard laufen lassen.

f) Sie müssen überprüfen, ob die Website noch funktioniert (Funktionstest).

Grundsätzlich unterscheidet man Minor-Releases (etwa von 6.2.2 auf 6.2.3) und Major-Releases (etwa von 6.2 auf 6.3); beide sind sehr unterschiedlich zu behandeln.

So enthält ein Major-Release immer neue Funktionen, die nicht nur Backend und Frontend betreffen, sondern fast immer auch die Datenbank. Daher sind die genannten Schritte in der Reihenfolge a), e), d), c), f) durchzuführen, um sicherzugehen, dass alle Änderungen berücksichtigt wurden. Dabei sollte man zuerst den Cache löschen und anschließend den *Upgrade Wizard* laufen lassen. Anschließend sollte man überprüfen, ob die verwendete Datenbank der durch das TCA definierten Struktur entspricht. Nun prüfen Sie noch die Website auf ihre Funktionalität. Lediglich Punkt b) ist unsinnig.

Bei einem Minor-Update sollten nur kleinere Fehlerbereinigungen (Bugfixes) durchgeführt oder Sicherheitslücken behoben werden. Hier wird die Datenbank nicht angefasst, und auch neue Funktionen werden nicht in das System eingeführt.

Daher ist nach dem Update meist lediglich zu überprüfen, ob die Website noch einwandfrei funktioniert – Antwort f) ist also richtig.

Kapitel 3

Performance

Selbst wenn TYPO3 korrekt installiert ist und die damit realisierte Website fehlerfrei ausliefert, besteht meist Optimierungsbedarf. Die sogenannte *TYPO3-Umgebung* (*TYPO3 Environment*) lässt sich differenziert konfigurieren und an spezielle Gegebenheiten anpassen, und zwar in folgenden Bereichen:

Umgebungsvariablen
: Mit Umgebungsvariablen beschäftigt sich, sofern sie für den Integrator von Bedeutung sind, Kapitel 8 im Abschnitt *Conditions*.

Installationseinstellungen
: Das Thema wurde bereits in Kapitel 2 behandelt.

Caching
: ein wichtiger Optimierungsmechanismus, der Thema dieses Kapitels sein soll.

3.1 Caching

TYPO3 erstellt Seiten beim Aufruf im Frontend nicht jedes Mal neu, um sie auszugeben – das würde schlicht zu lange dauern. TYPO3 benutzt stattdessen zur Optimierung der Ausgabe einen wirkungsvollen Caching-Mechanismus, der es erlaubt, statische Bereiche zwischenzuspeichern.

Wie können Sie das Verhalten dieses Cachings beeinflussen? Was können Sie tun, wenn Webseiten nicht ausreichend schnell ausgeliefert werden oder die von Ihnen an der Website durchgeführten Änderungen im Frontend nicht erscheinen? Ein grundsätzliches Verständnis des Cachingvorgangs ist hier unabdingbar.

3.1.1 Welche Maßnahmen sind notwendig, um bei einer neu installierten TYPO3-Instanz das Caching einzuschalten? (1)

a) Im Verlauf des Installers muss die Checkbox Use Cache aktiviert werden.

b) Im Install Tool muss im Abschnitt All Configuration die Einstellung Use Cache gewählt werden.

c) Keine – das Caching von TYPO3 ist per Default aktiviert.

d) Die Installation muss einmalig über eine besondere URL aufgerufen werden:

```
http://mytypo3domain.de/index.php?no_cache=0
```

e) Das Caching muss im Backend im Modul Caching aktiviert werden.

Das Caching in TYPO3 optimiert, wie einleitend beschrieben, die Seitenausgabe im Frontend und sollte daher nicht abgeschaltet werden, wenn es keinen triftigen Grund (beispielsweise während der Entwicklungsphase) dafür gibt.

Durch die Zwischenspeicherung aller bereits gerenderten Seiten wird die Auslieferungszeit, d.h. die Performance für den Websitebesucher, stark verbessert. Es ist in einer Produktivumgebung (auf Dauer) nicht sinnvoll, den TYPO3-Server ohne Caching zu betreiben.

Aus diesem Grund ist das Caching in einer Standardinstallation per Default aktiviert und muss nicht erst eingeschaltet werden. Daher gibt es keine Checkbox im Installer, wie in Antwort a) suggeriert. Ebenso existiert der Abschnitt aus Antwort b) nicht. Antworten d) und e) sind ebenfalls frei erfunden.

Richtig ist also Antwort c).

3.1.2 Der Seitenaufbau einer Website dauert sehr lange. Was könnte der Grund dafür sein? (3)

a) Die Site ist zu groß – TYPO3 läuft performant nur mit max. 100 bis 150 Seiten.

b) Eine der geladenen Extensions verwendet den folgenden Befehl:

```
$GLOBALS['TSFE']->set_no_cache()
```

c) In der URL ist der Parameter `&no_cache=1` enthalten.

d) Der Server läuft bereits zu lange und muss neugestartet werden, damit der Arbeitsspeicher bereinigt wird.

e) Die aktuelle Seite enthält zu viele `COA_INT`-Elemente.

Damit der Einsatz des Caching-Systems in TYPO3 greifen kann, muss der darzustellende Inhalt auch für ein Caching geeignet sein. Die sogenannten `COA_INT`-Objekte sind vom Caching ausgenommen, damit dynamische (z.B. Uhrzeit) oder sensible (z.B. Benutzerkennung) Daten eben nicht im Cache verbleiben. Enthält eine Seite jedoch viele solcher Elemente, verlangsamt das den Seitenaufbau unter Umständen erheblich.

Es gibt drei Möglichkeiten, den Cache explizit abzuschalten: Über den Parameter `&no_cache=1` in der URL, über die Checkbox No cache in den Seiteneigenschaften oder über den API-Befehl (*Application Programming Interface*) `$GLOBALS['TSFE']->set_no_cache()`.

Alle drei Methoden führen dazu, dass das Caching und die Indexierung für alle Websites, die der Seitenbaum enthält, abgeschaltet werden. Weil dann jede Seite bei einem Aufruf neu gerendert werden muss, verringert sich die Geschwindigkeit des Seitenaufbaus deutlich.

Die Antworten a) und d) sind, das sollte klar sein, unsinnig. Richtig sind vielmehr b), c) und e).

3.1.3 Wenn Sie den Eindruck haben, dass der Seitenaufbau ungewöhnlich lange dauert, wäre es praktisch, das auch mit Zahlen belegen zu können. Wie können Sie messen, wie lange der Seitenaufbau im Frontend dauert? (2)

a) Über das Modul `Info ▸ Rendering` erhalten Sie im Backend eine ausführliche Statistik.

b) Durch Setzen der TypoScript-Option `config.debug = 1` im Setup wird die Dauer des Rendering als Kommentar in den Quelltext geschrieben.

c) Durch Setzen der TypoScript-Option `mod.debug = 1` im Page TSconfig wird die Dauer des Rendering unter dem Seiteninhalt ausgegeben.

d) Die Prüfung der Renderingzeiten ist mit dem sogenannten Admin-Panel möglich.

e) Die Anzeige der Renderingzeiten ist nur mit einer eigenen Extension möglich.

Hat man den Eindruck, dass der Seitenaufbau ungewöhnlich schleppend verläuft, sollte man dies überprüfen. Hier gibt es mehrere Möglichkeiten, aber gemeinsam ist allen, dass ein Timer gestartet wird, sobald die Ausgabe angestoßen wird (also nach dem Aufruf der Seite), der dann kurz vor der endgültigen Ausgabe auf dem Bildschirm wieder gestoppt wird.

Das ist natürlich nur während des laufenden Aufrufs im Frontend möglich; daher sind Antworten a) und c) sofort auszuschließen: Weder ein Modul im Backend noch das Page TSconfig, das Wirkung nur auf Seiten im Backend hat, können die geforderte Aufgabe erfüllen.

Antwort b) führt hingegen zum Ziel: Durch Aktivieren der Option `config.debug` wird die sogenannte *Parsetime* in Millisekunden als HTML-Kommentar ans Ende des Quelltextes gesetzt. Um aber noch ausführlichere Informationen darüber zu erhalten, welche TypoScript-Abschnitte beispielsweise wie lange im Rendering brauchen, sollten Sie das Admin-Panel benutzen.

Sie aktivieren es, indem Sie im TypoScript-Setup

```
config.admPanel = 1
```

eintragen und im User TSconfig des die Seite aufrufenden Users (falls er keine Adminrechte hat) zusätzlich

```
admPanel.enable.edit = 1
```

Im Abschnitt TypoScript wählen Sie die Checkbox Display all times aus.

So erhalten Sie detaillierte Informationen zum Rendering; zudem können Sie im Admin-Panel unter Info feststellen, wie lange die Seitenauslieferung gedauert hat und ob sie aus dem Cache erfolgte oder die Seite neu gerendert wurde.

Richtig sind also die Antworten b) und d).

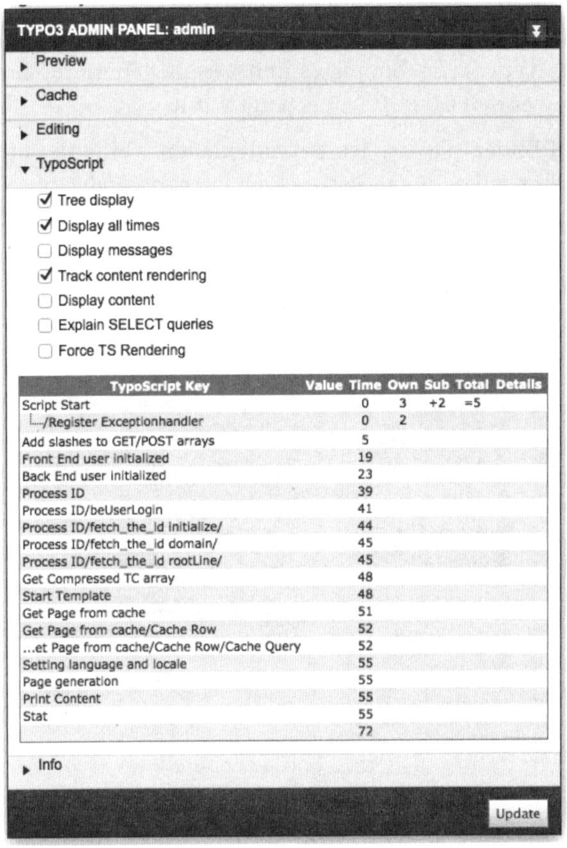

Abbildung 3.1: Die Renderingzeiten werden im Admin-Panel detailliert aufgelistet

3.1.4 Was wird in TYPO3 gecacht? (4)

a) Bilder, die im Verzeichnis `/fileadmin` liegen

b) Die HTML-Ausgabe statischer Seiten

c) Die Thumbnails der Dateien im Verzeichnis `/fileadmin`, die im Modul Filelist angezeigt werden können

d) Konfigurationseinstellungen

e) TypoScript-Templates

f) Dateien, die über ein Backendformular auf den Server geladen werden

TYPO3 versucht u.a. aus Performancegründen möglichst viele Inhalte zu cachen. Neben der HTML-Ausgabe statischer Seiten werden auch verschiedene Konfigurationseinstellungen gecacht, zudem Abmessungen von Bildern, TypoScript-Templates und bereits generierte Grafiken, z.B. Menüs, die über den `GIFBUILDER` erzeugt wurden.

Dateien und Bilder, die auf den Server geladen werden – entweder über ein Backendformular in das Verzeichnis `uploads/` oder über das Modul Filelist in das Verzeichnis `fileadmin/` – werden dagegen nicht gecacht, im Gegensatz zu Thumbnails, die für eine Vorschau erzeugt werden. Richtig sind also die Antworten b), c), d) und e).

Abbildung 3.2: Im Verzeichnis typo3temp werden gecachte Bilder abgelegt

3.1.5 Wo genau werden gecachte Seiten gespeichert? (2)

a) Im Verzeichnis `typo3temp/`, wenn die folgende Option gesetzt ist:

`pageCacheToExternalFiles`

b) Im Verzeichnis `typo3conf/`

c) In der Datenbank in den `cache_*`-Tabellen

d) In der Datenbank in der jeweiligen Tabelle in den `cache_*`-Feldern

e) In der Lokation, die im folgenden Schlüssel hinterlegt wurden:

```
['SYS']['caching']['cacheConfigurations']['cache_pages']
```

Das Caching-System in TYPO3 speichert manche Inhalte direkt in der Datenbank, andere dagegen im Filesystem. So werden einige Dateien in den Verzeichnissen `typo3temp/` und `typo3conf/` abgelegt, und zwar Konfigurationsdateien, JavaScript-Dateien, Bilder und Sprachdateien.

Seiten und Seiteninhalte zählen also nicht dazu. Solche Inhalte werden normalerweise in der Datenbank gespeichert, in Tabellen, die am Namenspräfix `cache_` zu identifizieren sind. Sollte es z.B. Probleme mit dem Löschen des Cache geben, können diese Tabellen manuell (etwa über phpMyAdmin) geleert werden. Ein Feld `cache_*` dagegen gibt es in TYPO3-Datenbanktabellen nicht.

Seit TYPO3-Version 4.2 war es allerdings möglich, durch Setzen der Option

```
$TYPO3_CONF_VARS[FE][pageCacheToExternalFiles]
```

im Install Tool den Cache für gerenderte Seiten ins Filesystem – genauer: ins Verzeichnis `typo3temp/cache_pages/ab/` – zu verlagern. Dabei wurde wie gewohnt die Cache-Tabelle `cache_pages` geschrieben – allerdings blieb die Spalte `HTML` leer, der Inhalt wurde stattdessen als Datei ins o.g. Verzeichnis abgelegt.

Diese Option wurde mit der TYPO3 Version 4.6 als „deprecated" gekennzeichnet und mit der Version 6.0 entfernt.

Anstelle dieser (und anderer) Optionen hat man nämlich das Chaching Framework in TYPO3 implementiert. In der Datei `sysext/core/Configuration/DefaultConfiguration.php` wird für viele Szenarien eine Cache-Configuration definiert.

Für die Tabelle `cache_pages` etwa, sieht dies wie folgt aus:

```
'cache_pages' => array(
    'frontend' => 'TYPO3\CMS\Core\Cache\Frontend\VariableFrontend',
        'backend' => 'TYPO3\CMS\Core\Cache\Backend\Typo3DatabaseBackend',
        'options' => array(
                'compression' => TRUE
        ),
        'groups' => array('pages', 'all')
),
```

Dort ist hinterlegt, dass die Daten in der Datenbank (`Typo3DatabaseBackend`) gespeichert werden. Hier könnte man auch ein File-Backend (`SimpleFileBackend`) hinterlegen.

Richtig sind also die Antworten c) und e).

3.1.6 Was bewirkt der folgende Code im User TSConfig? (1)

```
options.clearCache {
   all = 1
   pages = 1
}
```

a) Es werden bei jedem Seitenaufruf automatisch alle Caches gelöscht.

b) Damit wird der TYPO3-Cache eingeschaltet.

c) Der Administrator erhält damit die Möglichkeit, den Cache zu löschen.

d) Der User erhält damit die Möglichkeit, den Cache zu löschen.

e) Es werden alle Seitencaches gelöscht.

Im Grunde lässt sich schon aus der Fragestellung auf die richtige Antwort schließen: Wenn eine Einstellung im User TSConfig getroffen wird, gilt sie für einen ganz bestimmten Benutzer (bzw. eine Benutzergruppe).

Doch zu den Antworten: Würde bei jedem Seitenaufruf der Cache gelöscht, wäre das Konzept Cache hinfällig – man könnte ihn schlicht abschalten – Antwort a) scheidet also aus. Ebenso ist der Cache per Default eingeschaltet, auch Antwort b) ist falsch.

Der Administrator hat übrigens *immer* die Möglichkeit, den Cache zu löschen, auch ohne zusätzliche Konfigurationseinstellungen, und die letzte Antwort schließlich ist ebenso falsch.

Richtig ist dagegen, dass es einem gewöhnlichen Backend-Benutzer nicht möglich ist, den Cache zu löschen. Mit der oben dargestellen Einstellung im User TSConfig des Benutzers können Sie ihm dies allerdings erlauben: Ihm wird nun der Befehl zum Löschen des Seitencache und des gesamten Cache im Backend als Link oben rechts eingeblendet.

Einzig richtig ist also Antwort d).

3.1.7 Sie erstellen einen neuen News-Eintrag mit Hilfe der Extension `tt_news`, die News wird im Frontend aber nicht dargestellt. Was können Sie tun? (2)

a) Sie löschen den Konfigurationscache.

b) Sie fügen die folgende TypoScript-Anweisung im Root-Template hinzu:

```
config.page.clearCache = true
```

c) Sie fügen die folgende TypoScript-Anweisung im Page TSConfig der Rootseite hinzu:

```
TCEMAIN.clearCacheCmd = all
```

d) Sie löschen die Dateien in `typo3temp/`.

e) Sie löschen den Seitencache.

TYPO3 ist per Default so konfiguriert, dass Einträge, die in Datenbanktabellen über das Modul Liste vorgenommen werden, nicht in den Cache einbezogen werden. Daher werden sie im Frontend unter Umständen nicht angezeigt. Sie haben nun im Grunde zwei Möglichkeiten, das zu ändern. Sie können im Backend oben rechts auf den Menüpunkt Flush frontend caches klicken und so den Seitencache löschen.

Wenn Sie die Löschung automatisieren wollen, können Sie im Page TSConfig eine Anweisung hinterlegen, die jedes Mal den Cache löscht, wenn Sie eine Änderung auf der jeweiligen Seite durchführen. Zwei Parameter stehen zur Auswahl: `all` bewirkt, dass der Cache bei allen Änderungen auf allen Seiten geleert wird – das ist in den allermeisten Fällen überflüssig und auch sehr ressourcenintensiv.

Alternativ geben Sie eine Liste von durch Kommata separierten UIDs (IDs der Seiten) an, bei denen der Cache geleert werden soll, falls Änderungen erfolgen.

Damit sind die Antworten c) und e) richtig.

3.1.8 Per Default werden alle Seiten von TYPO3 gecacht. Wie können Sie das für einzelne Seite ausschalten? (1)

a) Das ist leider nicht möglich. Entweder schaltet man das Caching für alle Seiten an oder aus.

b) Durch folgenden Eintrag im TypoScript-Setup:

```
config.no_cache=1
```

c) In den Seiteneigenschaften kann man das Caching ausschalten.

d) Im Install Tool gibt es eine Option pagesNoCache, die Sie um die ID der Seite erweitern können, die nicht gecacht werden soll.

Obwohl der TYPO3-Cache, wie bereits dargestellt, ein sinnvoller Mechanismus ist und z.B. beim Seitenaufbau viel Zeit spart, ist es mitunter sinnvoll, bestimmte Seiten davon auszunehmen, z.B. wenn Sie dort Informationen präsentieren, die sich häufig ändern.

Auch weil jede Seite, die gecacht wird, im Suchindex der Website erscheint (falls das so konfiguriert ist), kann es sinnvoll sein, das Caching für eine Seite auszuschalten. Diese Möglichkeit haben Sie selbstverständlich pro Seite, Antwort a) ist also falsch.

Verwenden Sie die Codezeile aus Antwort b), schalten Sie allerdings das Caching für die gesamte Site ab, die Fragestellung bezog sich jedoch ausdrücklich auf einzelne Seiten. Die Einstellung aus Antwort d) schließlich gibt es nicht, so dass Antwort c) als einzig richtige übrig bleibt. Um den Cache einer Seite auszuschalten, genügt es, in den Seiteneigenschaften die Eigenschaft No cache auszuwählen.

3.1.9 Sie wollen, dass der Inhalt einer Seite nur genau 7 Tage lang gecacht wird. Wie können Sie das erreichen? (2)

a) Das ist nicht möglich.

b) Sie machen sich einen Reminder im Kalender und löschen nach genau 7 Tagen manuell den Cache.

c) In den Seiteneigenschaften können Sie das Caching auf genau 7 Tage stellen.

d) Im Page TSConfig gibt es hierfür die Option

```
page.cacheExpires = 7*24*60
```

Die Zeit wird in Minuten angegeben.

e) Im TypoScript-Setup mit der Option

```
config.cache_period = 604800
```

die Zeit wird in Sekunden angegeben.

Wollen Sie Informationen darstellen, die nur eine gewisse Zeit aktuell bleiben und dann dynamisch neu erzeugt werden sollen, wäre es doch praktisch, wenn der Cache für die darstellende Seite automatisiert nach einem festen Zeitintervall gelöscht werden könnte.

Natürlich müssen Sie hierfür nicht die Reminderfunktion Ihres Kalenders bemühen, es gibt zwei einfache Methoden, das zu erreichen:

In den Seiteneigenschaften finden Sie eine Select-Box Cache expires, mit deren Hilfe Sie bequem einen Timeout von 1 Minute bis 1 Monat einstellen können. Sie könnten einen solchen Timeout auch über die TypoScript-Option `config.cache_period` realisieren – dann allerdings global für alle Seiten.

Richtig sind also die beiden Antworten c) und e).

Kapitel 4

Hilfe finden: Online, offline, Community

Der Kern der zur Drucklegung aktuellen TYPO3-Version 6.2.3 umfasst ca. 544.000 Zeilen Code,[1] die dafür sorgen, dass TYPO3 das tut, was es tun soll. Bei solch immensem Umfang, wie ihn komplexe Softwareprojekte oft erreichen, ist es unvermeidlich, dass niemand den gesamten Code „kennt", auch Kernentwickler nicht.

Geht es nun darum zu verstehen, was im „Getriebe" von TYPO3 vor sich geht, wie Content-Objekte gespeichert werden, wie Optionen definiert sind usw., bieten sich drei Herangehensweisen an:

1 Über `http://cloc.sourceforge.net/` zu ermitteln.

- Man vollzieht den Programmcode unter Zuhilfenahme der Kommentare nach; das mag für Kernentwickler und Programmierer eine Option sein.
- Man bemüht das vielzitierte Prinzip „trial and error“, was einem zertifizierten TYPO3 Integrator nicht gut zu Gesicht steht und unverhältnismäßig viel Zeit kostet.
- Man zieht die umfangreiche Dokumentation zu Rate, die im TYPO3-Projekt über alle Aspekte des CMS zusammengestellt wurde – darum geht es in diesem Kapitel.

4.1 Dokumentation

Sie kennen sicher das Bonmot: „Weiß ich nicht, aber ich weiß, wo ich nachsehen muss“. Auch wenn dieses Prinzip für professionelles Arbeiten nur eingeschränkt zulässig ist, geht es für Sie als Integrator dennoch darum, im Zweifelsfall schnell die notwendige Dokumentation zu Hilfe zu ziehen, wenn Sie auf eine Frage oder ein Problem stoßen. Wo finden Sie diese Dokumentation? Welche Website bietet offizielle Informationen? Wo und wie wird Ihnen durch die Community geholfen? Wie ist die TSref aufgebaut? Wo erhalten Sie Informationen zu Extensions?

4.1.1 Welche ist die zentrale und offizielle Anlaufstelle, wenn Sie Dokumentation über das TYPO3-Projekt benötigen? (2)

a) `http://www.typo3.com`

b) `http://docs.typo3.org`

c) `http://association.typo3.org`

d) `http://www.typo3.org`

e) `http://www.typo3.net`

Obwohl alle URLs auf den ersten Blick plausibel scheinen und auch hilfreiche Inhalte anbieten, ist doch nur eine der angegebenen Adressen die richtige. Sie sollten, auch in Hinblick auf die Zertifizierungsprüfung, jede dieser Seiten besucht und sich mit deren Angebot vertraut gemacht haben. So können Sie Community-Seiten von offiziellen unterscheiden und gelangen gegebenenfalls rasch zu der gesuchten Auskunft. Zu den Websites im Einzelnen:

`http://www.typo3.com`
: bietet dem Endkunden Informationen über TYPO3 und seine Fähigkeiten und Features. Die Seite ist in englischer Sprache.

`http://docs.typo3.com`
: diese Website enthält die offizielle Sammlung aller verfügbarer Dokumentation.

`http://association.typo3.com`
: Informationen über den eingetragenen Verein hinter TYPO3.

`http://www.typo3.net`
: Auch wenn der Name es nicht vermuten lässt, ist dies die einzige unter den aufgeführten Seiten, die *nicht* offiziell zum TYPO3-Projekt gehört. Eine deutsche Dienstleisterfirma ist Inhaber der Domain und stellt dort eines der größten (deutschsprachigen) Foren zum Thema TYPO3 zur Verfügung.

`http://www.typo3.org`
: Das ist nun tatsächlich die offizielle Anlaufstelle für sämtliche Dokumentation – sei es zum TYPO3-Kern oder zu Extensions.

Richtig sind somit die Antworten b) und d).

4.1.2 Wie heißt die offizielle Dokumentation zu TypoScript? (1)

a) TYPO3 Core API

b) Inside TYPO3 (`doc_core_inside`)

c) TYPO3 Coding Guidelines

d) TSref

e) TypoScript API

TypoScript ist eine komplexe Konfigurationssprache, deren zahlreiche Objekte, Optionen und Eigenschaften Sie vermutlich nicht jederzeit parat haben. Sie müssen also hin und wieder eine Referenz konsultieren, die alle verfügbaren Elemente auflistet und erklärt.

Obwohl es diese Referenz mittlerweile auch in deutscher Sprache (und auch in gedruckter Form) gibt, ist für Zweifelsfälle natürlich immer die offizielle TypoScript-Dokumentation heranzuziehen – sie wird von den Entwicklern gepflegt und ist stets aktuell.

Zu den Antworten a) und e): TypoScript ist eine Konfigurationssprache, keine Sammlung von Funktionen oder Definitionen, die eine API (Application Programming Interface) bereitstellen; beide Antworten sind also auszuschließen.

Die *TYPO3 Coding Guidelines* wiederum dienen dazu, Programmierern im Projekt einen einheitlichen Programmierstil darzustellen. Das Dokument *Inside TYPO3* führt zwar in viele wichtige Mechanismen ein, die TYPO3 zugrunde liegen, ist in Bezug auf TypoScript jedoch weniger hilfreich. Hier kommt nur ein Dokument in Frage: Die TypoScript-Referenz,[2] meist abgekürzt mit *TSref*.

Richtig ist also ausschließlich Antwort d).

4.1.3 Sie schlagen in der TSref zum Content-Objekt `IMAGE` die Option `altText` nach, als Datentyp wird `string/stdWrap` angegeben. Was bedeutet das genau? (1)

a) Man muss einen String und eine der `stdWrap`-Funktionen angeben.

b) Entweder gibt man einen String an oder eine der `stdWrap`-Funktionen.

c) Der String kann mit `stdWrap`-Funktionen weiterbearbeitet werden.

d) Es sind nur solche `stdWrap`-Funktionen erlaubt, die als Ergebnis einen String zurückgeben.

e) Der angegebene String wird automatisch durch die Funktion `stdWrap` verarbeitet.

Einen nicht unerheblichen Teil der *TSref*-Dokumentation nehmen Datentypen ein. Hat man das Prinzip dieser Datentypen verstanden, weiß man

2 `http://docs.typo3.org/typo3cms/TyposcriptReference/` (ebenfalls, wenn auch „inoffiziell“, erreichbar unter `http://www.tsref.de`).

im Regelfall, welche Daten und Funktionen wo und wann verwendet werden dürfen.

Eines der Hauptkonzepte von TypoScript ist der sogenannte `stdWrap` – er umfasst insgesamt mehr als 90 Funktionen, die einen Wert in irgendeiner Weise verändern bzw. weiterverarbeiten. Dazu muss zunächst ein Wert bestimmten Typs gegeben sein – und genau das klärt der Datentyp: Der Wert (hier `altText`) wird als String behandelt und man kann eine der `stdWrap`-Funktionen darauf anwenden.

Richtig ist also Antwort c).

Im folgenden Anwendungsbeispiel wird auf einer Seite ein Bild dargestellt, zu diesem Bild wird für das `ALT`-Attribut des HTML-Tags ein Text angegeben, anschließend wird dieser `ALT`-Text mit der `stdWrap`-Funktion `case` in Großbuchstaben umgewandelt:

```
page = PAGE
page.10 = IMAGE
page.10 {
   file = fileadmin/site/pics/beispiel.gif
   altText = Das ist der ALT-Text
   altText.case = upper
}
```

4.1.4 Sie haben eine Extension installiert – wie kommen Sie an eine Dokumentation der Extension, sofern eine existiert? (4)

a) Sie erzeugen sie mit dem Tool RenderDocu im Install Tool.

b) Sie laden diese mit dem Tool Documentation herunter.

c) Wenn es eine Dokumentation gibt, liegt diese im Extension-Verzeichnis.

d) Im Extension Manager kann diese abgerufen werden.

e) Die Extension-Dokumentationen können Sie auf `typo3.org` abrufen.

Es ist unmöglich, alle Optionen, Eigenschaften und Besonderheiten der vielen Extensions zu TYPO3 parat zu haben. Die Extension-Dokumentation ist darum eine der wichtigsten Quellen, wenn Sie Informationen zu einer bestimmten Extension benötigen. Antwort a) ist auszuschließen – selbstverständlich müssen Sie die Dokumentation nicht erst selbst erzeugen.

Im in Antwort c) genannten Extension-Verzeichnis (das sich je nach Extension entweder in `typo3/ext/`, `typo3/sysext/` oder `typo3conf/ext/` befindet) aber finden Sie tatsächlich einen Ordner `doc` bzw. `Documentation` mit der Dokumentation (falls sie existiert). Diese Dokumentation können Sie aber auch einfach über die Liste der installierten Extensions abrufen. Klicken Sie in der Liste auf eine Extension und Sie finden rechts oben das Dokument-Icon (falls eine Dokumentation existiert) – auch Antwort d) ist also richtig.

Auf diese Weise können Sie allerdings nur Dokumentationen zu Extensions einsehen, die Sie auf Ihr System heruntergeladen haben (unabhängig davon, ob sie installiert sind oder nicht). Die Dokumentation aller Extensions finden Sie hingegen auf der Website `typo3.org`.[3]

In der Version 6.2 LTS wurde das Modul Documentation neu eingeführt, mit dessen Hilfe man die Dokumentationen zu beliebigen Extensions herunterladen und darauf zugreifen kann.

Richtig sind also alle Antworten bis auf a).

4.1.5 Sie wollen auf `http://typo3.org/extensions/repository/` eine Extension-Dokumentation einsehen. An der entsprechenden Stelle steht jedoch nur der Text „Not yet rendered". Was können Sie tun, um die Dokumentation (sofern vorhanden) möglichst schnell zu bekommen? (2)

a) Sie warten, bis das Manual erzeugt wurde.

b) Sie schreiben den Autor der Extension an.

c) Wenn Sie die Detailansicht der Extensions aufrufen, finden Sie die Dokumentation am Ende der Seite zum Download bereitgestellt.

d) Sie installieren die Extension, danach finden Sie die Dokumentation im `doc`- oder im `Documentation`-Verzeichnis.

e) Dies ist eine Fehlermeldung des TER, die besagt, dass es für die Extension überhaupt keine Dokumentation gibt.

Oft informiert man sich über Extensions, indem man das *TYPO3 Extension Repository*[4] (TER) nach neuen oder bislang übersehenen Kandidaten

3 `http://typo3.org/extensions/repository/`

für den produktiven Einsatz durchsucht. Dokumentationen lassen sich dort bequem online betrachten, und man kann schnell entscheiden, ob die Extension für die eigene Arbeit in Betracht kommt. Gerade in der per Default dargestellen Liste auf dieser Webseite (nämlich die der neuen und zuletzt aktualisierten Extensions) steht aber anstelle eines Links bei Manual oft der Hinweis „Not yet rendered".

Das liegt daran, dass die Dokumentation (die übrigens entweder im OpenOffice-Writer- oder aber im DocBook-Format vorliegen muss) vom System automatisch in eine HTML-Version gerendert wird – dies aber aus Performancegründen nicht beim Hochladen, sondern zu fest definierten Zeitpunkten, derzeit einmal am Tag.

Am einfachsten geht man daher vor, wie in Antwort c) beschrieben. Die in Antwort d) vorgeschlagene Variante ist zwar umständlich und stellt sicher keine optimale Lösung dar, würde aber ebenfalls zum gewünschten Ergebnis führen. Die Antworten a) und b) sind offenkundig unsinnig.

Richtig sind folglich c) und d).

4.1.6 Wo finden Sie die offizielle Dokumentation zum TYPO3-Backend? (1)

a) Im Verzeichnis `typo3/doc`

b) Auf `http://www.typo3.org`

c) Auf `http://documentation.typo3.org`

d) Im Modul Manual

e) Im Modul Documentation

Es gibt mittlerweile eine Vielzahl an TYPO3-Tutorials und Büchern, die das TYPO3-Backend bis ins Detail darstellen, von denen allerdings nur eine die *offizielle* Dokumentation ist, das sog. *Manual.*

Das Manual findet sich überraschenderweise weder auf `typo3.org` noch auf der TYPO3-Dokumentationsseite `http://docs.typo3.org`. Vielmehr ist das Manual über das gleichnamige Modul im Backend abrufbar. Es umfasst eine Zusammenfassung aller *Context-sensitiven Hilfetexte* (CSH) und ist, da es mit jeder Installation ausgeliefert wird, immer aktuell für genau die TYPO3-Version, die Sie installiert haben.

4 `http://typo3.org/extensions/repository/`

Technisch betrachtet, sind die Texte XML-Dokumente, die sich im Verzeichnis `typo3/sysext/context_help` befinden, nicht in `typo3/doc`.

Richtig ist also ausschließlich Antwort d).

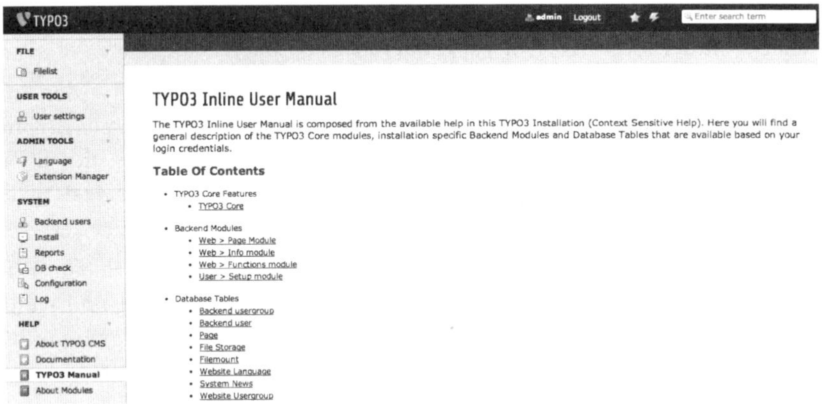

Abbildung 4.1: Das Manual zu TYPO3

4.1.7 Wo aktivieren Sie die Context-sensitive Hilfe im Backend? (1)

a) Im Install Tool

b) Während der Installation

c) Sie ist bereits per Default aktiviert

d) Durch Aktivierung der Checkbox Show secondary options (palettes)

e) Durch die TSconfig-Option `help.csh = 1`

Die Context-sensitive Hilfe (CSH) ist eine gerade für Anfänger wichtige Unterstützung, die das TYPO3-Backend zur Verfügung stellt. In allen mit CSH ausgerüsteten Bereichen (z.B. fast allen Formularfeldern und Modulen) findet man ein kleines Fragezeichen-Symbol – bewegt man den Mauszeiger darüber, erscheint ein kurzer Beschreibungstext des Bereichs.

Ein Klick auf das Fragezeichen öffnet dann die CSH in einem neuen Fenster, in dem man sich über den Bereich en detail informieren kann. Wäre diese Funktion nicht bereits mit Abschluss der Installation per Default aktiviert, würde sie wohl auch niemand (und vor allem kein Anfänger) nutzen.

Nur Antwort c) ist richtig.

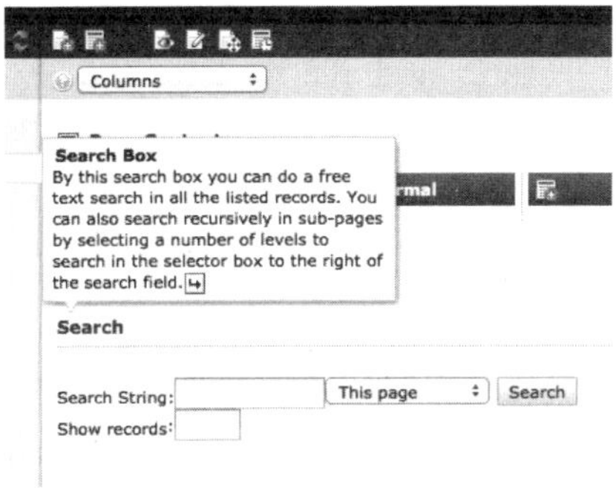

Abbildung 4.2: Die Context-sensitive Hilfe

4.1.8 Wo können Sie sich über die Neuerungen in einer TYPO3-Version informieren? (3)

a) Im Hauptverzeichnis der Installation finden Sie die Datei `Changelog`, die die Änderungen beschreibt.

b) Auf `www.typo3.org` werden zu jeder Version sog. „Release notes" veröffentlicht.

c) Im Backend Modul Info findet man eine Informationsseite zur aktuellen Version mit allen Neuerungen.

d) Auf der Website `news.typo3.org` werden die Neuerungen zu jeder neuen Version per RSS-Feed veröffentlicht.

e) Auf der Website `new.typo3.org` werden die Neuerungen zu jeder neuen Version als Wiki-Eintrag veröffentlicht.

Erscheint ein neues Release von TYPO3, ist es für Sie als Integrator von essentieller Bedeutung, sich umfassend über eventuelle Neuerungen zu informieren. Neben der Einführung neuer Features kam es nämlich eventuell auch zu Anpassungen, die bei einem Update Inkompatibilitäten nach sich ziehen könnten.

Auf der in Antwort d) genannten Website erfahren Sie tatsächlich laufend aktuelle Neuigkeiten zu TYPO3, natürlich können Sie dort auch nachlesen, ob eine neue TYPO3-Version veröffentlicht wurde (diese Nachrichten stehen auch als RSS-Feed zur Verfügung, d) ist also richtig). Meist enthält eine solche „News", die eine neue Version ankündigt, einen Link auf die *Release Notes*, die Sie dann auf `http://www.typo3.org` finden.[5]

Wenn Sie aber detaillierte Angaben über alle Änderungen benötigen, so ist das `Changelog` (zu finden im Hauptverzeichnis Ihrer Installation) die wichtigste Informationsquelle. Dort werden detailliert sämtliche behobenen Fehler, neuen Features und alle weiteren Änderungen festgehalten. Eine lokale Informationsseite, wie in Antwort c) angegeben, oder eine Website wie in e) angegeben, gibt es nicht.

Richtig sind also die Antworten a), b) und d).

4.1.9 Wie lassen Sie sich möglichst einfach eine Liste aller auf Ihrem System installierten Extensions anzeigen, mit Namen der Autoren und deren E-Mail-Adresse? (1)

a) Diese Liste ist auf einfachem Weg nicht verfügbar

b) Über das Modul Help ▸ About Modules

c) Über das Modul Help ▸ About TYPO3 CMS

d) Über das Modul Info ▸ Extensions

e) Über den Extension Manager

Will man sich einen schnellen Überblick über alle installierten Extensions verschaffen, fällt das im Extension Manager relativ schwer. Zwar wird eine Liste aller Extensions und ihr Status angezeigt, um Informationen zum Urheber (Name, E-Mail-Adresse) zu erhalten, müsste man aber jede einzelne anklicken und im Bereich Developer Information die E-Mail-Adresse nachschlagen.

Früher (bis TYPO3 4.3) erhielt man ein solche Liste über das Modul Help ▸ About, zu finden am unteren linken Rand im Backend. Mit diesem Modul sahen Sie auf einen Blick, welche Extensions auf Ihrem System vorhanden sind (installiert oder nicht) und wer ihr Urheber ist. Der Name des Autors war zudem mit einem `mailto`-Tag ausgezeichnet, so dass Sie ihn mit nur einem Klick per E-Mail kontaktieren konnten. Seit TYPO3-Version 4.5 ist dieses Modul verschwunden und wurde in Version 4.6 als Help ▸ About TYPO3 CMS wieder eingeführt.

Zu Antwort d): Im Extension Manager im Bereich Available Extensions können Sie sich zwar die Namen der Urheber anzeigen lassen, wenn Sie im Reiter Developer Information auswählen – gefragt wurde aber nach einer Listenansicht, richtig ist also ausschließlich Antwort c).

5 Für die Version 6.2 beispielsweise `http://typo3.org/download/release-notes/typo3-62-release-notes/`.

4.1.10 Wo finden Sie Hilfe-Texte zu einer TypoScript-Option? (1)

a) In der TSref auf `http://www.typo3.org`

b) Im Modul TypoScript Help

c) In den Template Tools im Bereich Setup

d) Im Modul Info

e) Im Modul TypoScript

Selbst wenn man tagtäglich mit TypoScript arbeitet, benötigt man hin und wieder eine Referenz, in der man Optionen, Eigenschaften, Datentypen und ähnliches nachschlagen kann. Selbstverständlich ist die naheliegendste richtige Antwort hier die TSref, zu finden unter der in a) genannten URL.

Außerdem konnten Sie bis zur Version TYPO3 6.1 das Modul TypoScript Help konsultieren. Wollten Sie dort nachschlagen, mussten Sie allerdings das Objekt schon benennen können, zu dem Sie weitere Informationen suchen, dafür bot das Modul Informationen nicht nur zur TSref, sondern auch zu Page TSconfig und User TSconfig. Die zugehörige Extension wurde jedoch in der Version TYPO3 CMS 6.2 LTS entfernt, da die Aktualisierung nicht garantiert werden konnte.

Dieselbe Informationsseite erreichten Sie früher, wenn Sie im Modul Template entweder auf Setup oder Constants klickten und dann auf das Symbol TS (wählten Sie die gemeinsame Ansicht von Setup und Constants, erschien das Symbol nicht). Auch hier wurde die Funktionalität mit der Version 6.2 LTS entfernt.

Im Modul Info finden sich allerdings keinerlei Informationen zu TypoScript.

Richtig ist daher die Antwort a).

4.1.11 Sie beschließen, dass das BODY-Tag der von TYPO3 erzeugten Seiten ein Attribut mit der aktuellen Seiten-ID enthalten soll. Wo in der TSref würden Sie die dafür benötigte Option nachsehen? (1)

a) Beim TLO `config`

b) Beim TLO `PAGE`

c) Beim Content-Objekt `TEMPLATE`

d) Beim Content-Objekt `HMENU`

e) Im Bereich Page TSconfig

Oft läuft der Arbeitsalltag als Integrator genau so ab: Ihnen kommt eine gute Idee, Sie wissen unter Umständen aber nicht sofort, wie Sie sie am besten umsetzen sollen. Da aber mit TypoScript, das wissen Sie, doch beinahe alles zu realisieren ist, konsultieren Sie die TSref. Doch wo nachschlagen in der umfangreichen Online-Dokumentation?

Das TLO (Top-Level-Objekt), das in Antwort a) genannt wird, steuert die Konfiguration des TYPO3-Systems an sich, ist also der falsche Ansatzpunkt. Und wenn das Content-Objekt `TEMPLATE` an der Reihe ist, ist das BODY-Tag meist schon erzeugt, weil das Objekt das HTML-Template einliest und dort Marker und Subparts anspricht. Das Content-Objekt `HMENU` schließlich hat mit der Erzeugung des BODY-Tag auch nichts zu tun, und der Bereich Page TSconfig ist gar nicht Teil der (offiziellen) TSref.

Somit bleibt nur das TLO `PAGE`, schließlich steuert dieses Objekt die Darstellung und vor allem Konfiguration der Seite. Dort werden Sie dann auch mit der Eigenschaft `bodyTagCObject` fündig, der Umsetzung Ihrer Idee steht also nichts mehr im Wege:

```
page = PAGE
page.bodyTagCObject = TEXT
page.bodyTagCObject.field = uid
page.bodyTagCObject.wrap = <body id="page|">
```

Einzig richtige Antwort ist also b).

4.1.12 Sie wollen die internen Abläufe in TYPO3 besser verstehen – wo sehen Sie nach? (1)

a) Direkt im Code, da es darüber leider keine eigene Dokumentation gibt.

b) In der sogenannten *Core Documentation.*

c) In der internen TYPO3-Hilfe über About.

d) In der sogenannten *TYPO3 Indepth Documentation.*

e) Im offziellen Manual.

TYPO3 ist ein sehr komplexes System, das umfangreiche Dokumentation erfordert. Je komplexer die Aufgaben werden und je mehr man sich in der Folge dem TYPO3-Kern nähert, desto spezieller muss die Dokumentation sein.

Um etwa die internen Abläufe in TYPO3 zu verstehen, hilft das in Antwort e) genannte „offizielle Manual" längst nicht mehr weiter, da es nur eine grobe Übersicht über die Bedienung im Backend gibt.

Auch der in Antwort a) vorgeschlagene Blick in den Quellcode mag zwar hilfreich, aber kaum der naheliegende Weg sein, denn natürlich gibt es auch zu den internen Abläufen geeignete Meta-Dokumentation. Sie findet sich aber nicht im Bereich About, ebenso wenig in einer *TYPO3 Indepth Documentation*, denn diese gibt es gar nicht.

Tatsächlich ist die richtige Adresse die sogenannte *Core Documentation.*[6]

Hier finden Sie zu jedem Aspekt des TYPO3-Systems – seien es nun TypoScript, TSconfig oder die Core-APIs – entsprechende Hilfe.

Somit ist einzig Antwort b) korrekt.

4.1.13 Sie wollen ein Feld im Backend ausblenden – wo sehen Sie nach, wie das geht (falls Sie es vergessen haben)? (1)

a) TSref

b) TSconfig

6 `http://typo3.org/documentation/document-library/core-documentation/`

c) Core API

d) TYPO3 Coding Guidelines

e) TYPO3 Services

Zur Beantwortung solcher Fragen, ist es unabdingbar, das Problem dem richtigen TYPO3-Bereich zuordnen zu können.

Beispielsweise ist Antwort a) schon deshalb auszuschließen, weil es sich bei TypoScript um eine Konfigurationssprache für das Frontend handelt, die Frage sich aber auf das Backend bezieht.

Die *TYPO3 Services* behandeln den Aufbau von Services (etwa einen Authentifizierungsservice) und wie man diese selbst programmiert; sie führen darum hier auch nicht weiter.

Selbiges gilt für die *TYPO3 Core API* und die *TYPO3 Coding Guidelines*, die sich den internen Abläufen bzw. den Richtlinien zur Programmierung widmen.

Bleibt also die Dokumentation zur *TSconfig*, und genau hier werden Sie fündig. So können Sie beispielsweise das Feld `Alias` einfach via PageTSconfig

```
TCEFORM.pages.alias.disabled = 1
```

oder per UserTSconfig

```
page.TCEFORM.pages.alias.disabled = 1
```

ausblenden.

Richtig ist also Antwort b).

Kapitel 5

Extensions

TYPO3 bietet „ab Werk" zwar einen großen Funktionsumfang, es gibt aber zahlreiche Aufgaben, die damit nicht oder nur unzureichend zu realisieren sind. Es ist darum als offene und erweiterbare Architektur konzipiert, so dass das Grundsystem nahezu beliebig mit sogenannten *Extensions* zu ergänzen ist.

Viele wichtige Funktionalitäten (wie etwa Newssystem, Bildergalerien oder Newsletterversand) werden mit Hilfe von Extensions umgesetzt. Sie müssen als Integrator natürlich nicht alle diese Extensions kennen oder eingesetzt haben, schon gar nicht müssen Sie selbst eine geschrieben haben; Sie sollten allerdings in der Lage sein, Extensions zu suchen, zu installieren und zu konfigurieren.

Machen Sie sich darum in der Prüfungsvorbereitung nicht nur mit den vielen Funktionen des TYPO3-Grundsystems vertraut, die im Zusammenhang mit Extensions stehen – auch das TYPO3 Extension Repository[1] (TER) sollten Sie kennen.

5.1 Allgemeines

Bevor Sie eine Extension einsetzen können, müssen Sie diese installieren. Was gibt es dabei zu beachten? Wie kann man Extensions wieder deinstallieren oder sie updaten?

5.1.1 Welche Aufgabe hat ein Extension-Key? (3)

a) Der Extension-Key dient der Verschlüsselung der Extension.

b) Mit ihm wird jede Extension eindeutig identifiziert.

c) Das Verzeichnis der Extension wird nach dem Extension-Key benannt.

d) Ein Extension-Key garantiert Portabilität und Kompatibilität.

e) Da Extension-Keys käuflich auf `typo3.org` erworben werden können, dienen sie unter anderem auch der finanziellen Absicherung des TYPO3-Projekts.

Zwar kann jeder Benutzer bzw. Entwickler beliebige Extension-Keys erfinden und verwenden (also auch zu bereits bestehenden Keys identische), auf `typo3.org` lassen sich jedoch nur eindeutige, d.h. einmalige, Extension-Keys registrieren.

Diese Registrierung ist selbstverständlich kostenlos. Sie garantiert die eindeutige Identifizierung einer Extension und gewährleistet damit Portabilität und Kompatibilität.

Zudem wird der Key von der Extension verwendet, um Verzeichnisse, Dateien und Datenbank-Tabellen zu benennen. Daher sind alle Antworten bis auf a) und e) richtig.

1 `http://typo3.org/extensions/repository/`

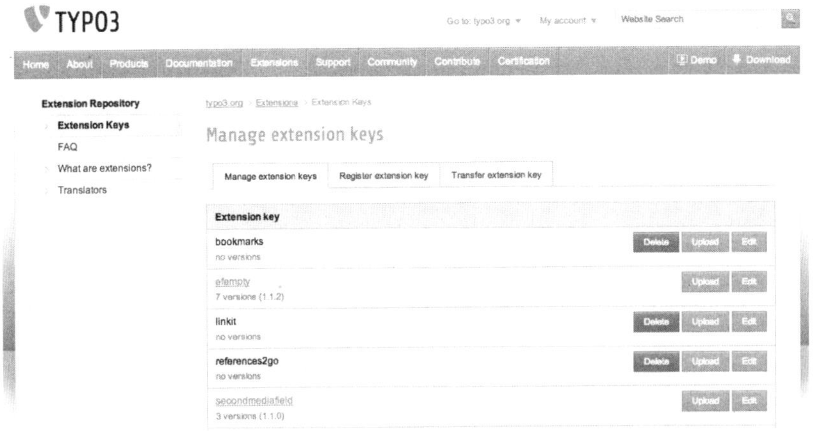

Abbildung 5.1: Registrierung eines Extension-Key auf `typo3.org`

5.1.2 Sie wollen die Daten herunterladen, die zu einer Extension gehören. Wie machen Sie das? (1)

a) Dies ist ausschließlich über ein Tool wie `phpMyAdmin` möglich.

b) Im Extension Manager kann dies per `Download SQL Dump` erledigt werden.

c) Sie müssen hierzu nur das Verzeichnis der Extension kopieren – dort wird eine Dump-Datei mit den aktuellen Daten abgelegt.

d) Dies kann über den `Database Analyzer` durchgeführt werden.

e) Einen Dump der Daten zu erstellen, ist innerhalb von TYPO3 nicht möglich.

Natürlich kann man ein Tool wie `phpMyAdmin` bemühen, jedoch ist dies nicht die einzige Variante. Antwort a) scheidet daher schon mal aus.

Im Verzeichnis der Extension werden allerdings keinerlei Daten aus TYPO3 heraus geschrieben und damit natürlich auch kein SQL-Dump.

Allerdings kann tatsächlich aus der Liste der Extensions unter Manage Extensions unter Actions ein SQL-Dump der Extension herunterladen werden, wenn es für die Extension eine dedizierte Tabelle in der Datenbank gibt. Den Dump aller Core-Tabellen kann man beispielsweise über die Extension `core` herunterladen.

Richtig ist also Antwort b).

5.1.3 Was genau wird gelöscht, wenn Sie eine Extension im Extension Manager deinstallieren? (2)

a) Die temporären Daten der Extension

b) Das Extension-Verzeichnis in `typo3conf/ext/`

c) Der Extension-Key in der Datei `typo3conf/localconf.php`

d) Der Extension-Key in der Datei `typo3conf/LocalConfiguration.php`

e) Der entsprechende Abschnitt in der Datei `typo3conf/PackageStates.php`

f) Die zugehörigen Datenbank-Tabellen

Um eine Extension zu deinstallieren, muss man im Extension Manager im Bereich Manage Extensions auf das grüne Legostein-Icon mit dem Minuszeichen klicken.

Tatsächlich hat das Prozedere aber mit „Entfernen" so gut wie gar nichts zu tun: Die Extension wird lediglich deaktiviert, indem der zugehörige Abschnitt aus der Datei `typo3conf/PackageStates.php` und der Extension-Key aus der Datei `typo3conf/LocalConfiguration.php` entfernt werden. Daher ist d) und e) richtig.

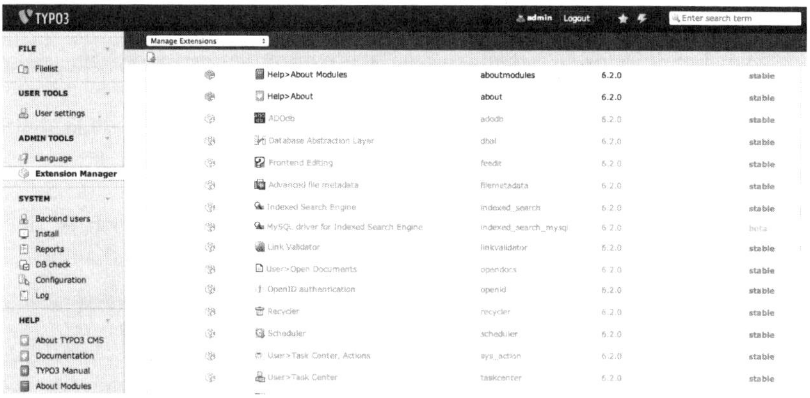

Abbildung 5.2: Auch wenn die Extension deinstalliert wurde (Symbol mit Pluszeichen), bleibt sie im System

5.1.4 Was genau ist TemplaVoilà? (2)

a) Ein TYPO3-Modul

b) Ein TYPO3-Core-Feature

c) Eine TYPO3-Core-Extension

d) Eine TYPO3-Extension

e) Eine TYPO3-Einstellungsmöglichkeit

Diese Frage zielt auf die Begrifflichkeit, da in der Praxis immer wieder Unklarheiten auftreten. Selbst von TYPO3-Dienstleistern erhält man hier oft unterschiedliche Aussagen, d.h. sämtliche der oben genannten Antwortmöglichkeiten. Woran liegt das? TemplaVoilà hat einen hohen Verbreitungsgrad, so dass es in Büchern meist unter TYPO3-Modulen oder gar TYPO3-Core-Features besprochen wird. Schauen wir uns die Begriffe nun genauer an:

Ein TYPO3-Modul ist eine Funktionalität, die im Backend eingebunden ist; es gibt dort Hauptmodule, wie Web oder File, und Untermodule, wie View oder Page. TemplaVoilà kommt in zwei Varianten als Submodul des Moduls Web auf das System, einmal als Page und zusätzlich als TemplaVoilà. Daher ist Antwort a) schon einmal richtig.

TemplaVoilà gehört nicht zum TYPO3-System, sondern ist schlicht eine Extension. Eine Systemextension ist eine solche, die mit dem Kern ausgeliefert wird (z.B. *rtehtmlarea*), die also nicht erst installiert werden muss, und das aus einem einfachen Grund: Solche Extensions sind für den Betrieb von TYPO3 essenziell und optimal auf den Kern abgestimmt.

Essenziell ist TemplaVoilà – bei noch so großer Verbreitung – allerdings nicht, und eine Einstellungsmöglichkeit ist TemplaVoilà auch nicht, dafür müsste die Funktionalität ebenfalls bereits in den Kern integriert sein.

Richtig sind also die Antworten a) und d).

5.1.5 Eine aktuell installierte Extension ist offenbar nicht kompatibel mit Ihrer TYPO3-Installation. Wie können Sie auf eine niedrigere Version downgraden? (2)

a) Das ist nicht mehr möglich. Man kann immer nur die neueste Version installieren.

b) Im Extension Manager im Submenü Import extensions kann man alle verfügbaren Versionen installieren.

c) Durch die Manipulation der URL kann man über `typo3.org` auf alte Versionen zugreifen.

d) Im Verzeichnis `typo3temp/extensions` werden alle alten Versionen aufgehoben. Fügt man zum Dateinamen `_recent` hinzu, kann man diese Versionen installieren.

Leider ist es gar nicht so selten, dass man eine Extension installiert, diese zunächst wunderbar mit dem TYPO3-System zusammenarbeitet, es nach einem Update der Extension aber zu Fehlverhalten, Fehlermeldungen, Instabilität und anderen Problemen kommt.

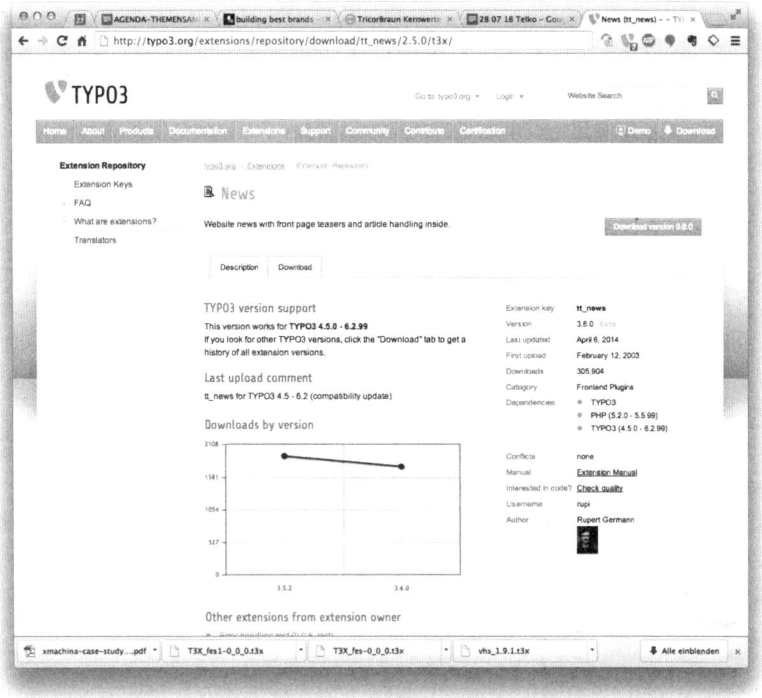

Abbildung 5.3: Anpassen der URL: Die Extension *tt_news* in der Version 3.6.0 vom 06.04.2014

Da Sie auf die Extension aber nicht verzichten können, bleibt Ihnen nichts übrig, als wieder die ursprünglich installierte Version zu verwenden. Es gibt zwei Varianten, wie Sie das bewerkstelligen – Antwort a) scheidet also aus.

Der gängige Weg, eine frühere Version einer Extension zu installieren, ist es, im Extension Manager im Bereich Import Extensions die Extension durch einen Rechtsklick auf den Extension-Titel und anschließende Auswahl der gewünschten Version downzugraden.

In ähnlicher Weise kann man auch über die Extensionliste auf der Website `typo3.org` per Mausklick Extensions installieren, leider stehen hier die früheren Versionen nicht mehr als Auswahl zur Verfügung; kennt man allerdings die Versionsnummer, erreicht man die passende Seite über eine Manipulation der URL:

Sucht man etwa nach *tt_news*, kommt man durch einen Klick auf den Extension-Titel im Suchergebnis zur Info-Seite der Extension. Rechts befindet sich ein Button zum Download der Extension[2]. Nun kann man den Link soweit manipulieren, indem man die gewünschte Versionsnummer (beispielsweise `2.5.0`) dort einsetzt, um damit die jeweilige Version herunterzuladen. Über die anschließende Installation mit dem Extension Manager schließlich kann man so jede beliebige Version installieren (die auf dem System befindliche Version wird dabei ersetzt).

Der Lösungsvorschlag in Antwort d) dagegen ist frei erfunden, unterschiedliche Versionen von Extensions werden in TYPO3 nicht gecacht.

Somit sind die beiden Antworten b) und c) richtig.

5.1.6 Wie können Sie sicherstellen, dass Sie immer die neueste Version einer Extension installieren? (2)

a) Sie müssen vor der Installation die Extensionliste mittels Update now aktualisieren.

b) Sie laden von `http://www.typo3.org` das aktuelle T3X-File herunter.

c) Sie müssen die Checkbox Use latest version in den Einstellungen des Extension Managers auswählen.

d) Beim Installieren einer Extension können Sie mittels Auswahl von Latest sicherstellen, dass Sie die neueste Version verwenden.

e) Sie müssen im Install Tool die Eigenschaft setzen:

```
$TYPO3CONFVARS['BE']['useLatestExtensionVersions'] = TRUE
```

Extensions unterliegen im Gegensatz zum Grundsystem keinem Freigabe-Prozess; sie können von den Urhebern beliebig aktualisiert werden und liegen dann als neue Version online bereit. Oft werden Fehler beseitigt, neue Features hinzugefügt oder das Zusammenspiel mit anderen

2 Diese hat für *tt_news* aktuell die URL: `http://typo3.org/extensions/repository/download/tt_news/3.6.0/t3x/`

Extensions verbessert, so dass es meist sinnvoll scheint, diese neue Version zu verwenden.

Um eine Extension neu zu installieren, wählt man gewöhnlich im Extension Manager Get Extensions aus; die dort angebotene Suche wird aus Gründen der Performance allerdings mit einer lokalen Kopie der Extension-Datenbank durchgeführt. Daher sollte man vor der Suche immer den Button Update now drücken, um die Liste auf den neuesten Stand zu bringen.

Es steht Ihnen darüber hinaus natürlich frei, auf `typo3.org` nach einer Extension zu suchen (bei der Online-Suche wird stets die neueste Version angezeigt), das T3X-File herunterzuladen und im Extension Manager zu installieren. Die in den Antworten c), d) und e) vorgeschlagenen Optionen existieren dagegen nicht, so dass als richtige Antworten nur a) und b) bleiben.

5.1.7 Wie kann man die Daten herunterladen, die in der/den Datenbank-Tabelle(n) einer installierten Extension installiert sind? (2)

a) Im Extension Manager können diese per Klick auf das Symbol Download SQL Dump heruntergeladen werden.

b) Dies ist nur mit Hilfe des Tools `phpMyAdmin` möglich.

c) Im Modul SQL Dump im Install Tool kann die Tabelle für den Dump ausgewählt werden.

d) Dies kann über das `.t3d` Export-Tool durchgeführt werden.

e) Wenn man die Extension per T3X-Datei herunterlädt, enthält diese bereits einen SQL-Dump.

Es kommt häufig vor, dass man nicht nur das Backup einer Extension anlegen möchte, sondern auch von deren Daten. Man könnte nun ein komplettes Backup anfertigen lassen – hin und wieder soll dies aber auf die Extension selbst begrenzt werden.

Tatsächlich kann man einen SQL-Dump am einfachsten so durchführen, indem man im Extension Manager im Bereich Manage Extension über die Extension fährt und dann per Klick auf das Icon Download SQL Dump klickt. Antwort a) ist also schon mal richtig.

Damit ist aber automatisch Antwort b) falsch, da es ja offensichtlich weitere Möglichkeiten gibt.

Im Install Tool gibt es aber keinerlei Funktionalität, um einen SQL-Dump zu sichern, daher ist Antwort c) ebenso falsch.

Über das `.t3d` Export-Tool (welches man per Rechtsklick auf eine Seite im Seitenbaum und anschließend Branch Actions und Export to .t3d erreichen kann), ist es ebenfalls möglich, die Daten einer Extension herunterzuladen – wenn auch nicht als SQL-Dump. Da danach aber nicht gefragt wurde, ist Antwort d) ebenso richtig.

In der T3X-Datei sind allerdings keinerlei SQL-Daten enthalten – daher ist Antwort e) falsch.

5.1.8 Sie wollen die auf Ihrem System installierte Version einer Extension an einen anderen Entwickler weitergeben. Wie gehen Sie vor? (2)

a) Im Extension Manager lässt sich die zugehörige T3X-Datei herunterladen.

b) Sie können das Extension-Verzeichnis zippen und weitergeben.

c) Sie müssen zuerst einen Datenbank-Dump durchführen und diesen zusammen mit der Original-Extension von der Seite `typo3.org` weitergeben.

d) Das ist nicht ohne weiteres möglich, da im TYPO3-System meist viele Einstellungen vorgenommen wurden und diese mit übergeben werden müssten.

e) Im Install Tool können Sie in der Sektion Extension Download die entsprechende Extension herunterladen.

Die Frage, wie Sie eine Extension weitergeben, ist nicht so abwegig, wie Sie zunächst vielleicht vermuten. Zudem passiert es häufig, dass man eine Extension in einem früheren Projekt eingesetzt hat und sie nun selbst in einem neuen Projekt wiederverwenden möchte.

Wenn Sie die Extension modifiziert haben (was Sie grundsätzlich vermeiden sollten, es sei denn, es handelt sich um eine eigene, lediglich lokal installierte Extension) und die Standardversion nicht patchen wollen, brauchen Sie eine Methode, diese Extension in der modifizierten Form auf ein anderes System „umzuziehen". Wie gestaltet sich also solch ein Umzug?

Sie finden im Extension Manager – wenn Sie im Modul Manage Extension mit der Maus über eine Extension fahren – im Bereich Actions auf der rechten Seite ein Download-Symbol. Das Icon ermöglicht es, die Extension im aktuellen Zustand als T3X-Datei herunterzuladen (das betrifft ausschließlich den Code, nicht eventuelle TypoScript-Einstellungen!).

Ebenso ist es möglich, das Verzeichnis der Extension auf einem Wechseldatenträger oder etwa mit einem beliebigen Kompressionsprogramm wie `gzip` in eine Datei verpackt als E-Mail-Attachment weiterzugeben. Die Datenbank brauchen Sie weder beim Abspeichern noch bei der Installation zu bemühen: TYPO3 merkt beim Installieren der Extension selbst, dass die notwendigen Datenbankfelder fehlen, und legt sie selbständig an.

Richtig sind also die Antworten a) und b).

5.1.9 Was bedeutet es, wenn eine Extension den Status „Beta" hat? (1)

a) Solche Extensions dürfen im Produktiv-Einsatz auf keinen Fall verwendet werden.

b) Der Status hat im Grunde keine große Bedeutung.

c) Extensions, deren Status nicht „Stable" ist, werden bei der Extension-Liste im Extension Manager per Default nicht angezeigt.

d) Extensions mit diesem Status werden bei einem Produktiv-Server automatisch deaktiviert.

e) Extensions mit diesem Status enthalten immer sehr viele Fehler.

Beim Entwickeln einer Extension kann der Urheber einen Status vergeben, und zwar einen der folgenden:

Obsolete (schwarz)
: Sobald der Entwickler die Extension in diesen Zustand versetzt, sollte sie nicht mehr verwendet werden. Es kann sein, dass enthaltene Funktionalitäten veraltet oder fehlerhaft sind, eventuell wurden sie aber auch bereits in den Kern integriert.

Test (grau)
: Extensions mit diesem Status sollten eigentlich im TER nicht aufgeführt sein, da so ein Testbetrieb gekennzeichnet wird.

Experimental (blau)

Dieser Zustand ist die erste Entwicklungsstufe einer Extension: Sie bietet rudimentäre Funktionalität, ist aber nicht weiter ausgearbeitet.

Alpha (rot)

Diese Extension befindet sich in einem sehr frühen Stadium, sie bietet bereits viele Funktionen, es kann aber noch zu Fehlern kommen.

Beta (hellgrün)

Wenn noch vereinzelt Fehler auftreten, die Extension im Großen und Ganzen aber bereits reibungslos läuft, sollte dieser Status vergeben werden.

Stable (dunkelgrün)

Diese Extension ist getestet und erprobt und kann bedenkenlos eingesetzt werden.

Exclude From Updates (dunkelorange)

Diese Extension darf nicht aktualisiert werden, da darin Änderungen vorgenommen wurden.

Mit jeder neuen Version kann der Autor den Status ändern. Prinzipiell hat es (bis auf Obsolete) keine Auswirkungen, in welchem Status sich eine Extension befindet – die Kennzeichnung obliegt der Einschätzung des Autors.

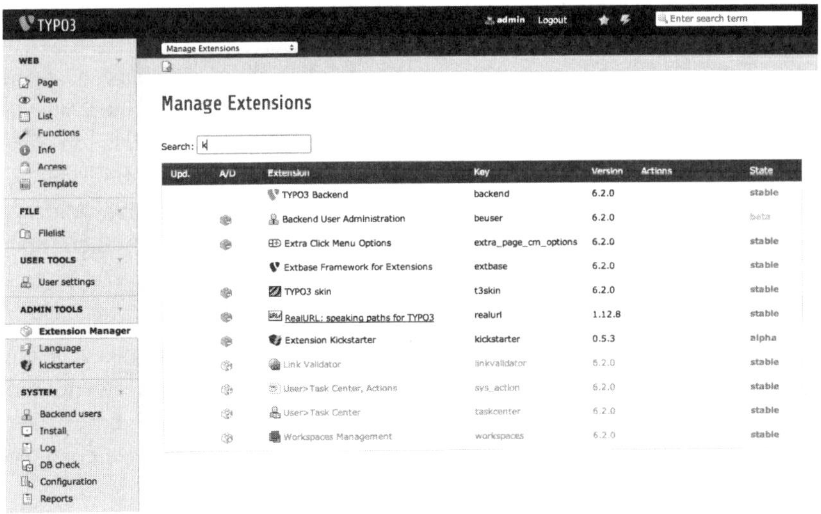

Abbildung 5.4: Der Status der Extension wird in einer eigenen Spalte angezeigt

Leider erfolgt die Kennzeichnung des Status nicht immer gemäß dem oben dargestellten Schema, und eine (regelmäßige) Plausibilitätsprüfung findet nicht statt. So gibt es Extensions im TER, die zwar den Status Stable für sich reklamieren, bei Installation aber ein TYPO3-System unbrauchbar machen, genau wie Extensions mit dem Status Beta seit Jahren ausgereift sind und nahezu fehlerfrei ihren Dienst tun.

Letztlich ist also einzig Antwort b) richtig.

5.1.10 Oftmals liest man, dass Version 6.2 von TYPO3 mit einem Link Validator ausgeliefert wird. Bei Ihnen scheint diese Funktion aber per Default nicht zu funktionieren. Warum? (1)

a) Wahrscheinlich war die Information veraltet.

b) Der Link Validator ist bereits als Extension vorhanden, muss aber installiert werden (indem diese aktiviert wird).

c) Sie haben wahrscheinlich nicht gründlich genug gesucht.

d) Der Link Validator kann nur mit Admin-Rechten aktiviert werden.

e) Sie müssen den Link Validator zusätzlich im Install Tool aktivieren.

Das in der Frage geschilderte Problem hat tatsächlich für viel Verwirrung gesorgt. Es soll hier aber nicht speziell um diese eine Extension gehen, sondern den Mechanismus, der dem Phänomen zugrunde liegt.

Eine Extension kann auf zweierlei Weise im System „vorhanden“ sein, nämlich installiert und (noch) nicht installiert – in beiden Fällen wurde sie aber bereits heruntergeladen. Liegt das entsprechende Extension-Verzeichnis an einer der üblichen Stellen im Filesystem, so wird die Extension erkannt, und im Extension Manager erscheint in der Liste Manage extensions als Symbol ein grauer Legostein mit einem Pluszeichen. Das bedeutet, dass die Extension zur Installation bereitsteht, aber erst installiert wird, indem man auf den entsprechenden Button klickt.

Daraufhin werden nämlich erst der entsprechende Extension-Key in die Datei `typo3conf/PackageStates.php` geschrieben und die notwendigen Klassen nachgeladen. In der Folge ändert sich auch das Symbol: Der Legostein wird nun grün, und das Plus- wird zu einem Minuszeichen, so dass ein erneuter Klick die Extension wieder deinstalliert.

Einige Extensions, wie eben auch der genannte *Link Validator*, werden im Rahmen einer TYPO3-Installation per Default *nicht* aktiviert. Sie sind also vorhanden, aber noch nicht einsetzbar. Warum das TYPO3-Team dieses Vorgehen wählte, ist nicht bekannt. Eventuell waren Inkompatibilitäten zu erwarten, vielleicht war man auch der Meinung, dass dieser Editor nicht für jeden Anwender von Nutzen ist.

Richtig ist jedenfalls Antwort b).

5.2 Update

Meist werden Extensions im Laufe der Zeit weiterentwickelt, sei es um neue Funktionen zu integrieren oder um sie kompatibel mit anderen Extensions oder dem Grundsystem zu machen oder zu halten. Insofern kann es notwendig sein, eine installierte Extension upzudaten. Wie gehen Sie dazu vor? Was tun Sie, wenn es zu Problemen kommt? Fragen dieser Art erwarten Sie im folgenden Abschnitt.

5.2.1 Sie haben Ihre TYPO3-Version aktualisiert (oder aktualisieren lassen) und stellen plötzlich Probleme mit einer Extension wie RealURL fest. Wie versuchen Sie, das Problem zu beheben? (2)

a) Durch ein Update der Extension.

b) Durch Deinstallieren der Extension und erneutes Installieren der gleichen Version.

c) Durch Löschen einzelner Dateien im Verzeichnis `typo3temp`.

d) Durch Auswahl der fehlerhaften Extension im Update-Manager.

e) Durch Löschen des Schlüssels in der Datei `LocalConfiguration.php`.

Wenn Sie TYPO3 aktualisieren, handelt es sich prinzipiell um ein Update der Core-Dateien. Dabei werden zwar auch Systemextensions aktualisiert, wie das Modul Web ▸ List, nicht aber sonstige Extensions, zu denen beispielsweise auch *RealURL* gehört.

Ein bloßes Deinstallieren und anschließendes Neu-Installieren hat natürlich keine Wirkung, notwendig ist hier ein Update der Extension. Unter Umständen wurde der Autor der Extension bereits über etwaige Probleme mit der neuen TYPO3-Version informiert und hat entsprechend mit einem Bugfix reagiert.

Zusätzlich kann es in Einzelfällen hilfreich sein, die JavaScript-Dateien aus dem Verzeichnis `typo3temp` zu löschen, denn einige Extensions legen dort gecachte Versionen der von ihnen verwendeten JavaScript-Files ab, die dabei aber hin und wieder fehlerhaft erzeugt werden. Einen Update-Manager gibt es aber in der oben genannten Form nicht.

Damit sind also die Antworten a) und c) richtig.

5.2.2 Über welches Submodul lassen sich im Extension Manager auf dem System vorhandene Extensions updaten? (2)

a) Loaded Extensions

b) Install Extensions

c) Import Extensions

d) Update Extensions

e) Check for Extension Updates

f) Manage Extension

g) Get Extensions

h) Symbol Update im Menü Manage Extensions

Diese Frage führt eventuell in die Irre. Während man bis zur Version 4.6 durchaus über die Funktion Check for Extension Updates eine Liste der aktualisierbaren Extension bekommen hatte, ist dies mit dem neuen Extension Manager nicht mehr möglich bzw. nötig.

Tasächlich aber wird im Modul Manage Extensions bereits links vom grünen Legostein das Symbol zum Update angezeigt, sobald es eine neue Version für diese Extension gibt. Klicken Sie auf das Symbol, wird die neue Version direkt installiert.

Klicken Sie auf das Modul Get Extensions und suchen Sie dann einen Extension-Key, so können Sie die neue Version ebenfalls installieren. Allerdings signalisiert Ihnen diese Ansicht nicht, dass sie die Extension bereits installiert haben – somit ist dies kein klassisches *Update*.

Richtig sind also die Antworten f) und h).

5.2.3 Sie haben eine Extension installiert oder über ein Update aktualisiert und stellen fest, dass Ihre TYPO3-Installation seitdem nicht mehr fehlerfrei läuft. Was können Sie tun? (3)

a) Vielleicht ist die aktuelle Version der Extension fehlerhaft. Daher sollte man auf eine niedrigere Version downgraden.

b) Das Datenbankschema lässt sich mit dem *Database Analyzer* auf Korrektheit prüfen.

c) Meist verschwindet das Problem durch ein Ausloggen und erneutes Einloggen im Backend.

d) Durch Leeren des Cache lässt sich das Problem beheben.

e) Sie deinstallieren die Extension.

Bei einem Update oder bei der Neuinstallation einer Extension gibt es leider viele Fehlerquellen. Es kann z.B. sein, dass der Urheber der Extension Programmierfehler gemacht hat, aber auch bei korrekter Programierung ist eine (negative) Wechselwirkung mit anderen installierten Extensions nicht auszuschließen.

In einigen Fällen hilft tatsächlich das Downgrade auf eine frühere Version, das Sie ganz einfach bewerkstelligen, indem Sie im Submodul Get Extensions die Extension auswählen und per Klick auf die Version eine kleinere Version laden.

Probleme dagegen, die mit fehlerhaften Feldern in der Datenbank in Zusammenhang stehen, lassen sich oftmals lösen, indem man den Database Analyzer heranzieht, zu finden im Install Tool. Unter Umständen spricht die neue Version der Extension nämlich Datenbankfelder an, die es nicht gibt; das führt zu Fehlern, kann aber mit dem Database Analyzer oft bereinigt werden.

Ein- und Ausloggen oder das Leeren des Cache führen hingegen nicht zur Lösung des Problems, und die „Holzhammermethode", das Deinstallieren der Extension, löst das Problem zwar, lässt sich aber natürlich nur anwenden, wenn Sie auf Funktionen der Extension verzichten können.

Insgesamt sind also die Antworten a), b) und e) richtig.

5.2.4 Sie haben eine Extension installiert oder aktualisiert und stellen fest, dass sich Ihre TYPO3-Installation nicht mehr aufrufen lässt; stattdessen wird (im Backend oder Frontend) eine Fehlermeldung oder leere Seite angezeigt. Was sollten Sie tun? (2)

a) Sie deinstallieren die Extension über den Extension Manager.

b) Sie deinstallieren die Extension über das Install Tool.

c) Sie installieren TYPO3 neu.

d) Sie löschen den Extension-Key in der Datei `localconf.php` aus der Variablen `$TYPO3_CONF_VARS['EXT']['extList']`.

e) Sie löschen den Extension-Key in der Datei `LocalConfiguration.php`.

f) Sie löschen den Extension-Key in der Datei `PackageStates.php`.

g) Sie löschen die Datei `temp_CACHED_<...>_ext_localconf.php`.

h) Sie löschen das Verzeichnis `typo3temp/Cache`.

i) Sie löschen das Extension-Verzeichnis.

Dass sich die TYPO3-Installation nach dem Installieren oder Updaten einer Extension nicht mehr benutzen lässt und sich beim Start mit einem weißen Bildschirm oder einer PHP-Fehlermeldung meldet, kann man wohl als „Super-GAU“ für jeden TYPO3 Integrator bezeichnen.

Da nun kein Zugriff auf TYPO3 mehr möglich ist, fallen Lösungen wie in Antwort a) oder b) weg. Der Vorschlag in Antwort c) dagegen ist zwar ein möglicher Ansatz, in aller Regel aber nicht akzeptabel (die Antwort werten wir deshalb als falsch) – Ihr Lösungsversuch sollte zunächst auf die problematische Extension abzielen.

Die Variable `$TYPO3_CONF_VARS['EXT']['extList']` gab es bis zur Version 6.0, sie befand sich in der Datei `typo3conf/localconf.php`. An deren Stelle ist zwar die Datei `typo3conf/LocalConfiguration.php` getreten, diese enthält aber nicht mehr den Ladezustand der Extensions. Diese sind in die Datei `typo3conf/PackageStates.php` gewandert. Antwort f) ist also schon mal richtig.

Zusätzlich müssen Sie, da die Datei `ext_localconf.php` der Extension in `typo3temp/Cache/Code/cache_core/ext_localconf_<...>.php` gecacht wird, das Temporärverzeichnis `typo3temp/Cache` löschen, damit TYPO3 sie aus dem Original neu erstellt. Anschließend können Sie TYPO3 wieder fehlerfrei starten.

Richtig sind also die Antworten f) und h).

5.2.5 Nach Installation oder Update einer Extension lässt sich Ihr Backend nicht mehr aufrufen, Sie erhalten eine Fehlermeldung. Sie wollen zur Lösung des Problems Dateien im Verzeichnis `typo3conf` verändern bzw. löschen, haben aber keinen FTP-Zugang. Was können Sie tun? (1)

a) Die Dateien können nicht bearbeitet werden, sofern Sie nicht über einen FTP-Zugang verfügen.

b) Nach der Installation einer Extension wie *Quixplorer* ist die Bearbeitung der Dateien möglich.

c) Mit der Funktion Edit files im Extension Manager können Sie die Dateien direkt verändern.

d) Im Abschnitt Edit files in typo3conf/ des Install Tools können die Dateien direkt verändert werden.

e) Sofern Sie über einen SSH-Zugang verfügen, können Sie die Änderung durchführen.

Wie schon in der Frage zuvor stellt das beschriebene Szenario eine sehr unangenehme Situation im Arbeitsalltag eines TYPO3 Integrators dar, die hoffentlich nicht allzu oft eintritt. Nun ist vor allem dann schnelles Handeln angesagt, wenn Sie die Änderung unvorsichtigerweise nicht auf einem Testsystem vorgenommen haben, sondern auf dem Live-Server.

Da Sie keinen Zugang zum Backend haben, sind die Antworten b) und c) natürlich Unsinn. Ein SSH-Zugang eröffnet hingegen einen Lösungsweg, sofern Sie die erforderlichen Kenntnisse im Umgang mit einer Shell haben.

Bis zur Version 6.2 war es möglich, die Funktion Edit files in typo3conf/ im Install Tool aufzurufen – dies wurde für die Version 6.2 LTS ersatzlos gestrichen. Damit ist Antwort e) die einzige Möglichkeit.

5.3 Konfiguration

Nach der ordnungsgemäßen Installation muss eine Extension in den meisten Fällen angepasst und auf die jeweilige Aufgabenstellung hin konfiguriert werden. In Fragen hierzu soll es nicht um spezielle TypoScript-Optionen gehen, die natürlich von Extension zu Extension unterschiedlich sind – was aber alle Extensions gemein haben, ist zum Beispiel das Handling von Sprachlabels, also der Ausgaben. Diese und andere Aspekte behandelt der folgende Abschnitt.

5.3.1 Sie möchten die Textausgabe einer installierten Extension ändern, weil z.B. bestimmte Labels nicht oder falsch übersetzt sind. Ist das möglich und wie gehen Sie vor? (1)

a) Die Textausgaben können nur vom Extension-Autor geändert werden.

b) Sie können bestimmte Textausgaben einfach per TypoScript überschreiben.

c) Eine Änderung ist ausschließlich im Quelltext der Extension möglich.

d) Über das Backendmodul Labels können beliebige Labels einfach über ein Formular geändert werden.

e) Eine Änderung der Labels kann über den Extension Manager durchgeführt werden.

Es ist leider nicht selten, dass eine Extension mit zum Teil schlecht übersetzten Texten oder auch ganz ohne Übersetzung ausgeliefert wird.

Natürlich könnten Sie nun direkt im Quellcode der Extension die Änderungen durchführen, solche Anpassungen gehen aber bei einem Update wieder verloren, weil sie überschrieben werden. Ein weiterer, im Prinzip nicht falscher, aber ebenso ineffizienter Ansatz ist, mit dem Autor Kontakt aufzunehmen.

Das in Antwort d) angeführte Backendmodul gibt es leider nicht (es gibt übrigens eine Extension *llxmltranslate*, die das Ändern aller von Extensions verwendeten Labels möglich macht, danach war hier aber nicht gefragt).

Als richtige Antwort bleibt also nur b). Wie Sie solche Änderungen mit TypoScript durchführen, wird in der nächsten Frage dargestellt.

5.3.2 Sie wollen in der Extension tt_news den String `[mehr]` für die deutsche Sprachausgabe verändern. Wie lautet der entsprechende TypoScript-Code? (1)

a) `plugin.tt_news._LOCALLANG.default.more = viel mehr`

b) `plugin.tt_news._LOCALLANG.more.de = viel mehr`

c) `plugin.tt_news.LOCAL_LANG.default.more = viel mehr`

d) `plugin.tt_news._LOCAL_LANG.de.more = viel mehr`

e) `plugin.tt_news._LOCAL_LANG.default.more = viel mehr`

f) `plugin.tt_news.LOCALLANG.default.more = viel mehr`

g) `plugin.tt_news.LOCALLANG.more = viel mehr`

Sie können Sprach-Labels mit TypoScript einfach überschreiben, wenn der Autor der Extension sie nicht hartkodiert im Quelltext platziert hat (was deshalb unbedingt zu vermeiden ist). Bei der Extension *tt_news* beispielsweise wurde die Labelverwaltung vorbildlich realisiert.

Gehen wir zur Lösungsfindung systematisch vor: Zunächst fällt auf, dass manche Antworten den String `default` verwenden, andere dagegen `de`. Tatsächlich ist die Default-Sprache, was Sprachlabels betrifft, in TYPO3 *immer* Englisch. Unabhängig davon, in welcher Hauptsprache Sie also Ihre TYPO3-Installation betreiben, müssen Sie Deutsch als Sprache immer spezifizieren, indem Sie den ISO-Language-Code `de` verwenden. Daher sind die Antworten a), c), e) und f) falsch.

Antwort g) enthält überhaupt keine Angabe, die eine Sprache spezifizieren würde, und ist daher natürlich ebenfalls falsch. Bleiben also b) und d) – hier kann man mit etwas Logik ebenfalls zu einer Entscheidung kommen: In Antwort b) nämlich wird zuerst das entsprechende Label `more` ausgewählt und erst dann die Sprache spezifiziert.

Stellen Sie sich dabei die Komplexität einer Sprachdefinition vor, in der beispielsweise 200 Sprachlabels (was bei einer größeren Extension durchaus vorkommen kann) und dann für jedes dieser Labels alle vorliegenden Sprachen definiert werden müssen. Die Sprachlabels für eine bestimmte Sprache wären dann nicht unter einem Zweig gesammelt, sondern über 200 Definitionen hinweg verstreut.

Sinnvollerweise geht man daher den umgekehrten Weg: Erst die Sprache, dann das Label – Antwort d) ist die einzig richtige. Auf diese Lösung kommt man übrigens auch, wenn man die Schreibweise von

_LOCAL_LANG kennt und zudem weiß, dass man *immer* die gewünschte Sprache angeben muss.

Abbildung 5.5: Sprachlabels der Extension tt_news für die Sprachen Französisch und Japanisch

5.3.3 Um ein Sprachlabel bei einer Extension zu verändern, muss man dessen Namen kennen. Wo genau kann man ihn nachsehen? (3)

a) `labels.php`

b) `locallang.php`

c) `locallang.xml`

d) `_local_lang.php`

e) `tca.php`

f) `language.xml`

g) `locallang.xlf`

Sämtliche von einer Extension verwendeten Sprachlabels liegen normalerweise in einer Sprachdatei, die sich im Extension-Verzeichnis befindet. TYPO3 liest diese Datei aus, prüft, welche Sprache angezeigt werden soll, und benutzt dann die entsprechenden Abschnitte aus der Datei. Historisch gesehen gibt es dabei zwei Ansätze: Früher waren Sprachlabels in einer PHP-Sprachdatei gespeichert, die ein Array mit den Sprachinformationen enthielt, heutzutage wird XML-Format verwendet. Beide Varianten sind parallel möglich, wenngleich die XML-Variante dringend empfohlen wird.

Seit TYPO3 4.6 wird hier das XML-basierte Format XLIFF (*XML Language Interchange File Format*) verwendet, das in TYPO3 die Endung `.xlf` hat. Der Name für die Datei leitet sich von *Locale Language* ab und lautet daher `locallang`, also sind die Antworten b), c) und g) richtig.

5.3.4 Sie müssen in einer Datei einer Extension etwas verändern. Sie haben aber weder SSH- noch FTP-Zugang. Wie können Sie die Änderung durchführen? (1)

a) Ohne FTP-Zugang ist keine Änderung möglich.

b) Sie installieren eine Extension wie *Quixplorer*, mit der Sie Dateien verändern können.

c) Im Extension Manager können Sie über die Funktion Edit files die Dateien direkt verändern.

d) Im Install Tool können Sie im Abschnitt Edit files die Dateien direkt verändern.

e) Sobald Sie eine gleichnamige Datei im Verzeichnis `fileadmin/` anlegen, wird dies anstelle der originalen Datei verwendet.

Prinzipiell sollte man die Dateien einer Extension nicht direkt bearbeiten. Manchmal jedoch mag es sinnvoll sein, sich schnell und unkompliziert mit dem direkten Editieren einer Datei zu behelfen, wenn es nur um kleine Änderungen geht, z.B. in einem Templatefile.

Ein FTP-Zugang ist dann natürlich hilfreich, steht aber leider nicht immer zur Verfügung. Der Prozess des Herunterladens, Editierens und wieder Hochladens ist zudem gerade für kleinere Änderungen auch etwas umständlich. Wie kann man also noch vorgehen?

Die in Antwort b) genannte Extension gibt es tatsächlich, sie ist auch populär und die Antwort richtig. Der bis Version 6.2 übliche Weg – über die Funktion Edit files in den Listen des Extension Managers – wurde aber ersatzlos beim Refactoring des Extension Managers gestrichen.

Antwort e) ist komplett frei erfunden, daher ist einzig richtig Antwort b).

Kapitel 6

Backend-Administration

Der überwiegende Teil der Arbeit eines TYPO3-Integrators findet im Backend statt, der Steuerzentrale von TYPO3. Hier werden Seiten und Inhalte angelegt, verwaltet und konfiguriert, hier werden auch Module aufgerufen, z.B. um User anzulegen und deren Rechte zu konfigurieren.

Die Administration und Konfiguration all dieser Bereiche und Funktionalitäten gehört zu den zentralen Fertigkeiten eines TYPO3 Integrators, vor allem ist dies ein Bereich, in dem es nicht nur auf punktuell auswendig zu lernendes Wissen ankommt, sondern auch auf Erfahrung. Schon aus dem Umfang des Kapitels können Sie schließen, welchen Stellenwert Ihre Kenntnisse zur Backend-Administration in der Zertifizierungsprüfung haben.

Achten Sie bei der Prüfungsvorbereitung unbedingt auf zwei Dinge: Erstens müssen Sie mit einem Backend der aktuellen TYPO3-Version gearbeitet haben, damit Ihnen Änderungen zu früheren Backends geläufig sind; zweitens sollten Sie, selbst wenn Sie im Alltag ausschließlich mit

Backends in deutscher Sprache arbeiten, die Begriffe, Modulnamen etc., die im Englischen zum Teil abweichen, unbedingt auch im Original kennen.

6.1 Allgemeines

Es gibt im Backend einige zentrale Bereiche, die im folgenden Abschnitt erörtert werden. So geht es um die verschiedenen Ansichten im Backend, wie die Seitenansicht über das Modul Page oder die Listenansicht über das Modul List, sowie um grundsätzliche Arbeitsweisen, wie das Anlegen oder Verschieben von Seiten und Inhalten. Daneben werden auch grundsätzliche Fragen zu Eingabeformularen oder Funktionen wie Undo behandelt.

6.1.1 Welche Möglichkeiten haben Sie, in die Listenansicht zu gelangen? (3)

a) Sie klicken links im Backend auf das Modul Web ▸ List.

b) Sie klicken in Untermodulen des Moduls Web auf das entsprechende Icon oben.

c) Sie wählen im Submodul Info die Funktion Pagetree overview und klicken auf das entsprechende Seiten-Icon. Dort wählen Sie Web ▸ Edit.

d) Sie wählen im Submodul Info die Funktion Pagetree overview und klicken auf das Stift-Icon.

e) Sie klicken mit der rechten Maustaste auf eine Seite im Seitenbaum und wählen Web ▸ List.

Das Modul Web ▸ List ist eines der wichtigsten neben Web ▸ Page, hier werden Tabellen bzw. Datensätze direkt bearbeitet – so können Sie TypoScript-Templates, Content-Elemente und vieles mehr direkt und übersichtlich verwalten.

Der offensichtlich einfachste Zugang zur Listenansicht ist natürlich der über das in Antwort a) genannte Modul, aber auch die beiden nachfolgenden Antworten sind richtig – schließlich ist es sinnvoll, das Modul von möglichst vielen Stellen aus direkt erreichen zu können.

Die in Antwort e) vorgeschlagene Möglichkeit wurde in TYPO3 4.5 und höher entfernt.

Richtig sind daher die Antworten a), b) und c).

Abbildung 6.1: Die Listenansicht dient der schnellen Orientierung

6.1.2 Wie können Sie eine Seite verschieben? (4)

a) Das ist leider nicht möglich. Eine Seite muss gelöscht und an anderer Stelle neu angelegt werden.

b) Per Drag&Drop im Seitenbaum

c) Im Seitenbaum über Rechtsklick Cut sowie Paste

d) Im Seitenbaum über Rechtsklick Page Actions ▸ Cut und Page Actions ▸ Paste

e) Im Modul List über die Schaltflächen Move up in list und Move down in list

f) Über das Clipboard

Selbst bei sorgfältiger Entwicklung des Seitenbaums ergeben sich früher oder später Restrukturierungswünsche. Sei es, weil Informationen anders gegliedert werden sollen oder weil neue Inhalte hinzukommen, die es erfordern, die Struktur anzupassen. Dabei müssen meist auch Seiten verschoben werden. Das ist in TYPO3 auf verschiedene Weisen durchführbar, und Antwort a) ist natürlich falsch. In der Tat sind fast alle genannten Methoden möglich und üblich. Für Sie als TYPO3 Integrator ist es in der täglichen Arbeit eher von Bedeutung, von Fall zu Fall die gerade effizienteste zu verwenden; im Ergebnis sind sie gleichwertig. Lediglich die unter c) genannte Methode wurde im Laufe der Zeit durch die Methode d) ersetzt.

Richtig sind also die Antworten b), d), e) und f).

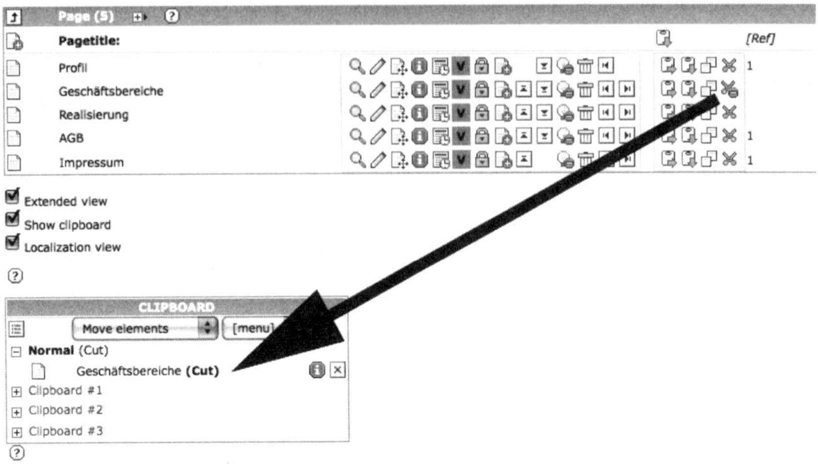

Abbildung 6.2: Hier wurde die Seite „Geschäftsbereiche" für das Verschieben vorbereitet

6.1.3 Das Backend hat in der Seitenansicht per Default genau vier Spalten. Wie können Sie alle außer der Spalte „Normal" für Ihre Redakteure ausblenden? (1)

a) Sie schalten die drei anderen Spalten im Install Tool ab.

b) Sie schreiben folgenden TypoScript-Code in das Page TSconfig der Rootseite:

```
mod.SHARED.colPos_list = 0
```

c) Sie schreiben folgenden TypoScript-Code in das TypoScript-Setup:

```
mod.SHARED.colPos_list = 0
```

d) Sie schreiben folgenden TypoScript-Code in das User TSconfig des Redakteurs:

```
mod.colPos_list.SHARED = 0
```

Haben Sie in den äußeren der vier Spalten im Backend z.B. Elemente positioniert, die ein Redakteur nicht ändern soll, oder benötigen Sie diese Spalten in Ihrem Layout überhaupt nicht, so wäre es praktisch, sie einfach auszublenden, um die Übersichtlichkeit zu erhöhen.

Prinzipiell kann eine solche Einstellung entweder auf Seitenebene erfolgen (also im Page TSconfig) oder auf User- bzw. Gruppenebene (also im User TSconfig). Die Nummerierung der Spalten lautet dabei wie folgt:

`0`
: bezeichnet die Spalte Normal

`1`
: bezeichnet die Spalte Links

`2`
: bezeichnet die Spalte Rechts

`3`
: bezeichnet die Spalte Rand

Die Option heißt `mod.SHARED.colPos_list`, also ist Antwort b) richtig. Wollen Sie z.B. die Spalten Normal und Links einblenden, so trennen Sie die beiden Spaltennummern einfach durch ein Komma:

```
mod.SHARED.colPos_list = 0,1
```

6.1.4 Was bewirkt der folgende Code, wenn er im Page TSconfig der Rootseite untergebracht wird? (1)

```
TCEFORM.tt_content.colPos {
   altLabels {
      1 = Werbung
   }
}
```

a) Der Seitentitel wird auf „Werbung“ geändert.

b) Es wird im Backend in der Seitenansicht eine Spalte mit dem Namen „Werbung“ hinzugefügt.

c) Jede Seite erhält ein Content-Element mit dem Namen „Werbung“.

d) Die Datenbank-Tabelle `tt_content` wird um die Spalte `Werbung` erweitert.

e) Die Spalte „Left“ wird in „Werbung“ im Editiermodus des Content-Elements umbenannt.

Wir haben gerade gezeigt, dass es möglich ist, einzelne Spalten in den Backend-Formularen des Moduls Page auszublenden. Ebenso hilfreich wäre es aber auch, bestehende Spalten umzubenennen. So ließe sich eine Spalte festlegen, in der grundsätzlich Werbung platziert wird, und die deshalb den Namen Werbung erhält.

Eben das leistet der obige Code. Genauer gesagt, wird hier die Spalte LEFT dazu verwendet, weil dieser intern die Nummer 1 zugeordnet ist. Allerdings funktioniert diese Umbenennung (rein über TypoScript) nicht in der Spaltenansicht, sondern nur in der Spaltenauswahl im Content-Element (siehe Abbildung 6.3).

Richtig ist also Antwort e).

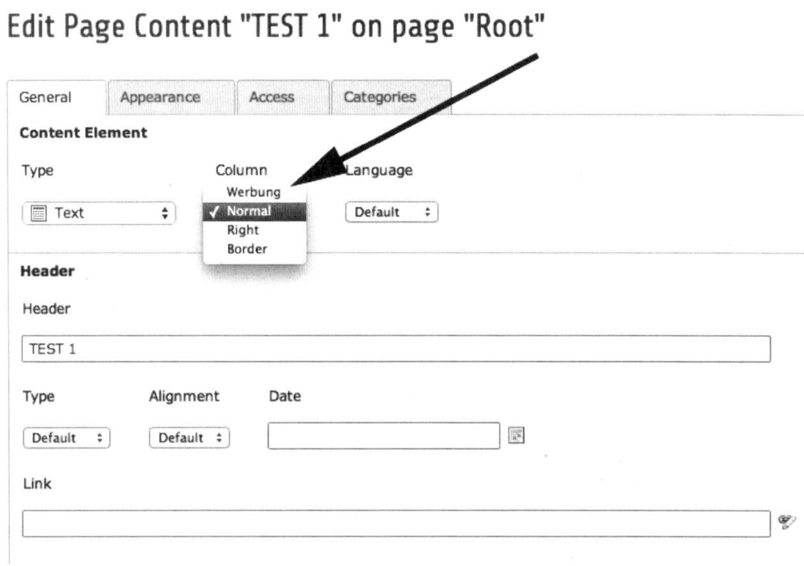

Abbildung 6.3: Das Backend wurde um die Spalte „Werbung" erweitert

6.1.5 Gibt es in TYPO3 eine Undo-Funktion und, wenn ja, wo? (3)

a) Nein, eine Undo-Funktion ist in TYPO3 nicht eingebaut, kann aber über Extensions nachgerüstet werden.

b) Ja, im Modul List.

c) Ja, im Modul Page.

d) Ja, im Modul Info.

e) Ja, im Modul Versioning.

Wer viele Seiten und Seiteninhalte anlegt und editiert, macht hin und wieder Fehler. Dann hilft eine Undo-Funktion, um einen oder mehrere

Schritte rückgängig zu machen. Ein solches Undo stellt TYPO3 selbstverständlich zur Verfügung.

Sie finden in den Modulen List (in der Liste der Icons nach jedem Datensatz) und Page (oben in der Mitte) – nicht aber im Modul Info – ein Icon, das ein Dokument mit einer roten Uhr darstellt, mit dem Sie sich den Änderungsverlauf anzeigen lassen und einzelne Schritte rückgängig machen können.

Ebenso gibt es im Modul Versioning (dies nur bei installierter Systemextension *version* und nur bis TYPO3 4.5), das die Workspace-Verwaltung realisiert, ein Icon zur Darstellung der History, über das Sie einen Rollback auf frühere Versionen eines Elements durchführen können.

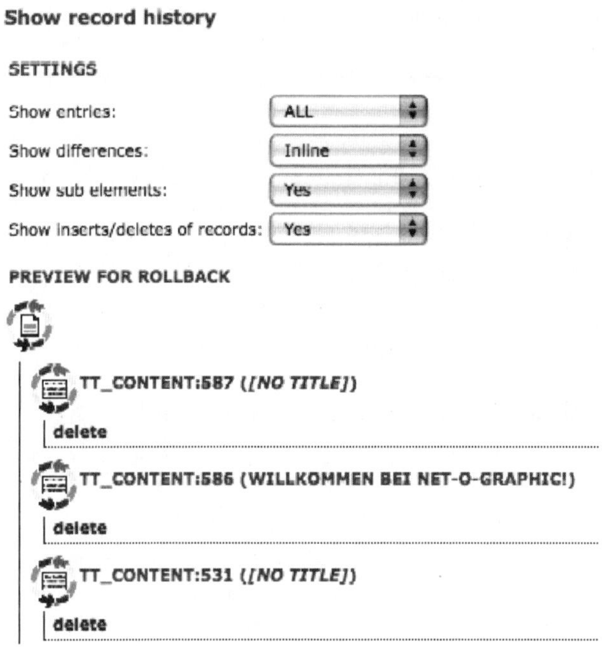

Abbildung 6.4: Die History einer Seite mit Undo-Möglichkeit

Da uns jedoch, wenn nicht anders angegeben, TYPO3 6.2 als Basis dient, sind zunächst die Antworten b) und c) richtig. Geht man aber im Modul Info ▸ Pagetree Overview mit Rechtsklick auf eine Seite und wählt History/Undo, kann die Undo-Funktion ebenfalls aufgerufen werden – daher ist zusätzlich auch Antwort d) richtig.

6.1.6 Gerade bei umfangreicheren Websites kann der Seitenbaum sehr unübersichtlich werden. Wie können Sie die Ansicht des Seitenbaums auf den Teilbaum beschränken, an dem Sie gerade arbeiten? (1)

a) Das ist leider nicht möglich.

b) Wenn Sie in das Suchfeld über dem Seitenbaum den Namen der Seite eingeben, wird nur der Teilbaum angezeigt.

c) Sie wählen die Option Mount as tree root in den Seiteneigenschaften der Seite.

d) Sie wählen Branch Actions ▸ Mount as tree root aus dem Kontext-Menü der Seite.

e) Über die Page TSconfig Einstellung: `mod.mountAsTreeRoot = 1`.

Obwohl Darstellung wie auch Funktionsweise des Seitenbaums in Version 4.5 nochmals überarbeitet wurden und dieser Änderungen via AJAX direkt (ohne neu laden zu müssen) anzeigt, kann es manchmal störend sein, immer den gesamten Seitenbaum zu sehen.

Wechseln Sie z.B. das Modul und kehren wieder zum Seitenbaum zurück, müssten Sie – wie früher – scrollen, wenn die gewünschte Seite unterhalb Ihres Bildschirmfensters liegt. Insofern wäre es doch praktisch, nur genau jenen Seitenbaum-Ausschnitt in der Ansicht zu haben, an dem aktuell gearbeitet wird.

Die Funktionalität, die uns das gewünschte Ergebnis liefert, nennt sich Mount. Unter Mounten versteht man das Einbinden eines irgendwie gearteten Speicherbereichs, oft ein Dateisystem, in unserem Fall eines Teilbereichs des gesamten Seitenbaums. Dieser Teilbaum wird also zur besseren Übersicht auf der Rootseite eingebunden. Einen solchen Mount richten Sie aber nicht in den Seiteneigenschaften ein, sondern im Kontext-Menü der Seite. Richtig ist also Antwort d). Über das Kontext-Menü lässt sich der Mount auch wieder aufheben.

6.1.7 In großen und dann möglicherweise unübersichtlichen TYPO3-Installationen kann es praktisch sein, Seiten schnell wiederzufinden, die oft bearbeitet werden müssen. Wie bewerkstelligen Sie das am besten? (1)

a) Über ein Bookmark im Browser

b) Über die Extension Shortcuts

c) Über die Funktion Shortcuts

d) Über das Modul Shortcuts

e) Über die TypoScript Option `config.shortcuts = id1,id2,id3,...`

Auch in sehr umfangreichen Websites sind es in der täglichen Arbeit doch meist nur eine Handvoll Seiten, die laufend geändert werden müssen. Ein rascher Zugriff wäre praktisch, ohne erst den Seitenbaum absuchen zu müssen. Wer zu diesem Zweck im Browser ein Bookmark anlegt, stellt fest, dass nur die Backend-Seite abgespeichert wird, nicht aber genau jene Seite im Seitenbaum, auf die man das Bookmark setzen wollte. Es empfiehlt sich also, ein TYPO3-internes Shortcut-System verwenden.

Die in b) angegebene Extension gibt es allerdings nicht, eine Extension ist aber auch gar nicht notwendig, da TYPO3 eine solche Funktion direkt bietet: Über das sternförmige gelbe Icon kann rechts oben auf jeder Seite das Shortcuts-Menü aufgerufen werden. Gesetzt wird der Shortcut jeweils mit einem Klick auf ein fast identisches Icon (hier ist ein grünes Pluszeichen auf dem Stern, und dieses befindet sich immer ganz rechts etwa 1cm unter der Oberkante). Weil es sich beim Shortcut-Mechanismus um eine Funktion und kein Modul handelt, ist ausschließlich Antwort c) richtig.

6.1.8 Klicken Sie im Modul Web ▸ Page auf eine Seite mit Content-Elementen, erhalten Sie standardmäßig die Spalten-Ansicht. Sie wollen aber direkt in die Eingabemaske des ersten Inhaltselements in der Spalte „Normal" gelangen. Ist das möglich und, wenn ja, wie? (2)

a) Das ist nicht möglich.

b) Im Install Tool gibt es dafür die Einstellung `editFormsFirst`.

c) Über das Funktionenmenü kann QuickEdit gewählt werden.

d) Sie tragen `TCEform.directEdit = 1` im Page TSconfig ein.

e) Sie tragen `mod.web_layout.QEisDefault = 1` im Page TSconfig ein.

Wenn Sie eine Seite aufrufen, um Änderungen durchzuführen, wird Ihnen das Standardverhalten von TYPO3 negativ auffallen, das Sie zunächst immer in die Spaltenansicht führt. Schließlich wollen Sie direkt in die Spalte Normal gelangen, um dort den Inhalt zu editieren.

Der in den Antworten b) und d) beschriebene Weg wäre allerdings sehr umständlich (sofern es die dort genannten Optionen überhaupt gäbe), da so keine individuelle Änderung des Verhaltens möglich wäre – es ließe sich nur generell aus- oder einschalten; beide Antworten sind falsch.

Tatsächlich aber befindet sich auf jeder Seite im Modul Web ▸ Page ein Funktionenmenü mit dem Defaultwert Columns. Schalten Sie um auf QuickEdit, gelangen Sie direkt in die Eingabemaske des ersten Inhaltselements in der Spalte Normal, sobald Sie eine Seite aufrufen.

Darüber hinaus können Sie festlegen, dass QuickEdit die Default-Einstellung für das Modul Page sein soll, wie in Antwort e) beschrieben.

Richtig sind also die Lösungsvorschläge c) und e).

6.1.9 Welche Funktion(en) hat das Feld Stop Page Tree in den Seiteneigenschaften? (1)

a) Unterhalb dieser Seite werden die weiteren Seiten im Seitenbaum nicht mehr angezeigt.

b) Innerhalb dieser Seite werden die weiteren Seiten im Seitenbaum nicht mehr angezeigt.

c) Unterhalb dieser Seite werden die weiteren Seiten im Frontend im Menü nicht mehr angezeigt.

d) Innerhalb dieser Seite werden die weiteren Seiten im Frontend im Menü nicht mehr angezeigt.

e) In zahlreichen Modulen im Backend werden die Unterseiten einer Seite mit dieser Option ausgeblendet und dafür ein rotes Pluszeichen angezeigt.

f) Das Feld ist seit TYPO3 4.5 LTS ohne Funktion.

Im Backend gibt es einige Module, die den Seitenbaum anzeigen, um damit Aktionen ausführen zu können. Dies ist natürlich der Seitenbaum selbst, aber beispielsweise auch die Module Access oder Info.

Mit vielen Seiten werden diese Darstellungen schnell unübersichtlich, zumal lediglich beim originären Seitenbaum Teiläste auf- oder zugeklappt werden können. Bei allen anderen Varianten lassen sich lediglich alle auf- oder zuklappen bzw. die Tiefe der Darstellung (wie viele Level angezeigt werden sollen) festlegen.

Bei einer richtig großen Installation, mit mehreren 100 oder gar 1.000 Seiten, ergeben sich in Modulen wie dem Zugriffsmodul oder dem Infomodul Probleme mit der Übersichtlichkeit.

Legt man nun für eine der Seiten die Eigenschaft Stop Page Tree fest, so wird innerhalb dieser Seite im Modul keine der Unterseiten angezeigt – an deren Stelle allerdings ein rotes Pluszeichen. Durch den Klick auf das Pluszeichen, bzw. den Link daneben, wird nun die Darstellung auf den Subtree beschränkt – dies wird mit Hilfe eines temporären Mount erreicht.

Richtig ist also Antwort e).

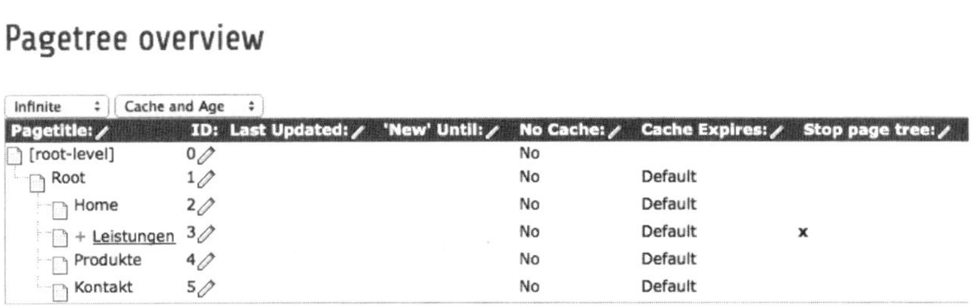

Pagetree overview

Infinite | Cache and Age

Pagetitle:	ID:	Last Updated:	'New' Until:	No Cache:	Cache Expires:	Stop page tree:
[root-level]	0			No		
Root	1			No	Default	
Home	2			No	Default	
+ Leistungen	3			No	Default	x
Produkte	4			No	Default	
Kontakt	5			No	Default	

Abbildung 6.5: Anzeige des roten Pluszeichens bei Aktivierung der Option Stop Page Tree

6.1.10 Nachdem ein Benutzer ein Content-Element bearbeitet hat, enthält es gravierende inhaltliche Fehler. Was können Sie tun? (2)

a) Die einzige Möglichkeit ist es, den Inhalt manuell zu überarbeiten.

b) Im Modul List können Sie eine Übersicht aller Änderungen einsehen.

c) Im Modul Admin tools können Sie eine Übersicht aller Änderungen einsehen.

d) Im Modul Info können Sie eine Übersicht aller Änderungen einsehen.

e) Die einzige Möglichkeit besteht darin, in die Datenbank zu schauen und die Änderung dort rückgängig zu machen.

Der in der Frage beschriebene Fall wird sicher hin und wieder eintreten, und handelt es sich nur um einige Rechtschreibfehler, lässt sich der Inhalt natürlich rasch manuell korrigieren. Was aber, wenn Absätze gelöscht oder Bilder ausgetauscht wurden? Die Wiederherstellung gestaltet sich dann schwierig.

Glücklicherweise zeichnet TYPO3 alle Änderungen an Inhaltselementen auf und stellt eine Funktionalität bereit, um solche Änderungen Schritt für Schritt rückgängig zu machen. Befinden Sie sich beispielsweise im Modul List, klicken Sie auf das mit einer roten Uhr versehene Dokument-Symbol rechts neben dem Titel eines Datensatzes, um die sogenannte *Record History* einzusehen.

In dieser History werden pro Änderungsvorgang Bearbeiter, betroffene Tabelle und Änderungen dargestellt – per Mausklick schalten Sie zu jeder Vorversion zurück (dieser Vorgang wird auch als *Rollback* bezeichnet). In dieselbe Listendarstellung gelangen Sie übrigens auch, wenn Sie im Modul Info im Changelog (Funktion Log) am Ende einer Zeile das entsprechende Record-History-Icon anklicken.

Zudem bietet das Modul Admin tools mit dem *Administration Log* eine ähnliche Funktion wie das Changelog. Allerdings nur bis zur TYPO3-Version 6.1 – seit 6.2 LTS befindet sich diese Funktion im Modul System.

Damit sind die Antworten b) und d) richtig.

6.1.11 Sie haben den Eindruck, dass sich jemand unrechtmäßig mit Ihrem TYPO3-Account eingeloggt hat. Wie können Sie das überprüfen? (2)

a) Im Modul System ▸ Log können Sie sehen, wann sich jemand mit Ihrem Account eingeloggt hat.

b) In Ihren User-Settings können Sie einstellen, dass Sie eine E-Mail erhalten, sobald sich jemand mit Ihrem Account einloggt.

c) Die Überprüfung ist nur in der Datenbank in der Tabelle `sys_log` möglich.

d) Außer einer Änderung Ihres Passworts können Sie leider nichts unternehmen.

e) Sobald Sie sich einloggen, wird die Zeit (und IP) des letzten Logins angezeigt.

Auch ohne konkrete Verdachtsmomente bezüglich unrechtmäßiger Logins ist es sinnvoll, regelmäßig zu überprüfen, wer sich wann eingeloggt hat. Häufige, fehlgeschlagene Login-Versuche können z.B. auf einen Einbruchsversuch hindeuten. Im Modul Admin tools ▸ Log werden alle Logins, erfolgreich oder nicht, übersichtlich dargestellt; darüber hinaus lässt sich dort nachvollziehen, welche Änderungen von welchem Benutzer vorgenommen wurden.

All diese Informationen sind auch direkt aus der Datenbank zu ersehen, allerdings ist ein Nachforschen in den Datenbanktabellen nicht die einzige (und sicher nicht die bequemste) Lösung. Darum ist Antwort c) falsch.

Haben Sie nun tatsächlich den Verdacht, dass ein anderer im Besitz Ihrer Account-Zugangsdaten ist, so sorgen Sie durch Aktivierung der Checkbox Notify me by email ▸ when somebody logs in from my account (in den User-Settings) dafür, dass Sie eine E-Mail erhalten, wenn sich jemand mit Ihren Account-Daten einloggt.

Auch wenn die unter e) gelistete Möglichkeit praktisch wäre, so ist sie bislang nicht in TYPO3 integriert worden.

Richtig sind somit die Antworten a) und b).

6.1.12 Sie haben Administratorrechte und wollen im Backend umfangreiche Änderungen vornehmen. Dazu darf gleichzeitig aber kein anderer User eingeloggt sein. Wie gehen Sie vor? (1)

a) Sie schreiben allen Backend-Benutzern eine Mail und bitten sie, sich nicht einzuloggen.

b) Sie ändern die Passwörter aller Backend-Benutzer und halten die neuen Passwörter erst einmal unter Verschluss.

c) Sie benennen das Verzeichnis `typo3` um und geben die URL vorerst nicht weiter.

d) Sie versetzen das Backend in einen Admin-only-Zustand.

e) Sie rufen das Backend mit dem GET-Parameter `&adminOnly=1` auf.

Wenn Sie größere Umstrukturierungen im Backend vornehmen oder andere umfangreiche Arbeiten zu verrichten haben, kann es sehr störend sein, wenn sich währenddessen andere Benutzer einloggen. Diese könnten gerade eben von Ihnen vorgenommene Änderungen beispielsweise wieder rückgängig machen oder auf Bereiche zugreifen, deren Zugriffsrechte Sie gerade im Begriff sind zu ändern.

Natürlich wäre es möglich, nun allen Benutzern eine E-Mail zu schreiben – ein Unterfangen, das aber weder zügig durchzuführen, noch wirklich sinnvoll ist.[1] Auch eine Änderung der Passwörter ist sicher keine praktikable Lösung, ebensowenig das Umbenennen des Verzeichnisses `typo3`. Letzteres ist zwar möglich, dies erfordert, damit TYPO3 lauffähig bleibt, aber weitere Änderungen am System und ist hier zudem nicht zielführend.

Mittel der Wahl ist es, das Backend – wie in Antwort d) beschrieben – in einen Admin-only-Zustand zu bringen. Aktivieren Sie nämlich die Option

```
$TYPO3_CONF_VARS['BE'][adminOnly]
```

im Install Tool, können sich nur noch Benutzer mit Administratorrechten ins Backend einloggen.

Richtig ist also ausschließlich Antwort d).

1 Eventuell könnten Sie die Systemextension *sys_messages* verwenden – sicherstellen, dass sich niemand im Backend einloggt, können Sie so aber nicht.

6.2 Module

Die meisten Arbeiten im Backend finden in Modulen und Untermodulen statt. So gibt es in einer Standard-Installation folgende Module im Backend:

Web
: Submodule: Page, View, List, Template, Access, Info, Functions

Filc
: Submodul: Filelist

User tools
: Submodule: User settings

Admin tools
: Submodule: Language, Extension Manager

System
: Submodule: Backend Users, Install, Reports, DB check, Configuration, Log

Help
: Submodule: About TYPO3 CMS, Documentation, TYPO3 Manual, About Modules

Es werden Ihnen in den folgenden Fragen vielleicht nicht alle, jedoch die meisten dieser Module begegnen. Denken Sie daran, dass in der Prüfung ausschließlich englische Bezeichnungen verwendet werden! Nutzen Sie für Ihre Prüfungsvorbereitung also auf jeden Fall ein englisches Backend, falls Sie im Alltag nur mit einem deutschen arbeiten.

6.2.1 In welchen Modulen ist es möglich, TypoScript-Setup-Code einzugeben? (2)

a) Web ▸ Page

b) Web ▸ List

c) Web ▸ Template

d) Web ▸ TemplaVoilà

e) Web ▸ TypoScript

TypoScript-Setup-Templates spielen eine so zentrale Rolle in der Arbeit mit TYPO3, dass sie in einem eigenen Submodul Web ▸ Template verwaltet und bearbeitet werden können.

Auch ein TypoScript-Template ist in einem Eintrag in der Datenbanktabelle `sys_templates` repräsentiert, in der die einzelnen Bestandteile (wie die ID der Seite, auf der das Template liegt, Titel, Setup, Constants, Resources und Flags) gespeichert werden. Diese Tabelle ist auch im Submodul Web ▸ List zugänglich, somit sind also die Antworten b) und c) korrekt.

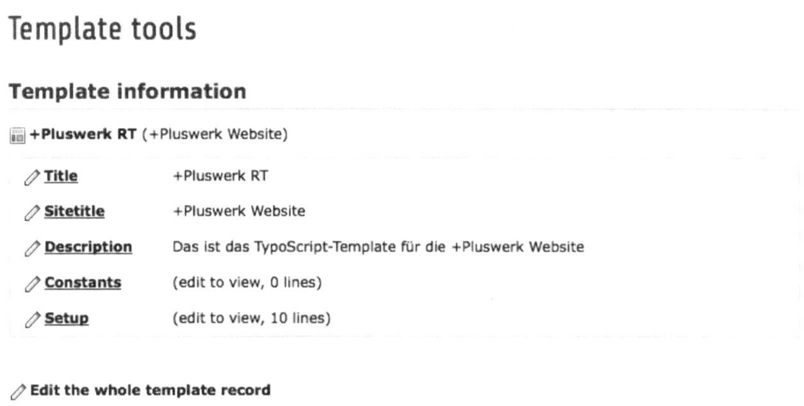

Abbildung 6.6: Die Template Tools in Web ▸ Template

6.2.2 Ist es möglich, mehrere Seiten auf einmal anzulegen? (1)

a) Nein, es muss immer eine Seite nach der anderen angelegt werden.

b) Ja, mit einem Rechtsklick auf die Startseite und dann über das Menü Page-Generator.

c) Ja, mit einem Rechtsklick auf eine beliebige Seite im Seitenbaum und Auswahl von Web ▸ List.

d) Ja, über das Modul Functions.

e) Ja, über das Modul List.

Vor allem zu Beginn der Arbeit an einer neuen Website möchte man oft mehrere Seiten gleichzeitig anlegen. TYPO3 bietet hierfür einen Wizard, mit dem Sie bis zu neun Seiten in einem Schritt generieren.

Den Wizard erreichen Sie über das Submodul Functions. Technisch ist er in der Systemextension *wizard_crpages* realisiert, die Sie eventuell erst im Extension Manager aktivieren müssen. Der Wizard bietet auch die Möglichkeit, auszuwählen, ob die neuen Seiten „versteckt" angelegt werden sollen.

Richtig ist ausschließlich Antwort d), alle anderen sind natürlich falsch.

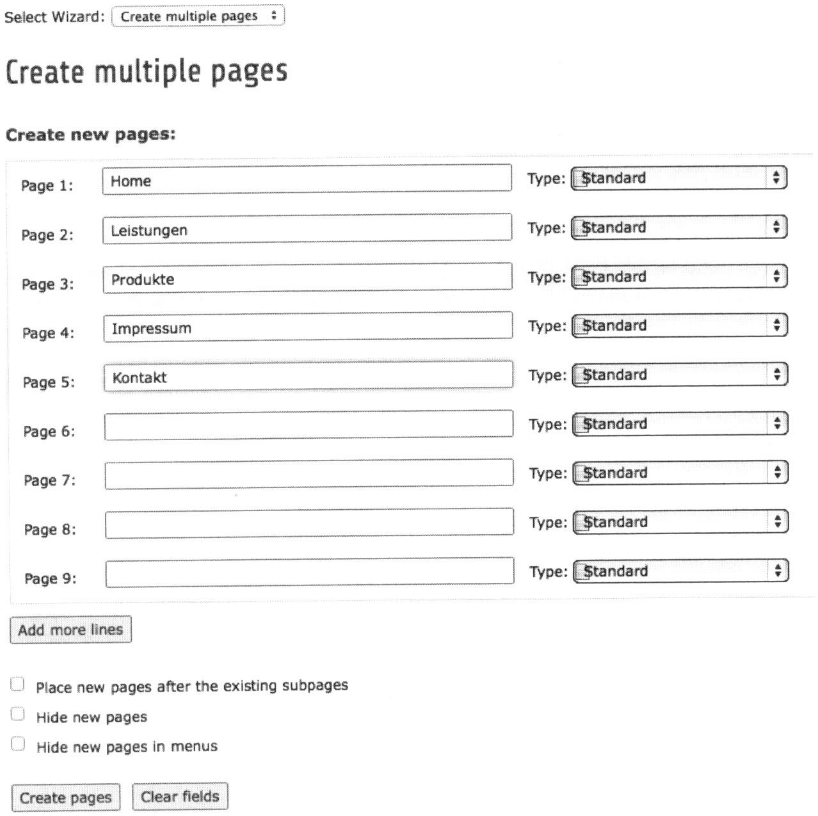

Abbildung 6.7: Der Wizard zum Anlegen neuer Seiten

6.2.3 Ist es möglich, alle Seiten derselben Ebene im Backend gleichzeitig zu sortieren, und wenn ja, wie? (1)

a) Ja, die Seiten können im Install Tool im Wizard Page Functions sortiert werden.

b) Ja, die Seiten können im Seitenbaum per Drag&Drop alle auf einmal sortiert werden.

c) Nein, es können immer nur einzelne Seiten sortiert werden, z.B. über Drag&Drop.

d) Ja, über das Modul Functions.

e) Ja, über dem Seitenbaum befindet sich eine Sortierfunktion.

Bei Erstellung eines umfangreichen Seitenbaums wird es eventuell notwendig, die Seiten nach bestimmten Kriterien zu sortieren. Dieses Unterfangen von Hand bewältigen zu wollen, ist wohl in den wenigsten Fällen sinnvoll, weil zu umständlich und fehleranfällig.

Das Modul Functions bietet hierfür einen Wizard namens Sort pages, der eine schnelle, differenzierte Sortierung erlaubt; technisch realisiert in der Systemextension *wizard_sortpages*, die Sie u.U. erst aktivieren müssen. Mit diesem Wizard können Sie alle Seiten derselben Ebene nach Kriterien wie Seitentitel, Untertitel, Veränderungszeit oder Erstellungszeitstempel sortieren.

Richtig ist also Antwort d).

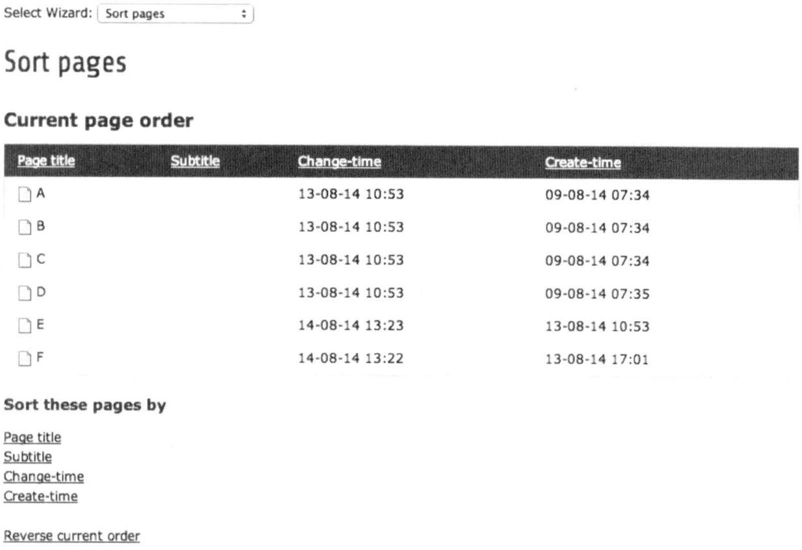

Abbildung 6.8: Der Wizard zum Sortieren von Seiten

6.2.4 Es ist auf jeder Seite möglich, einen TypoScript-Code einzutragen, der als Page TSconfig oder Page TypoScript Config bezeichnet wird. Wo finden Sie eine Übersicht über alle verwendeten Skripte? (1)

a) Im TSOB (TypoScript Object Browser).

b) Über die Extension *All TSconfig*.

c) Über das Modul Web ▸ Info.

d) Man muss die Seiteneigenschaften jeder einzelnen Seite aufrufen.

e) Im Modul Admin tools ▸ Configuration.

Mit der Platzierung vieler Page-TSconfig-Skripte auf verschiedenen Seiten geht schnell der Überblick darüber verloren, wo welche Einstellung getroffen wurde. Zudem kann jede Extension eigene Skripte einbringen, so dass eine Übersicht über alle Skripte hilfreich, oft sogar notwendig ist.

Der Ansatz in Antwort d) ist zwar nicht falsch, jedoch unnötig umständlich. Auf diese Weise erhält man immer nur das Page TSconfig der aktuellen Seite, gefragt ist aber nach einer Übersicht! Daher ist die Antwort selbst falsch.

Der TSOB stellt lediglich TypoScript-Setup und -Constants dar, ist also für unsere Fragestellung ebenso ungeeignet. Die in Antwort b) genannte Extension existiert nicht.

Im Modul Web ▸ Info kann jedoch im Pulldown-Menü Page TSconfig ausgewählt werden – so ist es möglich, alle vorhandenen TypoScript-Skripte unter Verwendung einer Vielzahl von Filter- und Sortierfunktionen einzusehen.

Richtig ist somit Antwort c).

6.2.5 Sie wollen einen anderen Backend-Benutzer kontaktieren, verfügen aber nicht über Administratorrechte, um seine E-Mail-Adresse zu ermitteln. Wie gehen Sie vor? (1)

a) Sie warten, bis sich der Benutzer einloggt, und schicken ihm dann über das in TYPO3 eingebaute Messaging-System eine Nachricht.

b) Sie schicken ihm über das Task-Center eine E-Mail.

c) Sie entnehmen die E-Mail-Adresse unter Verwendung der Extension phpMyAdmin der Datenbanktabelle be_users.

d) Die einzige Möglichkeit besteht darin, dem Administrator eine E-Mail zu schicken, mit der Bitte, diese an den Benutzer weiterzuleiten.

In Mehrbenutzerumgebungen ist es naheliegend, dass ein Benutzer einem anderen etwas mitteilen möchte – ein internes Kommunikationssystem wäre dafür praktisch. TYPO3 bietet eine solche Funktion – wenig bekannt und darum selten eingesetzt – im Modul Task Center. Nachdem Sie die Extension *sys_messages* nachinstalliert haben (die Extension war früher Teil von TYPO3 und kann nun über das TYPO3 Extension Repository bezogen werden), gibt es im Task Center einen Menüpunkt Messages, mit dem Sie intern E-Mails versenden, empfangen und archivieren können. Zum initialen Installieren der Extension benötigen Sie Administratorrechte. Die Benutzung selbst ist auch als Nicht-Administrator möglich.

Die Extension *phpMyAdmin* ist übrigens nur für Benutzer mit Administratorrechten zugänglich, daher ist Antwort c) falsch, obwohl man so an die gewünschte Information gelangen würde.

Richtig ist also nur Antwort b).

6.2.6 Sie möchten eine Liste aller Frontend-Benutzer anzeigen lassen, die ihren Wohnort in München haben. Ist das möglich und, wenn ja, wie? (3)

a) Über die Extension *phpMyAdmin*.

b) Das ist nicht möglich, da ein direkter Zugang zur Datenbank von TYPO3 unterbunden wird.

c) Im Modul List können Sie sich die Frontend-Benutzer anzeigen lassen und sie dann im Single Table View nach dem Wohnort sortieren.

d) Über eine sogenannte Action können Sie einen speziellen SQL-Query erstellen, der im Task Center die gewünschte Information liefert.

e) Dafür muss eine eigene Extension geschrieben werden.

Um bestimmte Daten in der o.g. Form aufzubereiten, ließe sich natürlich eine Extension schreiben, das zählt jedoch nicht zu den Aufgaben eines TYPO3 Integrators und ist auch nicht notwendig.

Wie in Antwort c) vorgeschlagen, lassen sich im Modul List Benutzer sortiert darstellen, dabei werden aber alle Datensätze angezeigt, nicht nur die gesuchten (zudem kann die Anfrage nicht gespeichert werden). Die Antwort ist aber prinzipiell richtig.

Ebenfalls richtig ist a), obwohl die Verwendung von *phpMyAdmin* zum o.g. Zweck umfangreiche SQL-Kenntnisse erfordert. Den elegantesten Weg zur gewünschten Liste beschreibt Antwort d): Mit einer sogenannten *Action* können Sie per Mausklick eine SQL-Abfrage zusammenstellen, die als Ergebnis z.B. eine Liste aller Frontend-Benutzer liefert, bei denen im Datensatzfeld `city` der Text München steht.

Die SQL-Abfrage steht ab diesem Zeitpunkt allen Administratoren und den Benutzern der im Rahmen der *Action* konfigurierten Benutzergruppen auf Knopfdruck zur Verfügung.

Zusammenfassend sind also die Antworten a), c) und d) richtig.

6.3 Benutzerverwaltung

TYPO3 ist ein leistungsfähiges Mehrbenutzersystem, dessen komplexe Benutzerverwaltung Ihnen die Möglichkeit gibt, detaillierte Einstellungen zu Benutzern und Benutzergruppen sowie Benutzerrechte zu allen Elementen differenziert zu definieren. Voraussetzung ist, dass Sie Logik und Anwendung der TYPO3-Benutzerverwaltung routiniert beherrschen.

6.3.1 Wie können Sie einen neuen Backend-Benutzer anlegen? (2)

a) In TYPO3 können keine weiteren Backend-Benutzer angelegt werden, nur Frontend-Benutzer.

b) Durch Rechtsklick auf die Seite mit dem Weltkugel-Symbol und Auswahl von New ▸ Backend User.

c) Im Modul Page

d) Im Modul List

e) Im Modul User Admin

f) Im Modul System

g) Im Modul Admin Tools

Natürlich lassen sich in TYPO3 beliebig viele Backend-Benutzer anlegen. Das Modul Page dient aber ausschließlich der Verwaltung der Seiteneigenschaften und Seiteninhalte – ein Backend-Benutzer ist dagegen durch einen Datensatz in der Tabelle be_users repräsentiert.

Antwort d) liegt deshalb nahe, da Datensätze jeglichen Typs grundsätzlich im Modul List gepflegt werden. Schließlich können Sie Backend-Benutzer auch im Modul System ▸ Backend users pflegen – dieses Modul ist allerdings nur verfügbar, wenn Sie über Administratorrechte verfügen.

Richtig sind also die Antworten d) und f).

Abbildung 6.9: Ein Backend-User-Datensatz in Siteroot

6.3.2 Was ist ein DB-Mount und wie wird er eingerichtet? (3)

a) Mit einem DB-Mount können weitere Datenbanken mit TYPO3 verbunden (gemountet) werden.

b) Die Datenbank, die TYPO3 verwendet (meist MySQL), wird über den DB-Mount an das Kernsystem angebunden.

c) Mit einem DB-Mount kann der Zugriff auf die Datenbank für Benutzer und Gruppen eingeschränkt werden.

d) Mit einem DB-Mount kann der Zugriff auf den Seitenbaum für Benutzer eingeschränkt werden.

e) Er wird in der Backend-Gruppen-Konfiguration eingerichtet.

f) Er wird in der Backend-Benutzer-Konfiguration eingerichtet.

g) Er wird im Install Tool im Abschnitt Database Analyser eingerichtet.

h) Er wird im Modul DB Check eingerichtet.

Tatsächlich ist die Bezeichnung *DB-Mount* irreführend, denn man assoziiert mit dem Begriff zunächst wohl eine Technologie, die mit dem Datenbank(management)system in Verbindung steht. Alle Antworten, die sich in irgendeiner Form auf TYPO3-eigene oder externe Datenbanken beziehen, sind aber falsch.[2]

Richtig ist vielmehr, dass sich über einen DB-Mount jene Abschnitte im Seitenbaum angeben lassen, auf die ein Benutzer Zugriff haben soll; der Rest des Baums ist für ihn dann unsichtbar. Eine Bezeichnung wie *Tree-Mount* träfe die Funktion also eigentlich besser. Ob der Benutzer den Teilbaum wirklich zur Ansicht bekommt und verändern kann, wird darüber hinaus über die Benutzerrechte gesteuert.

Ein solcher DB-Mount lässt sich in Bezug auf Benutzer und Benutzergruppen definieren, so dass die Antworten d), e) und f) richtig sind.

6.3.3 Sie haben den DB-Mount für einen Benutzer korrekt eingerichtet, dem Benutzer werden aber keine Seiten angezeigt. Was ist der Grund? (1)

a) Sie müssen das Flag `admin` in den Benutzereinstellungen setzen, da nur Administratoren-Benutzer auf DB-Mounts zugreifen dürfen.

b) Sie müssen eine Benutzergruppe anlegen und den User dieser Gruppe zuordnen.

c) Im Modul Access müssen Leserechte für die entsprechenden Seiten eingerichtet werden.

d) In den excludelists muss die Sichtbarkeit erst konfiguriert werden.

e) Sie müssen die Funktion erst im User TSconfig freischalten.

2 Dass und wie weitere Datenbanken an TYPO3 angebunden werden, sollte Ihnen geläufig sein.

Ein DB-Mount schränkt die Ansicht auf den Seitenbaum ein: Hätte der Benutzer die nötigen Rechte, bekäme er die mittels DB-Mount vorher definierten Seiten zur Ansicht (und sonst keine). Standardmäßig besitzt die Schreib- und Leserechte für eine Seite nur der Benutzer, der sie angelegt hat, und seine Standardbenutzergruppe (die auch leer sein kann). Hat also z.B. der Administrator die Seiten angelegt, kann der Benutzer zunächst nicht darauf zugreifen.

Diese Einstellung ist änderbar, indem Sie im Submodul Access die entsprechenden Rechte für die jeweils anzuzeigenden Seiten vergeben, und zwar für den Besitzer und die Gruppe einer jeden Seite. Diese Zuweisung können Sie für jeden beliebigen Benutzer durchführen, er benötigt dazu keine Admin-Rechte. Eine Gruppe ist nicht notwendig – der Einsatz von Gruppen aber meist nützlich und deshalb empfehlenswert. Die beiden letzten Antworten sind ebenfalls falsch, somit bleibt Antwort c) als einzig richtige.

6.3.4 Welche Bereiche sind notwendig, um Benutzerrechte für Backend-Benutzer auf sinnvolle Weise einzurichten? (4)

a) Backend-Benutzer-Verwaltung

b) Modul System

c) Backend-Gruppen-Verwaltung

d) Modul User Settings

e) Modul Access

f) Modul User Admin

TYPO3 nutzt das vielfach bewährte Konzept der Gruppenkonfiguration, um Benutzerrechte einzurichten. Für komplexere Systeme ist es nicht sinnvoll, Benutzerrechte auf Benutzerebene zu vergeben: Existiert nur ein Benutzer, mag das noch gut funktionieren, sind es allerdings mehrere, die sich bestimmte Bereiche teilen (wie das klassischerweise bei einem CMS mit der Arbeitsteilung Redakteur/Chefredakteur der Fall ist), würde das Hinzufügen oder Entfernen von Benutzern schnell zum Problem werden.

Aus diesem Grund setzt die Benutzerverwaltung in TYPO3 auf eine Gruppenverwaltung, nur für spezielle Einstellungen (wie Mount-Points) dann auf die Benutzerverwaltung. Im Modul System ▸ Backend users ruft man die Backend-Benutzerverwaltung auf, im Modul Access lassen sich Zugriffsrechte auf Seitenebene vergeben. Nur das Modul User Settings spielt bei der Einstellung von Benutzerrechten keine Rolle, da es lediglich der Konfiguration jenes Users dient, als der man gerade arbeitet.

Richtig sind folglich die Antworten a), b), c) und e).

6.3.5 In Ihrem System sind mehrere Backend-Benutzer angelegt. Wie rufen Sie eine übersichtliche Zusammenfassung der Informationen über diese Benutzer ab (z.B. zugewiesene Rechte oder Filemounts)? (1)

a) Im Modul Info

b) Im Modul User Admin

c) Im Modul Backend users

d) Im Modul List

e) Über die Extension User Comparison

Eventuell existiert eine Extension, die eine Benutzer-Übersicht liefert, allerdings ist uns die in e) genannte nicht bekannt. Für das geforderte Ergebnis ist es außerdem nicht nötig, eine Extension zu bemühen.

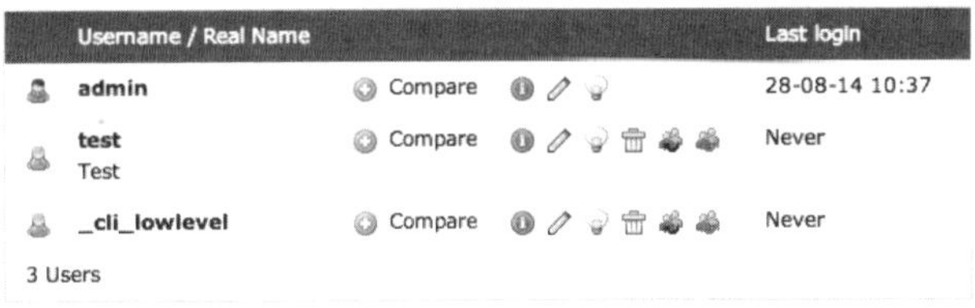

Abbildung 6.10: Liste der Backend-Benutzer im Modul User Admin

Über das Modul List können Sie auf die Benutzerinformationen und -rechte zugreifen, allerdings nur für den jeweils gewählten Benutzer und nicht in Form einer Übersicht. Das Modul Info wiederum liefert allerlei nützliche Informationen, aber leider keine über die Backend-User. Bleibt also nur Antwort b) als richtige: Im Modul User Admin können Sie die Informationen per Mausklick auswählen, die Sie vergleichen wollen, und erhalten eine übersichtliche Liste aller Benutzer samt der gewünschten

Informationen. Zusätzlich lassen sich hier Benutzer und Gruppen auch editieren.

6.3.6 Warum werden Passwörter von Backend-Benutzern MD5-verschlüsselt abgelegt? (1)

a) Aus Sicherheitsgründen, da die Passwörter so nicht ermittelt werden können.

b) Die Passwörter sind nicht verschlüsselt, da sie ja vom Benutzer geändert werden können.

c) Aus Gründen der Performance wurde eine schnelle Verschüsselung wie MD5 gewählt. Der Login erfolgt somit schneller.

d) Da beispielsweise LDAP und OpenID nur mit MD5-Passwörtern arbeiten, hat man sich entschieden, das aus Gründen der Kompatibilität in TYPO3 ebenfalls so zu handhaben.

e) Laut GPL müssen Passwörter von Open-Source-Applikationen immer verschlüsselt abgelegt werden.

Betrachten Sie die Datenbanktabelle `be_users`, so stellen Sie fest, dass die dort gespeicherten Passwörter tatsächlich MD5-verschlüsselt sind. Der Algorithmus MD5 ist irreversibel – d.h., aus dem verschlüsselten Passwort lässt sich das Ausgangspasswort nicht errechnen oder erschließen. Genau genommen ist der Algorithmus kein Verschlüsselungsverfahren, vielmehr erzeugt er einen Hashwert. Wir verwenden hier die beiden Begriffe synonym, da das Ergebnis einer Verschlüsselung gleicht und auch so genutzt wird: Das vom Benutzer eingegebene Passwort wird MD5-verschlüsselt und mit dem gespeicherten Hash verglichen – sind beide Strings gleich, ist die Authentifizierung erfolgreich.

Diese Form der Verschlüsselung wurde für Backend-Passwörter gewählt, da ein User, sollte er z.B. durch SQL-Injection die Gelegenheit haben, die Datenbank auszulesen, in der Folge nicht die Möglichkeit erlangen darf, die so erhaltenen Passwörter zu entschlüsseln. Für Frontend-Benutzer sind solche Sicherheitsbedenken weniger dringlich, außerdem soll aus Gründen der Benutzerfreundlichkeit meist eine Funktion wie *Passwort vergessen? Wir senden es Ihnen zu* vorhanden sein. Allgemein erfolgt die Verwendung der Verschlüsselung aus Sicherheitsgründen.

Antwort a) ist somit die einzig richtige.

6.3.7 Welche Aufgabe hat der Encryption Key, den Sie im Install Tool festlegen? (1)

a) Der Key wird bei der Errechnung des cHash-Wertes durch TYPO3 herangezogen.

b) Während der Verschlüsselung von Passwörtern wird der Key bei der Berechnung miteingerechnet.

c) Er ist das Superadmin-Passwort, für den Fall, dass der Admin sein Passwort vergessen sollte.

d) Sämtliche Seiten im Cache werden mit dem Encryption Key verschlüsselt, damit sie nicht ausgelesen werden können.

e) Mit dem Encryption Key werden die Inhalte der Datenbank verschlüsselt, um sie so zu schützen.

Für bestimmte Bereiche ist die Verwendung von MD5 in TYPO3 nützlich und wichtig, wie wir in der letzten Frage bereits gesehen haben. Backend-Passwörter werden beispielsweise mittels MD5 verschlüsselt, um so aus dem Hashwert nicht mehr ermittelt werden zu können.

Wenn Sie nun aber eine sehr große Anzahl an Plaintext-Passwörtern mittels MD5 verschlüsseln, könnte jemand, sofern er an ein bekanntes verschlüsseltes Passwort gelangt, dieses mit dem gespeicherten vergleichen. Früher oder später fände sich eine Übereinstimmung, und so wüsste derjenige, welches Plaintext-Passwort dem verschlüsselten entspricht.[3]

Daher wurde als zusätzlicher Sicherheitsfaktor der sogenannte *Encryption Key* eingeführt, der jedoch bislang nur bei der Berechnung der cHash-Werte verwendet wird, nicht aber bei der Speicherung der Backend-Passwörter. Ein cHash ist ein MD5-Hash aus der Kombination der pro Aufruf übertragenen `GET`-Parameter. Beim Caching beispielsweise wird dieser Wert zusätzlich zu den `GET`-Parametern in der Datenbank gespeichert. Dadurch wird sichergestellt, dass die Parameter nicht manipuliert werden können. Denn bei einer Manipulation müsste der cHash-Wert ebenfalls mitgegeben werden, was wiederum nicht möglich ist, da der Angreifer den Encryption Key nicht kennt.

Dieser Key, der bei jeder TYPO3-Installation einzigartig sein sollte, wird, wie bereits erwähnt, nicht bei der Speicherung von Backend-Passwörtern eingesetzt. Dafür steht seit einiger Zeit die Extension *t3sec_saltedpw*

3 Stichwort: *Rainbow Table*

zur Verfügung, die diesen Mangel behebt. Der Encryption Key wird übrigens auch als *Salt* bezeichnet, also als „Salz“, das die Verschlüsselung „würzt“, d.h. einzigartig macht.

Damit ist nur Antwort a) richtig.

Abbildung 6.11: Der Encryption Key wird im Install Tool festgelegt

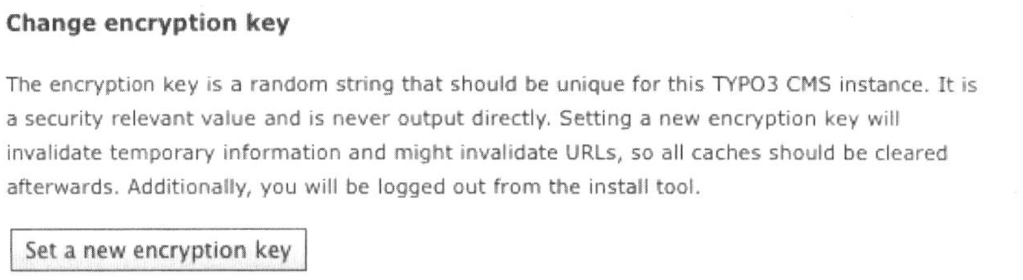

6.3.8 Was wird benötigt, damit ein Benutzer zwar Inhalte einer Seite verändern darf, nicht aber die Seite selbst? (3)

a) Entsprechende Einstellungen in den User-Settings

b) Korrekte Einstellungen in der AccessList der Benutzergruppe

c) Ein entsprechender Filemount

d) Geeignete Rechte im Modul Access

e) Angaben im User TSconfig

f) Ein DB-Mount

Das Verfahren zur Benutzerrechteverwaltung in TYPO3 ist sehr komplex. Zunächst kann sowohl Benutzern als auch Benutzergruppen ein DB-Mount zugewiesen werden. So wird die Sicht des Benutzers auf den Seitenbaum eingeschränkt (es werden also z.B. Seiten explizit ein- oder ausgeblendet) – Antwort f) ist damit richtig.

Sind Seiten eingeblendet, kann der Benutzer diese Seiten lediglich sehen – zusätzlich lassen sich aber in der sogenannten *AccessList* detailliert Rechte vergeben, die bestimmen, ob ein Benutzer eine bestimmte Tabelle sehen und/oder bearbeiten kann. Damit ist Antwort b) also auch korrekt.

Schließlich aber werden über das Modul Access fünf mögliche Rechteklassen auf Seitenebene vergeben:

Show page
: Anzeige und Kopie von Seite und Inhalten

Edit content
: Verändern, Zufügen, Löschen und Bewegen von Inhalten

Edit page
: Verändern von Seiten und Seiteneigenschaften, Bewegen von Seiten

Delete page
: Löschen von Seiten und Seiteninhalten

New pages
: Anlegen neuer Seiten unterhalb der aktuellen

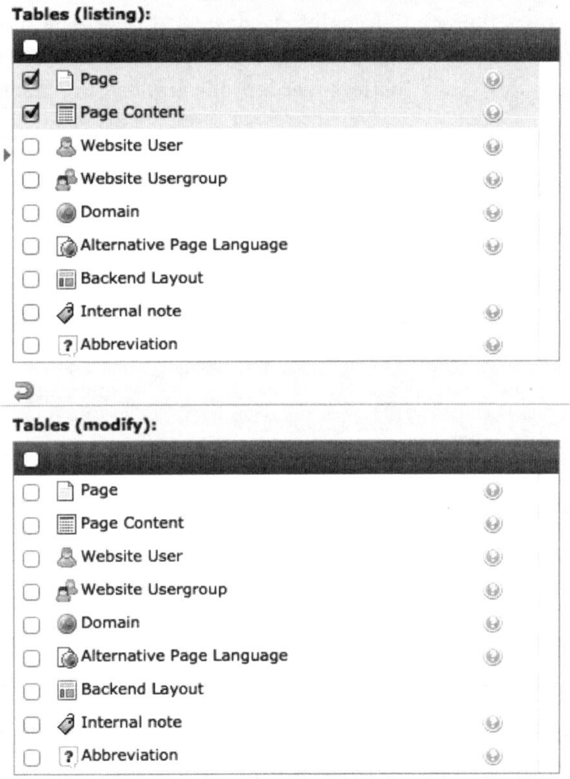

Abbildung 6.12: Einstellungen in der AccessList der Usergruppe

Die beiden erstgenannten Rechte müssten für den Benutzer und/oder die Benutzergruppe gesetzt sein, damit die oben gestellte Aufgabe gelöst ist.

Damit sind die Antworten b), d) und f) richtig.

6.3.9 Wie kann man sich schnell einen Überblick darüber verschaffen, welche Benutzer welche Rechte im Seitenbaum haben? (1)

a) Über das Modul Access

b) Über das Modul Info

c) Über das Modul Admin tools

d) Über das Modul System

e) Über das Install Tool

Um sich einen schnellen Überblick über die vergebenen Rechte für User und Gruppen zu verschaffen, gibt es das Modul Access, das detailliert über die Rechte aller Seiten Auskunft gibt. Über die Einstellung Depth kann die Tiefe der Level justiert werden, bis zu der die Anzeige erfolgen soll.

Richtig ist also Antwort a).

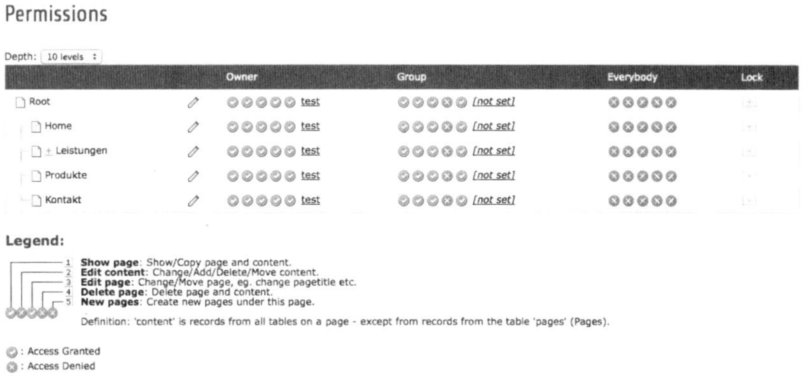

Abbildung 6.13: Über die Funktion Permissions lassen sich Zugriffsrechte detailliert einstellen

6.3.10 Ist es möglich, die Bearbeitung einer Seite mitsamt Inhalten nur für Benutzer zuzulassen, die über Administratorrechte verfügen? (2)

a) Nein, das ist nicht möglich.

b) Nein, das ist nicht notwendig, da Admins sowieso über alle Rechte verfügen.

c) Nur, wenn die Benutzer der Gruppe Administratoren angehören.

d) Ja, es gibt eine Einstellung Lock im Modul Access.

e) Ja, über eine Einstellung im User TSconfig:

`restrictEditingForNonAdmin`

f) Über die Einstellung Editable for Admins Only in den Seiteneigenschaften.

Wer differenzierte Benutzerrechte vergibt, steht schnell vor der Aufgabe, bei bestimmten Seiten die Bearbeitung durch Nicht-Admins – also Benutzer, die nicht über Administratorrechte verfügen – zu verbieten. Nun ließen sich all diese Seiten explizit von den Permissions ausnehmen, indem alle zugeordneten Benutzer und Gruppen dort entfernt werden. Oder indem man gar eine eigene Gruppe für Administratoren anlegt und dieser die Seiten zuordnet. Das ist die sauberste Lösung und diese wird prinzipiell auch empfohlen.

Es geht aber noch einfacher: In der Ansicht des Moduls Access lässt sich ganz rechts das Pluszeichen in der Spalte Lock anklicken; damit ist ausschließlich Administratoren die Bearbeitung dieser Seite möglich. Dasselbe erreichen Sie in den Seiteneigenschaften auf dem Tab Behaviour – hier gibt es die Einstellung Editable for Admins Only.

Demnach sind die Antworten d) und f) richtig.

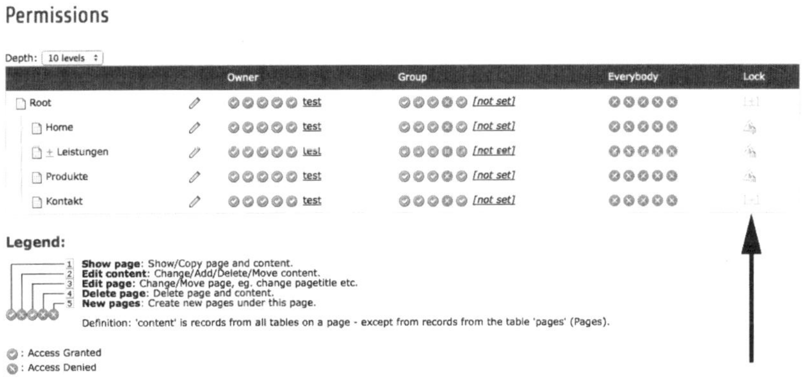

Abbildung 6.14: In der Funktion Permissions lässt sich ein Lock festlegen

6.3.11 Wo kann man die Zugriffsrechte einer Seite einstellen? (2)

a) Im Modul Access

b) Im Modul List

c) Im Modul Permissions

d) Im Modul Web

Zur Steigerung der Produktivität ist es auch in TYPO3 wichtig, dass alle Funktionen dort zur Verfügung stehen, wo sie benötigt werden. Prinzipiell ist das Modul Access für Zugriffsrechte zuständig. Das ist insofern sinnvoll, als es dadurch einen dedizierten Bereich gibt, in dem alles erledigt werden kann, was mit der Vergabe von Rechten zu tun hat.

Abbildung 6.15: Die Zugriffsrechte einer Seite lassen sich auch in der Funktion Permissions des Moduls Access einstellen

Nun mag es aber vorkommen, dass Sie gerade in anderen TYPO3-Bereichen arbeiten und dabei feststellen, dass das eine oder andere Recht geändert werden muss. An dieser Stelle müssten Sie nun von Ihrem bisher verwendeten in ein anderes Modul wechseln – das Modul Access – um dort wiederum die Seite aufzurufen, die Sie soeben editiert hatten... Deutlich komfortabler wäre es, wenn Sie per Klick sofort ins Access-Modul einer Seite wechseln könnten. Genau dies erlaubt das Modul List: Durch einen Klick auf das Schloss-Symbol gelangen Sie direkt zur Rechtevergabe für die jeweilige Seite. Somit sind die Antworten a) und b) richtig.

6.3.12 Sie haben einen Backend-Benutzer eingerichtet und wollen nun seine Benutzerrechte testen. Wie geht das am besten? (1)

a) Sie loggen sich mit den Zugangsdaten des Benutzers ein.

b) Sie wechseln zum neuen Benutzer über das Modul Backend users.

c) Sie verwenden die Extension Simulate User.

d) In der Datei `LocalConfiguration.php` kann der zu simulierende User eingetragen werden.

e) Im Admin Panel kann der zu simulierende User eingetragen werden.

f) Sie wählen den User im Modul User settings ▸ Simulate backend user aus.

Wer einen Benutzer angelegt und detaillierte Rechte vergeben hat, will sich vergewissern, dass die Einstellungen korrekt sind. Dafür sind umfangreiche Tests einzuplanen, ein bloßes Betrachten der Einstellungsdialoge dürfte nicht ausreichen. Daher ist es wichtig, die Einstellungen in der Benutzerrolle zu testen.

Antwort a) liegt nahe, doch müsste dafür das Passwort bekannt sein. Wurde der Benutzeraccount soeben neu angelegt, mag das kein Problem sein, hat der Benutzer sein Passwort zwischenzeitlich aber geändert, wird es kompliziert. Es ist also deutlich praktischer, einfach per Mausklick zum anderen Benutzer umzuschalten, wie in Antwort b) dargestellt. Dabei bleibt einem sogar die Wahl, sich nach Abmeldung aus dem neuen Account wieder im ursprünglichen Account wiederzufinden oder endgültig zum anderen Benutzer zu werden.

Die in Antwort c) genannte Extension dagegen gibt es nicht, ebenso wenig können in der Datei `LocalConfiguration.php` Benutzer zur Simulation eingetragen werden. Im Admin Panel schließlich gäbe es zwar die Möglichkeit, eine Gruppe zu simulieren – allerdings nur eine Frontend-Benutzergruppe und nicht einen Backend-Benutzer, wie es die Fragestellung erfordert.

Im Modul User settings wiederum gibt es für Admin-Benutzer die Funktion Simulate backend user – sobald hier ein User ausgewählt wird, wird dieser simuliert – allerdings nur, was die Werte der User Settings betrifft. Man kann hier also für andere User deren Einstellungen anpassen, das Backend als solches verändert sich dadurch nicht.

Richtig ist daher nur Antwort b).

6.4 Workspaces

Ein Workspace (Arbeitsbereich) ist ein Bereich im TYPO3-Backend, in dem Seiten und Inhaltselemente unabhängig vom übrigen System bearbeitet werden. Hier führen Sie beispielsweise Änderungen durch, die nicht sofort (im Live-System) sichtbar sind, sondern erst, nachdem Sie diese explizit freigeben. Die Workspace-Funktionalität wurde mit TYPO3-Version 4.0 als Produktivwerkzeug eingeführt.

6.4.1 Wie heißen die Workspaces, die Ihnen im Backend nach einer Standard-Installation und Aktivierung der Workspace Extension zur Verfügung stehen? (1)

a) Draft

b) LIVE

c) Standard

d) Default

e) Test

f) Demo

Eine Seite oder ein Inhalt ist, sofern nicht das Versteckt-Flag benutzt wird, im Frontend sichtbar. Jede Veränderung des Inhalts im Backend führt zur unmittelbaren Veröffentlichung. Das ist nicht immer wünschenswert, z.B. wenn Sie als Arbeitsablauf eine klassische Freigabe-Prozedur implementieren möchten. So könnte etwa ein Redakteur Inhalte eingeben, und ein Chefredakteur hätte diese anschließend freizugeben oder – wenn weitere Änderungen durchzuführen sind – wieder an den Redakteur zurückzugeben. Erst nach einer Freigabe soll der Inhalt für die Öffentlichkeit sichtbar sein. Ein hierzu geeignetes Feature in TYPO3 nennt sich *Workspaces*.

Nach der Standard-Installation eines *leeren* Systems steht Ihnen nur der LIVE-Workspace zur Verfügung. LIVE ist die Default-Einstellung und zeigt den Zustand an, den ein Besucher der Website im Frontend sieht (daher auch der Name).

Daher ist lediglich die Antwort b) richtig.

6.4.2 Sie haben in einem Workspace Änderungen gemacht und wollen diese dem Kunden zeigen. Was benötigen Sie dazu? (1)

a) Spezielle Einstellungen in Page und User TSconfig.

b) Spezielle Einstellungen im TypoScript.

c) Eine Backend-Gruppe für den Kunden.

d) Einen Frontend-User für den Kunden.

e) Einen Preview-Link, der 48 h gültig ist.

Auf diese Fragestellung werden Sie oft treffen, wenn Sie in der Projektarbeit mit Workspaces arbeiten: Sie erstellen einen Workspace und nehmen darin umfangreiche Änderungen vor, nun wollen Sie diese Änderungen von Ihrem Kunden „absegnen“ lassen.

Natürlich ist es möglich, einen eigenen Account anzulegen, die entsprechenden Rechte zu vergeben und die Zugangsdaten an den Kunden zu übermitteln. TYPO3 sieht in diesem Fall aber eine deutlich einfachere Lösung vor: Im Modul Workspaces erzeugen Sie über Generate Workspace Preview Link einen Vorschau-Link, der 48 Stunden gültig ist. Sobald Sie Ihrem Kunden diesen Link mitteilen, kann er die Website begutachten.

Richtig ist also Antwort e).

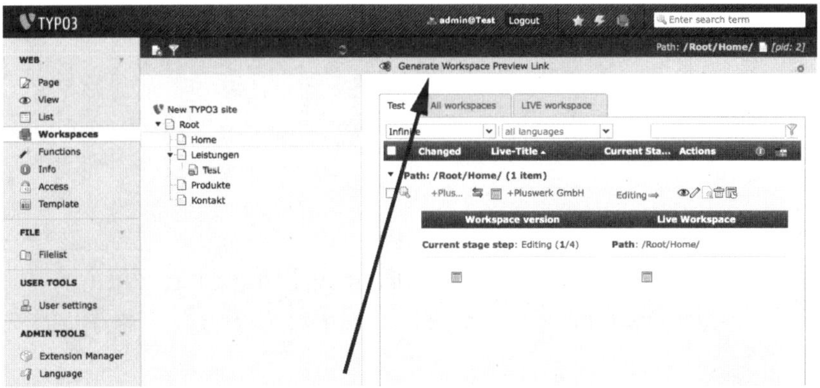

Abbildung 6.16: Preview-Link auf eine Seite im Workspace

6.4.3 Wie viele Workspaces können Sie anlegen? (1)

a) Workspaces können nicht angelegt werden, Sie haben zwei zur Verfügung.

b) Zwei

c) Acht

d) 64

e) Beliebig viele

Die beiden mitgelieferten Workspaces erlauben es, einfache Workflows zu realisieren, z.B. ein simples Freigabeschema. Allerdings ist es nicht möglich, den Draft-Workspace individuell in Bezug auf Mitglieder, Mount-Points und Beschränkungen zu konfigurieren, daher bleibt oftmals nur, eigene Workspaces einzurichten – zusätzlich zu den bereits mitgelieferten.

TYPO3 beschränkt die Anzahl solcher Workspaces nicht, Sie dürfen beliebig viele anlegen. So lassen sich selbst in komplexen Szenarien mit Hilfe von Workspaces individuell angepasste Workflows umsetzen.

Richtig ist somit Antwort e).

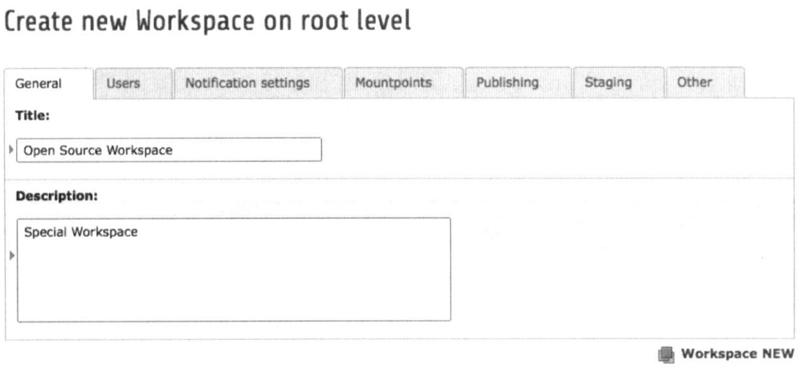

Abbildung 6.17: Einen neuen Workspace anlegen

6.4.4 Welche der folgenden Bearbeitungszustände im Workspace gibt es per Default? (2)

a) Editing

b) Review

c) Updating

d) Deleted

e) Publish

f) Ready to publish

g) Rejected

h) Keinen, diese werden individuell angelegt.

Alle Elemente (Inhalte, Seiten) werden im Workflow mit einem Bearbeitungszustand versehen. Am Anfang hat das Element den Zustand Editing, was darauf hindeutet, dass der Inhalt noch geschrieben bzw. verändert wird.

Ist das erledigt, kann das Element in den nächsten Zustand versetzt werden. Grundsätzlich lassen sich beliebige Zustände definieren, per Default gibt es jedoch nur noch einen weiteren, nämlich Ready to publish. Natürlich ist es möglich, das Element auch wieder zurückzusetzen, etwa wenn die Änderung nicht zufriedenstellend war.

Ist die Arbeit abgeschlossen, das Element also veröffentlichungsreif, schieben Sie es aus dem Workspace in den Live-Bereich.

Selbstverständlich lassen sich beliebig viele weitere Zustände anlegen.

Das Modul Workspaces wurde für die Version 4.5 LTS vollständig überarbeitet und neu aufgebaut. Vorher gab es noch weitere Zustände, die aber mit dieser Version per Default auf die beiden genannten reduziert wurden.

Richtig sind demnach die Antworten a) und f).

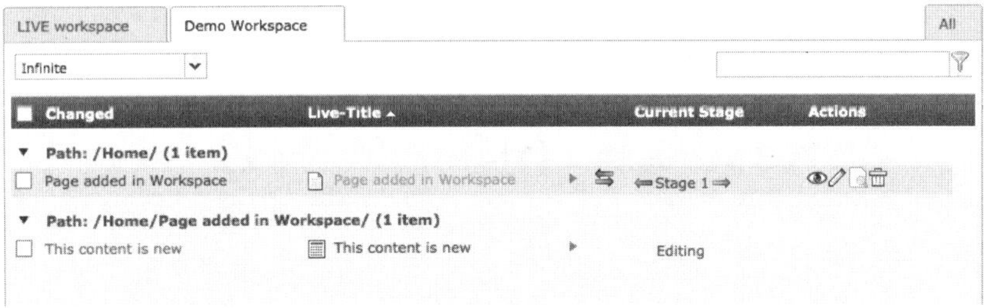

Abbildung 6.18: Zwei der vier möglichen Workspace-Zustände

6.4.5 Ein Redakteur ändert den Zustand eines Elements auf Review. Wie erfährt der zuständige Reviewer davon? (2)

a) Der Redakteur muss das dem Reviewer per E-Mail mitteilen.

b) TYPO3 informiert den Reviewer automatisch per E-Mail.

c) Der Reviewer sieht nach dem Login auf der Startseite alle Elemente, die einen Review benötigen.

d) Der Reviewer kann nach dem Login das Modul Workspaces aufrufen, um eine Übersicht über alle Elemente zu erhalten, die einen Review benötigen.

e) Der Reviewer muss zur selben Zeit online sein, damit er die Änderung sehen kann.

Ein Workflow ist nur dann wirklich sinnvoll, wenn auch die Kommunikation zwischen allen Beteiligten klar geregelt ist. Normalerweise gibt es für bestimmte Elemente einen Redakteur, der lediglich das Recht hat, das Element im entsprechenden Workspace anzulegen oder zu verändern. Hat er seine Arbeit abgeschlossen, gibt er dem Reviewer Bescheid, damit das Element überprüft und gegebenenfalls in den Zustand Ready to publish versetzt werden kann.

Es wäre äußerst unproduktiv, müsste man erst warten, bis sich der Reviewer einloggt und prüft, was es Neues gibt – er muss also per E-Mail informiert werden. In unserem Fall sorgt TYPO3 automatisch dafür (wenn die E-Mail-Notification entsprechend eingerichtet ist), dass der Reviewer eine Mail erhält – der Redakteur muss also nichts unternehmen. Die in Antwort d) genannte Methode ist übrigens eine Möglichkeit, sich eine entsprechende Übersicht zu verschaffen.

Richtig sind also die Antworten b) und d).

6.4.6 Ist die Versionierung, wie sie mit Hilfe der Workspaces umgesetzt wird, für alle Elemente in TYPO3 verfügbar? (1)

a) Ja.

b) Nein, Versionierung ist ausschließlich für Seiten verfügbar.

c) Nein, Versionierung ist ausschließlich für Seiteninhalte verfügbar.

d) Nein, Versionierung ist ausschließlich für Seiten und Seiteninhalte verfügbar.

e) Nein, Versionierung ist ausschließlich für Elemente verfügbar, die entsprechend konfiguriert sind (z.B. über Felder mit der Kennzeichnung `t3ver_.` in der entsprechenden Datenbanktabelle oder über das TCA).

Das Wissen um die interne Verarbeitung von Workspaces und Versionierung kann helfen, Ungereimtheiten in der Arbeit mit Workspaces besser zu verstehen. Tatsächlich gäbe es zwei Varianten, um Versionierungen intern abzubilden: Man könnte die Versionen in einer eigenen Tabelle speichern oder in der Tabelle des Elements, das man jeweils versionieren will. TYPO3 wählt hier den zweitgenannten Weg, der viel flexibler und dabei unkomplizierter ist. Würde man nämlich sämtliche Versionierungsinformationen in einer Tabelle speichern, müsste diese Tabelle die Summe aller Felder aller Tabellen besitzen, deren Elemente man abbilden will.

Selbstverständlich funktioniert die Versionierung für Seiten (Tabelle `pages`) und deren Inhalte (Tabelle `tt_content`) auch für andere Elemente. So können beispielsweise `tt_news`-Einträge versioniert werden – nicht aber Einträge in `tt_address`, denn dieser Extension fehlen die Felder `t3ver_.` in der Datenbanktabelle.

Daher ist Antwort e) richtig.

6.4.7 Sie sind zwar mit den richtigen Benutzerrechten ausgestattet, plötzlich aber fehlen im Backend wichtige Bereiche, so ist z.B. der Extension Manager verschwunden. Woran könnte das liegen? (2)

a) Wenn Sie mit Workspaces arbeiten, sind bestimmte Module grundsätzlich nicht verfügbar.

b) In allen Workspaces (mit Ausnahme von LIVE) sind bestimmte Module nicht sichtbar.

c) Die Workspace-Implementierung ist in Teilen leider noch fehlerhaft.

d) Der Extension Manager ist prinzipiell nur für Administratoren sichtbar und damit benutzbar.

e) Welche Module sichtbar sein sollen, muss in der Workspaces-Konfiguration eingerichtet werden.

Das Phänomen ist wohl jedem schon einmal begegnet, der mit Workspaces experimentiert hat: Plötzlich fehlen so wichtige Module wie DB Check,

Configuration und Install. Tatsächlich liegt das am gewählten Workspace: Sobald man sich in einem anderen Workspace als LIVE befindet, werden diese Module ausgeblendet.

Der Grund liegt darin, dass es über diese Module möglich ist, Änderungen im TYPO3-System durchzuführen, die mittels Workspaces nicht versioniert oder anderweitig verarbeitet werden könnten. Sobald Sie in den Workspace LIVE zurückkehren, sind alle Module wieder verfügbar.

Eine Konfiguration – wie unter e) genannt – gibt es allerdings nicht.

Richtig sind also die Antworten b) und d).

6.5 User TSconfig und Page TSconfig

TypoScript wird vor allem mit der Konfiguration der Frontend-Ausgabe einer Website assoziiert. Weil TypoScript aber lediglich eine Methode ist, hierarchische Werte zu definieren, lässt es sich auch zur Backend-Konfiguration einsetzen.

Über *User TSconfig* lassen sich z.B. Einstellungen treffen, die Backend-User und -Usergruppen betreffen, während *Page TSconfig* dafür verwendet wird, Konfigurationen auf Seitenebene festzulegen. Letztlich gelten dabei für die TSconfig-Bereiche dieselben Syntax-Regeln, mit der Ausnahme, dass Conditions und Konstanten nicht verwendet werden können.

6.5.1 Sie wollen den RTE (Rich Text Editor) konfigurieren. Wo könnten Sie ansetzen? (3)

a) Page TSconfig

b) User TSconfig

c) In den Einstellungen der RTE-Extension

d) TypoScript-Setup

e) TypoScript-Constants

Der mächtige und gut konfigurierbare Rich Text Editor (RTE) ist, wie viele andere Funktionalitäten auch, in Form einer Extension realisiert, die aber bei der Default-Installation bereits mitgeliefert und aktiviert wird; er lässt sich jedoch auf einfache Weise durch einen anderen ersetzen, beispielsweise durch *TinyRTE*.

Da der RTE im Backend zur Verfügung steht, ist eine Konfiguration auch nur im Backend möglich; die Antworten d) und e) sind damit falsch. TypoScript-Setup und -Constants werden zwar im Backend eingegeben, dienen aber ausschließlich der Frontend-Konfiguration der dargestellten Seite.

Richtig sind dagegen die Antworten a), b) und c). Im Page TSconfig werden Einstellungen auf Seitenebene vorgenommen, während im User TSconfig Einstellungen auf Benutzerebene durchgeführt werden. Beide dienen dazu, z.B. auch den RTE zu konfigurieren. In den Einstellungen der Extension selbst lassen sich zudem generelle Vorgaben machen, z.B. welche Features der Editor bieten soll, ob es möglich sein soll, Bilder direkt im RTE einzugeben, usw.

6.5.2 Sie wollen TCEMain-Einstellungen treffen, beispielsweise Default-Benutzerrechte. Wo tun Sie das? (2)

a) Page TSconfig

b) User TSconfig

c) In der Benutzerverwaltung

d) TypoScript-Setup

e) TypoScript-Constants

Die *TYPO3 Core Engine* (TCE) ist die zentrale Schaltstelle in TYPO3. Da sie im Backend platziert ist, ist ein Zugriff darauf vom Frontend aus nicht möglich – damit sind die Antworten d) und e) falsch; die in diesen Antworten genannten TypoScript-Bereiche konfigurieren das Frontend-Rendering.

Normalerweise lässt sich aus der User TSconfig nicht ohne weiteres auf die Untereigenschaften von TCEMain zugreifen – es wurde aber über die Eigenschaft `page` eine Möglichkeit geschaffen, genau dies zu tun, z.B. in der Form

```
page.TCEMAIN.table.pages.disablePrependAtCopy = 1
```

Richtig sind demnach die Antworten a) und b).

Abbildung 6.19: Die Einstellungen Page TSconfig in den Seiteneigenschaften

TypoScript Configuration

Page TSConfig

```
### BackendLayout####

##id storagepage of gridlayout
TCEFORM.pages.backend_layout.PAGE_TSCONFIG_ID = 40
TCEFORM.pages.backend_layout_next_level.PAGE_TSCONFIG_ID = 40

##hide no backend layout label
TCEFORM.pages.backend_layout_next_level.removeItems = -1
TCEFORM.pages.backend_layout.removeItems = -1

## new layout option for content elements: 2-column
TCEFORM.tt_content.layout {
    removeItems = 1,2,3,4
    addItems {
        101 = 2-spaltig
    }
}

RTE.classes {
```

6.5.3 Welches TLO ist dafür zuständig, die Einstellungen im Submodul User Settings per TypoScript festzulegen? (1)

a) `admPanel`

b) `options`

c) `mod`

d) `setup`

e) `user`

f) `auth`

Im Submodul User Settings kann der Benutzer eigene Einstellungen konfigurieren. So lässt sich dort z.B. festlegen, ob per Default Hilfetexte oder Thumbnails angezeigt werden. Wollen Sie diese Einstellungen vorab treffen und somit einen eigenen Default-Wert festlegen, können Sie das mittels TypoScript tun.

Zur Festlegung der Einstellungen verwenden Sie die Optionen eines Top Level Objekts im User TSconfig. Das TLO heißt `setup` – was historische Gründe hat, da das zugehörige Modul erst in Version 4.2 von Setup in User Settings umbenannt wurde. Richtig ist also Antwort d).

6.5.4 Über das TLO **setup** kann man die Benutzereinstellungen für das Modul User Settings festlegen. Was müssen Sie anstelle der Platzhalter schreiben, damit der Benutzer die unten angegebene Default-Einstellung später im Modul selbst wieder überschreiben kann? (1)

```
setup.???.emailMeAtLogin = 1
```

a) `default`

b) `settings`

c) `override`

d) `overrule`

Es ist praktisch, die Eigenschaften im Modul User Settings per Page TSconfig vorab projektweit festzulegen. Was aber, wenn der Benutzer diese später wieder überschreiben möchte?

Die Festlegung wird ja vorab nicht immer getroffen, um dem Benutzer eigene Einstellungen zu verwehren, sondern eventuell nur, um zu vereinheitlichen (dies aber nicht bindend) oder sinnvolle Voreinstellungen zu bieten – die ein Nutzer aber durchaus ändern darf.

Daher gibt es zwei Modi zur Festlegung: Verwenden Sie anstelle des Platzhalters die Option `override`, kann der Benutzer die Einstellungen später nicht mehr überschreiben, dadurch wird gleichzeitig das entsprechende Formularfeld nicht mehr angezeigt. Damit der Benutzer die Einstellung später selbst ändern kann, ist `default` die richtige Wahl.

Aus diesem Grunde ist Antwort a) richtig.

6.5.5 Beispielsweise auf der Seite mit der ID `0` (TYPO3 Symbol) werden im Modul Web ▸ List sehr viele Tabellen angezeigt. Gerade wenn eine Extension wie static_info_tables installiert ist, die zahlreiche eigene Tabellen dort platziert, kann der Seitenaufbau unangenehm lange dauern, und auch die Übersichtlichkeit leidet darunter. Mit welchem TypoScript-Code können Sie das einschränken und wo ist er zu platzieren? (2)

a) Im User TSconfig

b) Im Page TSconfig

c) Im TypoScript-Setup

d) `mod.web_list.hideTables = tabName1,tabName2,tabName3,..`

e) `mod.hideTables = tabName1,tabName2,tabName3,...`

f) `mod.hide = tabName1,tabName2,tabName3,...`

g) `mod.list.hideTables = tabName1,tabName2,tabName3,...`

Es gibt Extensions, die den Listview bestimmter Seiten extrem unübersichtlich machen. Das ist v.a. deshalb unpraktisch, weil man auf diese Daten (wie beispielsweise bei *static_info_tables*) meist nie wieder zugreifen muss; somit stören sie nur, der Seitenaufbau wird verlangsamt und zudem sind wirklich relevante Tabellen schlecht zu finden.

Wo konfigurieren Sie nun dieses Verhalten? Antwort c) ist nicht plausibel, da das TypoScript-Setup lediglich für das Frontend-Rendering zuständig ist. Die erste Antwort ist dagegen richtig: Hier können Sie auf User-Ebene (unabhängig von der gewählten Seite) Einstellungen vornehmen und zwar die in d) genannte.

Antwort b) wäre allerdings auf jeder anderen Seite als auf jener mit der ID=0 richtig. Diese Seite hat nämlich keine Seiteneigenschaften, so dass sich hier überhaupt kein Page TSconfig platzieren lässt. Die korrekte Syntax in Antwort d) nennt immer zuerst das Hauptmodul (`web`) und dann das Untermodul (`list`), so dass die Antworten a) und d) korrekt sind.

6.5.6 Hin und wieder ist es wichtig, die ID einer Seite zu bestimmen. Wie macht man das? (5)

a) Man merkt sich den Namen und bestimmt in der Extension *phpMyAdmin* die entsprechende ID.

b) Man trägt ins User TSconfig den folgenden Code ein:

```
options.pageTree.showPageIdWithTitle = 1
```

c) Man fährt mit der Maus über das Seiten-Icon im Seitenbaum und wartet, bis die ID als Tooltip erscheint.

d) Man klickt die Seite an (in Listview oder Pageview), die ID steht rechts oben.

e) Man wählt Web ▸ Info, klickt eine Seite an und wählt aus dem Pulldown-Menü den Eintrag Pagetree overview. Man erhält daraufhin eine Liste mit den Seiteninformationen zur aktuellen Seite und deren Unterseiten. Dort ist auch die ID aufgeführt.

f) Über dem Seitenbaum kann man die Anzeige der IDs aktivieren.

In der täglichen Arbeit mit TYPO3 kommt es immer wieder vor, dass Seiten-IDs bestimmt werden müssen, um sie z.B. bei TypoScript-Konfigurationen für Extensions oder auch im Constant-Editor anzugeben. Dass die ID als Tooltip angezeigt wird, sobald man mit der Maus über das Seiten-Icon fährt, wissen Sie wahrscheinlich. Dies erfordert jedoch, jedes Mal an diese Stelle zu navigieren – schöner wäre es, wenn die IDs immer zu sehen wären. Genau das bewirkt die TSconfig-Definition aus Antwort b): Zwischen Icon und Seitentitel steht die ID der Seite in eckigen Klammern.

Die Antworten d) und e) sind ebenfalls richtig. Dass der Vorschlag in Antwort a) viel zu aufwendig und fehleranfällig ist, dürfte unbestritten sein, er stellt aber dennoch eine Möglichkeit dar, an die gewünschte Information zu gelangen.

Lediglich die in Antwort f) genannte Option gibt es (leider) nicht.

Richtig sind also sämtliche Antworten bis auf f).

6.6 Mehrsprachige Websites

Internetauftritte werden heute zunehmend multilingual angelegt. Eine Aufgabe, die Sie als TYPO3 Integrator mit zahlreichen Einstellungen und

Konfigurationsschritten zu lösen haben: Wie stellen Sie die Sprachen zur Verfügung? Wie geben Sie Inhalte mehrsprachig ein? Wie sorgen Sie dafür, dass der Besucher der Website die Sprache wechseln kann? Was soll dargestellt werden, wenn ein Inhalt nicht in der gewählten Sprache zur Verfügung steht?

6.6.1 Wo werden neue Sprachen für das Frontend angelegt? (1)

a) Im Bereich Setup des TypoScript Root-Template

b) Im Page TSconfig des Admin Users

c) Auf der Seite, die das Root-Template enthält

d) Auf der Seite mit der ID=0

e) Im Backend im Modul `Language`

Mehrsprachigkeit für eine Website zu realisieren, erfordert mehrere Schritte. Zunächst muss TYPO3 Kenntnis von den gewünschten Sprachen erhalten; hierfür werden Datensätze in der Datenbanktabelle `sys_language` angelegt. Da das TypoScript-Template selbst zwar vollständig in der Datenbank gespeichert wird, vor dem Speichern aber nicht einzelne Teile geparst und in Abhängigkeit davon in andere Tabellen geschrieben werden (um dann beispielsweise einen Datensatz in `sys_language` anzulegen), kann Antwort a) nicht richtig sein.

Das Page TSconfig wiederum konfiguriert zwar eine Seite im Backend, aber nur in Bezug auf Darstellung und Verhalten im Backend, somit ist Antwort b) ebenfalls nicht richtig. Auch Antwort e) ist falsch, denn ein solches Modul existiert nicht.

Antwort c) allerdings klingt plausibel. Ist doch die Seite, die das Root-Template enthält, die zentrale Seite, über die ein Webauftritt definiert wird. Allerdings wäre es genau betrachtet nicht sinnvoll, Sprachen hier zu definieren, da eine TYPO3-Installation beispielsweise auch mehrere Rootseiten umfassen kann – Sprachen sollten also in einer übergeordneten Instanz definiert werden, unabhängig davon, wie viele Rootseiten man nutzt.

Der einzig plausible und richtige Antwort ist also d) – die Seite mit der ID=0 (TYPO3-Symbol).

6.6.2 Sie wollen eine neue Frontend-Sprache anlegen. Wie gehen Sie vor? (1)

a) Sie klicken auf das Modul List, dann auf die Seite mit dem TYPO3-Symbol und legen dann einen neuen Datensatz Website Language an.

b) Sie klicken auf das Modul Page, dann auf die Seite mit dem TYPO3-Symbol und legen dann ein Content-Element Website Language an.

c) Sie klicken auf das Modul Info, dann auf die Rootseite und legen dann einen neuen Sprachdatensatz an.

d) Im Extension Manager wählen Sie den Menüpunkt Language.

Das Modul Info liefert Informationen über eine Seite, wie Log, Statistiken zur Suche und Ähnliches. Dazu zählen zwar auch Informationen über bereits durchgeführte oder noch durchzuführende Übersetzungen, eine neue Sprache anzulegen ist in diesem Bereich allerdings nicht möglich.

Der in Antwort d) genannte Menüpunkt Language dient nicht der Verwaltung von Frontend-, sondern von Backend-Sprachen, und im Modul Page schließlich werden zwar Inhalte angelegt, und damit auch Übersetzungen, es ist dort aber nicht möglich, Sprachen neu anzulegen.

Die einzig richtige Antwort ist also a).

6.6.3 In welchen Modulen kann man Übersetzungen für Seiten oder Inhaltselemente eingeben? (3)

a) Im Modul Page

b) Im Modul List

c) Im Modul Info

d) Im Modul Template

e) Im Modul Language

Im Modul Page können Sie über die Selectbox Make new translation of this page die Seite übersetzen, ebenso im Modul List, wo ein neuer Datensatz in der Tabelle Alternative Page Language angelegt werden kann.

Wenn Sie sich im Modul Info befinden und dort den Unterpunkt Localization overview auswählen, lassen sich in der dargestellten Übersetzungsansicht ebenfalls neue Übersetzungen anlegen. Lediglich in den Modulen Template und Language gibt es keine Möglichkeit zur Eingabe von Übersetzungen.

Richtig sind somit die Antworten a), b) und c).

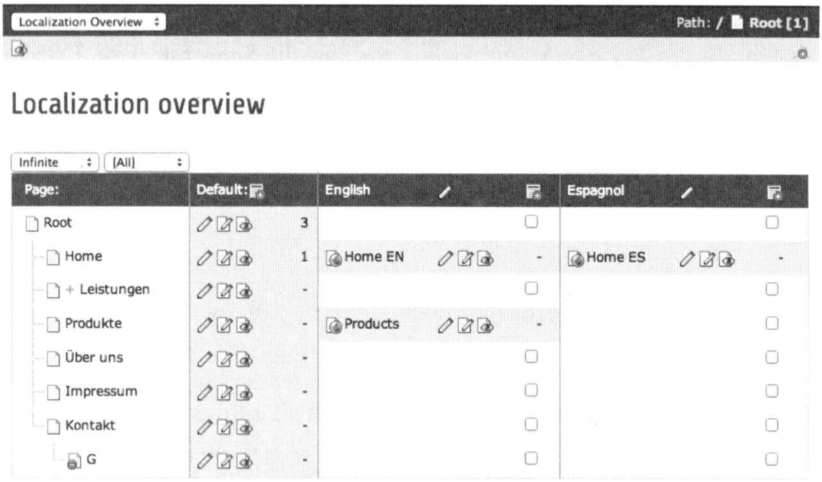

Abbildung 6.20: Die Localization overview im Modul Info

6.6.4 Das Backend ist normalerweise in englischer Sprache, Sie möchten es auf eine andere Sprache umstellen. Wie gehen Sie vor? (3)

a) Im Modul User Settings können Sie die Sprache ganz einfach umstellen.

b) Sie müssen die neue Sprache im Modul Language hinzufügen.

c) Im Modul Language müssen Sie überprüfen, welche Übersetzungen Sie übertragen müssen, weil diese sich noch im Repository befinden.

d) Im Modul Language müssen Sie die neuen Übersetzungen vom Repository auf Ihren Server übertragen.

e) Im Install Tool müssen Sie die Verwendung weiterer Sprachen grundsätzlich aktivieren.

Tatsächlich klingen alle Antworten plausibel – und tatsächlich sind bis auf c) und e) auch alle richtig: Die Schritte a), b) und d) sind durchzuführen, um das Backend auf eine neue Sprache umzustellen.

Zunächst rufen Sie das Modul Language auf und fügen dort die von Ihnen gewünschte Sprache im Bereich Languages hinzu. Die Überprüfung, welche Sprachen Sie laden könnten, wurde allerdings mit der Version 6.2 LTS getilgt – d.h. Antwort c) ist nicht mehr möglich.

Dann laden Sie die neuen Übersetzungen aus dem Repository, indem Sie Update from repository klicken, und schließlich stellen Sie die Backend-Sprache in Ihren User Settings um.

Wenn Sie nun neue Extensions installieren, empfiehlt es sich, von Zeit zu Zeit erneut die o.g. Überprüfung vorzunehmen, da unter Umständen neue Übersetzungen auf dem Repository-Server vorliegen.

6.6.5 Sie haben im Extension Manager neue Backendsprachen hinzugefügt und die benötigten Sprachdetails vom Server aktualisiert. Wo genau befinden sich diese Sprachinformationen nun? (2)

a) Sie werden in der Datenbank in der Tabelle `sys_language` gespeichert.

b) Im Verzeichnis `typo3temp/`

c) Im Verzeichnis `typo3conf/l10n/`

d) Im Verzeichnis `typo3/languages/`

e) Die Sprachinformationen werden nicht lokal gespeichert, sondern verbleiben auf dem Server. Es wird lediglich lokal gespeichert, welche Übersetzungen die Installation benötigt.

Antwort e) ist natürlich unsinnig, denn so müssten ja alle TYPO3-Installationen weltweit auf den Repository-Server zugreifen, um das Backend in anderen als der Default-Sprache Englisch darzustellen. Ebenso falsch ist Antwort a) – die Datenbanktabelle `sys_language` wird nicht für Übersetzungen verwendet, sie enthält vielmehr die Liste der Sprachen für das Frontend.

Somit bleiben als mögliche Antworten drei Verzeichnisse, und richtig ist zunächst b): In `typo3temp/` werden sämtliche Sprachdateien in Form von ZIP-Dateien im Format `Modulname-l10n-<ISO>.zip` gespeichert (ISO bezeichnet dabei den ISO-Code der Sprache, z.B. de für Deutsch). In diesen Dateien befinden sich die benötigten Sprachdateien im TYPO3-eigenen XML-Format; diese Dateien werden dann in das Verzeichnis `typo3conf/l10n/` entpackt.

Sie sollten wissen, wo diese Dateien im Filesystem abgelegt werden, weil es vorkommen kann, dass Sie das Verzeichnis `typo3temp/` säubern oder leeren wollen. Alle anderen dort enthaltenen Dateien werden i.d.R. von TYPO3 neu erstellt, wenn sie gelöscht wurden – Sprachdateien bleiben aber gelöscht. Bei einem erneuten Update stehen diese Daten dann nicht zum Abgleich zur Verfügung und müssen erneut übertragen werden.

Richtig sind also die Antworten b) und c).

6.6.6 Wie können Sie TYPO3 so konfigurieren, dass das Frontend in einer anderen Sprache dargestellt wird – vorausgesetzt, diese wurde ordnungsgemäß installiert? (2)

a) Dazu müssen Sie die Extension *language* installieren.

b) Sie fügen einen `GET`-Parameter zur URL hinzu – gewöhnlich wird hierfür `L` verwendet.

c) Im TypoScript-Setup der Rootseite müssen Sie eine entsprechende Konfiguration hinterlegen.

d) Sie müssen die gewünschte Sprache über die URL in der Form `http://mytypo3domain.de/sprache/` einschleusen.

e) Die gewünschten Sprachen müssen im Page TSconfig konfiguriert werden.

Um TYPO3 davon in Kenntnis zu setzen, dass eine Seite nicht in der Default-Sprache, sondern in einer anderen dargestellt werden soll, können Sie einen so genannten `GET`-Parameter verwenden. Für gewöhnlich wird hier `L` (für Language) verwendet, Sie können aber jeden beliebigen verwenden – je nachdem, wie Sie dies zuvor konfigurieren. Die Konfiguration erfolgt im TypoScript-Template:

```
config.linkVars = L(0-1)
[globalVar = GP:L = 1]
   config.language = de
   config.sys_language_uid = 1
   config.htmlTag_langKey = de
   config.locale_all = de_DE
[end]
```

Zunächst wird im Beispielcode festgelegt, dass der `GET`-Parameter `L` automatisch an von TYPO3 erzeugte Links angehängt oder mit ihnen durchgeschleift wird. Mit der Angabe in der runden Klammer wird zudem eingeschränkt, welchen Wert (hier `0` und `1`) TYPO3 überhaupt berücksichtigen soll. Anschließend muss die Sprache konfiguriert werden; so wird im obigen Beispiel für den Wert `L=1` die Sprache Deutsch spezifiziert. Diese Konfiguration wenden wir nur an, wenn die Sprache `L=1` ist – daher die Verwendung einer Condition.

Richtig sind also die Antworten b) und c).

6.6.7 Normalerweise zeigt TYPO3, wenn gefordert, Übersetzungen an und den Originalinhalt, wenn eine Übersetzung fehlt. Wie lässt sich konfigurieren, dass die Seite mit dem Originalinhalt nie angezeigt wird? (1)

a) Indem man alle Inhalte übersetzt.

b) Indem man die Seite versteckt.

c) Indem man in den Seiteneigenschaften Hide default translation of page auswählt.

d) Indem man in den Seiteneigenschaften Hide page if no translation for current language exists auswählt.

e) Indem man in den Seiteneigenschaften Hide permanent auswählt.

Folgendes Szenario: Sie haben eine mehrsprachige Seite entwickelt und auch nahezu alle Inhalte übersetzt. Englisch ist hierbei Ihre Default-Sprache, die Übersetzung ist Deutsch. Nun gibt es aber eine Seite, die ausschließlich in Deutsch verfügbar ist – dort stehen Informationen, für die es keinen Default-Inhalt (also Englisch) gibt.

Da das Sprachhandling in TYPO3 vorsieht, dass es einen Default-Inhalt geben, dieser aber nicht übersetzt sein muss, stehen Sie vor einem Problem: Entweder müssen Sie den Inhalt in die Standardsprache übersetzen und in Kauf nehmen, dass er eben auch in der Default-Sprache (Englisch) angezeigt wird. Oder (das wäre zumindest ein wenig eleganter) Sie verwenden eine TypoScript-Condition, die die Seite immer dann ausblendet, wenn das Frontend in der Standardsprache aufgerufen wird – sobald die Sprache umgestellt wird, ist die Seite dann wieder zu sehen.

Das Ganze ist aber auch bequemer zu lösen: In den Seiteneigenschaften stellen Sie über die Checkbox Hide default translation of page gezielt ein, dass die Seite in der Standardsprache nicht angezeigt wird. Die Bezeichnung Hide default translation of page ist leider etwas irreführend: TYPO3 bezeichnet nämlich den Inhalt der Standardsprache als default translation.

Antwort c) ist also die einzig richtige.

6.6.8 Die Default-Sprache bei einer mehrsprachigen Website ist Englisch. Wie können Sie diese auf Deutsch umstellen (inkl. Flagge und Label)? (1)

a) Im TypoScript-Setup durch Angaben `defaultLanguageFlag` und `defaultLanguageLabel`.

b) Im Page TSconfig durch Angabe von `defaultLanguageFlag` und `defaultLanguageLabel`.

c) Im Install Tool im Abschnitt DefaultLanguage.

d) In den Seiteneigenschaften der Root-Seite im Tab Language.

e) Das geht leider nicht – die Default-Sprache ist immer Englisch.

Beim Anlegen mehrsprachiger Seiten ergibt sich stets dasselbe Problem: Die erste Sprache wird meist ohne Flagge, aber mit der Bezeichnung English bzw. Default dargestellt.

Stellt man die übrigen Sprachparameter korrekt ein, hat dies zwar keine Auswirkungen auf die Darstellung im Frontend – es verwirrt aber zumindest die Redakteure im Backend. Daher wäre es übersichtlicher, wenn dort die Standardsprache richtig ausgezeichnet wäre.

Dies ist selbstverständlich möglich – Antwort e) ist damit aber sicher falsch. Im Install Tool gibt es den in Antwort c) genannten Abschnitt jedoch nicht – somit bleiben die ersten beiden Antworten übrig. Da das TypoScript-Setup das Rendering der Seite im Frontend steuert, kann aber nur Antwort b) richtig sein. Die Implementierung im Page TSconfig kann so erfolgen:

```
mod.SHARED {
   defaultLanguageLabel = Deutsch
   defaultLanguageFlag = de.gif
}
```

Richtig ist also Antwort b).

6.6.9 Wenn Sie eine Website gleichzeitig mit Sprachen aus dem europäischen und asiatischen Raum betreiben wollen, müssen Sie auf die Zeichenkodierung UTF-8 umstellen. Wie gehen Sie vor? (1)

a) Das Backend wird mit folgender Install-Tool-Einstellung umgestellt:

```
$TYPO3_CONF_VARS['BE'][forceCharset]
```

b) Das Backend wird mit folgender Page TSconfig-Einstellung umgestellt:

```
config.forceCharset
```

c) Damit Dateien mit UTF-8-Dateinamen benannt werden können, muss im Install Tool die folgende Einstellung getroffen werden:

```
$TYPO3_CONF_VARS['BE'][UTF8filesystem]
```

d) Für die Frontend-Ausgabe müssen Sie explizit die folgende TypoScript-Option setzen:

```
config.metaCharset = utf-8
```

e) Für die Frontend-Ausgabe müssen Sie die folgende TypoScript-Option setzen:

```
config.additionalHeaders = Content-Type: text/html;charset=utf-8
```

Wenn Sie mit verschiedenen Sprachen arbeiten und beispielsweise lateinische und nichtlateinische Alphabete (etwa kyrillische oder asiatische) benötigen, müssen Sie Ihr System auf UTF-8 umstellen. Dies wird per Default von TYPO3 schon erledigt – es kann aber sein, dass Sie diese Kodierung anpassen wollen.

Eingabe und Anzeige im Backend sind ebenso erforderlich wie die Anzeige dieser Zeichen im Frontend.

Um das Backend auf UTF-8 umzustellen, genügt es, den Vorschlag in Antwort a) zu befolgen. Zur Vermeidung von Problemen sollten Sie aber zusätzlich darauf achten, dass sowohl die Datenbank als auch die Datenbankverbindung UTF-8 verwenden.

UTF-8-Dateinamen werden mit der in Antwort c) genannten Option ermöglicht, allerdings nur, wenn das verwendete Filesystem prinzipiell UTF-8-fähig ist (für Dateinamen sollten Sie übrigens grundsätzlich nur ASCII-Zeichen verwenden – möglich ist es aber, auch hier beliebige

UTF-8-Zeichen zu nutzen). Anschließend wird die Frontend-Ausgabe mittels des in Antwort d) und e) angegebenen TypoScript-Setup eingestellt.

Grundsätzlich sollten die dargestellten Änderungen *vor* der Eingabe der Inhalte erfolgen; wurden nämlich bereits Inhalte in ISO-8859-1 in die Datenbank eingegeben, kann es zu Problemen kommen; dann müssten Sie zunächst die Datenbank auf UTF-8 umstellen.

Antwort d) wäre für sich alleine betrachtet richtig – die Option wird aber durch Antwort a) automatisch gesetzt.

Richtig ist also nur die Antwort a).

6.7 Admin Panel und Frontend Editing

In einem gängigen Workflow werden häufig Inhalte im Backend verwaltet, jedoch im Frontend betrachtet. Das mag für versierte TYPO3 Integratoren kein Problem darstellen, besonders praktisch ist dieses Vorgehen allerdings nicht. Schöner wäre es, könnte man Inhalte direkt auf der Website im Frontend bearbeiten; diese Funktionalität nennt sich in TYPO3 *Frontend Editing*. Mit Benutzung des Frontend Editings kommt darüber hinaus das sogenannte *Admin Panel* im Frontend zur Anzeige, das die Frontend Editing-Funktionalität zur Verfügung stellt. Beides müssen Sie konfigurieren können.

6.7.1 Welche Aufgaben hat das sogenannte Admin Panel? (2)

a) Es ist die Schaltzentrale des Administrators für Benutzereinstellungen.

b) Damit kann TYPO3 im Backend konfiguriert werden.

c) Mit dem Panel kann die Frontend-Ausgabe analysiert werden.

d) Administratoren erhalten damit einen Admin-Bereich im Frontend.

e) Das Panel steuert das Frontend Editing.

f) Sobald man Frontend Editing aktiviert hat, kann ein Administrator über das Panel die Inhaltseingabe überwachen.

Die Bezeichnung *Admin Panel* ist im Grunde irreführend, denn es handelt sich keineswegs um ein Panel für Administratoren. Vielmehr kann für jeden Benutzer ein Admin Panel konfiguriert werden, das der Steuerung des Frontend Editings und der Analyse der Frontendausgabe dient. Beides erfolgt direkt im Frontend – daher sind die Antworten c) und e) richtig.

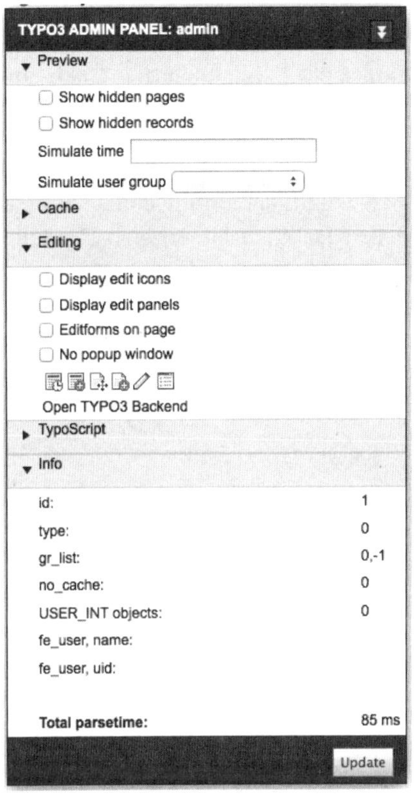

Abbildung 6.21: Das Admin Panel stellt nützliche Funktionen im Frontend bereit

6.7.2 Wie aktivieren Sie das Admin Panel für einen Nicht-Admin-User? (2)

a) Durch den Eintrag `config.admPanel = 1` im Setup des Root-Template.

b) Durch den Eintrag `config.admPanel = 1` im User TSconfig.

c) Durch den Eintrag `admPanel.enable.edit = 1` im Setup des Root-Template.

d) Durch den Eintrag `admPanel.enable.edit = 1` im User TSconfig.

e) Durch eine Einstellung in den Benutzereinstellungen des Users.

Das Admin Panel ist per Default nicht für Benutzer konfiguriert, es muss zunächst durch eine Einstellung im Setup des Root-Template für eine Verwendung aktiviert werden, die entsprechende Codezeile lautet:

```
config.admPanel = 1
```

Damit aber der Benutzer das Panel auch sehen kann, muss das mittels

```
admPanel.enable.edit = 1
```

im User TSconfig zudem explizit erlaubt werden. Hier können auch weitere Einstellungen bzgl. des Erscheinungsbildes und der erlaubten Optionen getroffen werden; zusätzlich lassen sich Einstellungen zu `preview`, `cache`, `publish`, `tsdebug` oder `info` vornehmen.

Richtig sind also die Antworten a) und d).

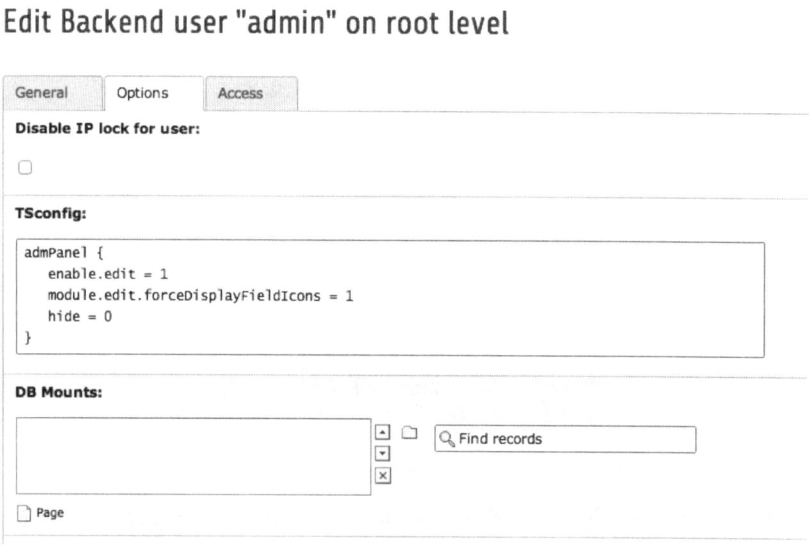

Abbildung 6.22: Das Admin Panel wird im User TSconfig aktiviert

6.7.3 Sie haben einen Inhalt erstellt, der nur zwischen 8:00 und 11:00 Uhr vormittags sichtbar sein soll. Aktuell ist es 14:00 Uhr. Wie überprüfen Sie die Ausgabe des Inhalts sinnvollerweise? (1)

a) Sie verändern die Zeit Ihres Desktop-Rechners.

b) Sie verändern die Zeit auf dem Server.

c) Sie warten bis zum nächsten Tag um 8 Uhr.

d) Sie simulieren die richtige Uhrzeit im Backend.

e) Sie simulieren die richtige Uhrzeit im Admin Panel.

Die interne Uhr des Servers umzustellen wäre zwar möglich, ist aber nicht sinnvoll. Da die Zeit serverseitig ermittelt wird, hätte eine Veränderung auf Ihrem Desktop-Rechner dagegen gar keine Auswirkung.

Im Backend ist es übrigens nicht möglich, eine Uhrzeit zu simulieren, daher bleibt das Admin Panel: Hier kann man im Bereich Preview allerlei Optionen einstellen, wie Zeitpunkt oder Benutzergruppe.

Richtig ist also Antwort e).

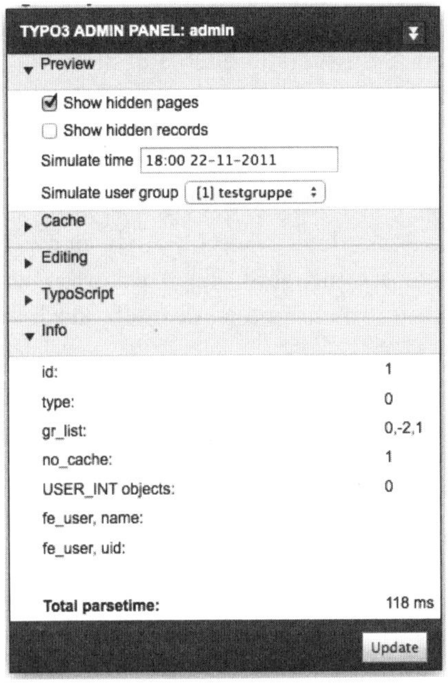

Abbildung 6.23: Mit dem Admin Panel können Uhrzeit oder Datum simuliert werden

6.8 Seiten- und Inhaltseingabe

Eine der zentralen Tätigkeiten im Backend ist die Eingabe und Verwaltung von Seiten und Inhalten. Wie legen Sie diese an? Wie können Sie sie verschieben oder kopieren? Dürfen Sie mehrere Seiten in einem Vorgang löschen? Welche Einstellungen müssen Sie zunächst vornehmen?

6.8.1 Sie haben bei der Inhaltseingabe Probleme mit dem RTE. Was können Sie tun? (4)

a) Bei jedem Inhaltsformular gibt es den Schalter Disable Rich Text Editor.

b) Sie deaktivieren die Extension, die den RTE einbringt.

c) Sie installieren eine neue Extension, z.B. *tinyRTE*.

d) Sie tragen die folgende TypoScript-Codezeile ins Page TSconfig ein:

```
RTE.default.disabled = 1
```

e) Sie rufen das Backend mit dem GET-Parameter `&no_rte` auf.

Es kann immer wieder notwendig sein, den Rich Text Editor (RTE) vorübergehend abzuschalten, z.B. weil Sie einen nicht kompatiblen Webbrowser verwenden. Selbstverständlich könnten Sie nun die Extension deaktivieren und bei Bedarf eine andere ausprobieren. Falls das Problem aber nur einzelne Inhaltsfelder betrifft, finden Sie direkt unter dem Feld den o.g. Schalter (der nur sichtbar ist, wenn Sie am Seitenende Show secondary options (palettes) aktiviert haben) und ersparen sich so die Mühe der Deinstallation. Außerdem ist es möglich, den RTE auch per TypoScript zu deaktivieren; somit sind alle Antworten von a) bis d) richtig. Lediglich e) funktioniert nicht und ist deshalb falsch.

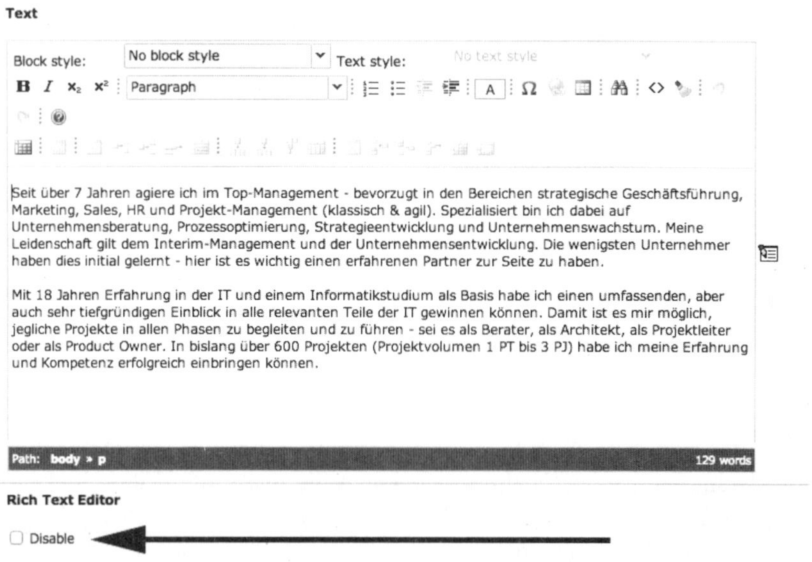

Abbildung 6.24: Der RTE kann deaktiviert werden

6.8.2 Was ist der Single Table View? (1)

a) Die Darstellung einer Tabelle in der Extension *phpMyAdmin*.

b) Die Tabellen-Ausgabe eines Frontend-Plugins.

c) Die Darstellung sämtlicher Optionen eines Eingabeformulars im Backend auf einer Seite (anstelle von Tabs).

d) Die Darstellung einer einzigen Tabelle im Modul Web ▸ List.

e) Die Darstellung einer einzigen Tabelle im Modul Web ▸ Page.

Der Begriff *Single Table View* ist vielen TYPO3-Benutzern gar nicht geläufig, obwohl die meisten diese Ansicht sicherlich schon benutzt haben. Natürlich hat diese Art der Darstellung aber nichts mit der Extension *phpMyAdmin* zu tun. Und die Default-Darstellung einer Extension im Frontend, die eine Tabelle anzeigt, ist zwar auch ein *Single Table View* im weiteren Sinne, war hier aber nicht gefragt. Der Begriff hat sich hierfür auch gar nicht eingebürgert. Die Darstellungsoption aus Antwort c) wiederum gibt es zwar, sie wird aber ebenfalls nicht so bezeichnet, schon allein deshalb, weil es sich bei der Darstellung um eine Seite und keine Tabelle handelt.

Wenn Sie sich nun aber im Modul Web ▸ List befinden und eine Seite auswählen, so erhalten Sie alle Datensätze aufgelistet, getrennt nach einzelnen Tabellen. Klicken Sie hier auf die Überschrift, bzw. auf das Plus-Symbol rechts neben der Überschrift, so gelangen Sie in den *Single Table View*, also die ausführliche Darstellung einer einzelnen Tabelle.

Richtig ist folglich Antwort d).

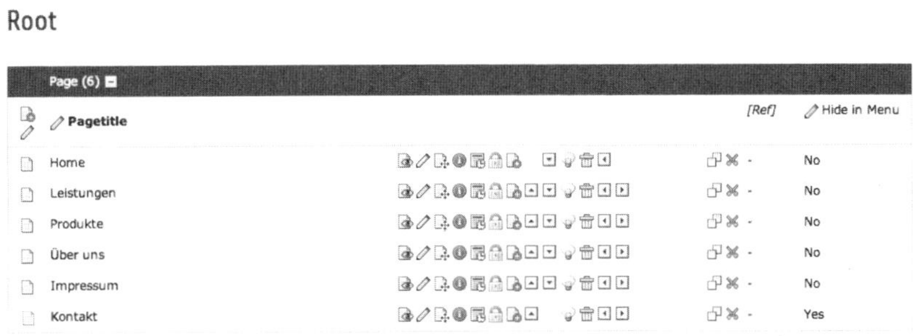

Abbildung 6.25: Der „Single Table View"

6.8.3 Die Seite mit der ID `0` enthält die Backend-User. Wie kann man sich in der Liste dieser User im Modul Web ▸ List zusätzlich die E-Mail-Adresse und den vollständigen Namen anzeigen lassen? (1)

a) Das muss man im Page TSconfig entsprechend einstellen.

b) Das kann im *Single Table View* eingestellt werden.

c) Im Install Tool kann die Option `showBEuserInfo` entsprechend erweitert werden.

d) Die Anzeige zusätzlicher Informationen an dieser Stelle erfordert eine eigene Extension.

e) Das kann in den User settings entsprechend eingestellt werden.

Wenn Sie sich die Backend-Userliste über Web ▸ List und Klick auf die Weltkugel anzeigen lassen, enthält die Liste ein Symbol, aus dem hervorgeht, ob Sie Administratorrechte haben oder nicht, den Loginnamen und diverse Symbole zur Bearbeitung des Datensatzes. Diese Liste wollen wir erweitern. Und obwohl die Frage ein konkretes Beispiel nennt – Namen und E-Mail-Adressen, die wir zusätzlich einblenden wollen –, soll sie grundsätzlich klären, wie Sie die Darstellung beliebiger Listen ändern.

Möchten Sie andere oder zusätzliche Informationen anzeigen lassen, können Sie dies weder im Install Tool noch in den User settings bewerkstelligen. Ebenso wenig muss dafür eine Extension installiert werden, noch lässt sich dies im Page TSconfig der Seite einstellen (dort könnten Sie lediglich festlegen, ob es überhaupt einen *Single Table View* geben soll).

Vielmehr klicken Sie dazu einfach im Single Table View auf die Überschrift bzw. auf das Pluszeichen rechts daneben. Nun können Sie über das unter der Tabelle liegende Select-Feld beliebig viele Informationen auswählen, die angezeigt werden sollen, und mit Set fields auch dauerhaft festlegen. Welche Informationen dort auswählbar sind, ist von Tabelle zu Tabelle unterschiedlich und entspricht im Grunde Datenbankspalten der Tabelle.

Richtig ist also Antwort b).

6.8.4 Wie kann man den Seitentitel aller direkten Unterseiten der aktuellen Seite gleichzeitig verändern? (1)

a) Das ist nicht möglich, jede Seite muss einzeln bearbeitet werden.

b) Dafür muss erst eine entsprechende Extension installiert werden.

c) Über TypoScript kann ein Skript erstellt werden, das die Änderung in einem Vorgang durchführt.

d) Die gleichzeitige Änderung ist im Single Table View möglich.

e) Dies ist im Modul Page möglich.

Es wird in Ihrer Arbeit als Integrator immer wieder vorkommen, dass Sie bestimmte Informationen auf mehreren Seiten „in einem Rutsch" ändern möchten, z.B. META-Tag-Informationen oder auch den Seitentitel. Wenn Sie nun jede Seite einzeln anklicken müssten, wären Sie bei größeren Websites unzumutbar lange beschäftigt; darum stellt TYPO3 für derartige Aufgabenstellungen eine Vereinfachung zur Verfügung.

Da die benötigte Funktionalität elementar ist, muss keine Extension herangezogen werden. Mit TypoScript werden Sie aber leider auch nicht zum Ziel kommen, so könnten Sie lediglich einzelne Seiten zur Laufzeit umbenennen. Greifen wir also wieder auf den *Single Table View* zurück.

In dieser Ansicht finden Sie in jeder angezeigten Spalte ein Bleistift-Symbol, ein Klick darauf öffnet ein Formular, das nur dieses Datenfeld – dafür aber für alle Datensätze – editierbar macht. Haben Sie vorher also die Tabelle Page ausgewählt und klicken dann auf Pagetitle, können Sie die Seitentitel aller direkten Unterseiten in einem Vorgang bearbeiten.

Richtig ist somit Antwort d).

6.8.5 Wie können Sie mehrere Seiten auf einmal löschen? (2)

a) Das ist mit der Extension *Delete Multiple Pages* möglich.

b) Löschen kann man aus Sicherheitsgründen immer nur einzelne Seiten.

c) Über Rechtsklick auf die entsprechende Seite und dann Delete.

d) Das ist über das Clipboard möglich.

e) Das gleichzeitige Löschen von mehr als einer Seite muss erst in den User Settings freigegeben werden.

Auch für die hier erfragte Funktionalität ist keine Extension notwendig. Prinzipiell sind zwei Arten des Löschens zu unterscheiden: Einerseits lassen sich sämtliche Unterseiten einer gegebenen Seite löschen, andererseits ist es möglich, mehrere Seiten derselben Ebene zu löschen. Im ersten Fall können Sie einfach, wie in Antwort c) vorgeschlagen, die Seite rekursiv löschen, dazu muss allerdings in den Benutzereinstellungen die Option `recursiveDelete` aktiviert sein.

Bei Seiten auf derselben Ebene müssen Sie zuerst den Listview aufrufen (Web ▸ List), dort können Sie, nachdem Sie im Clipboard auf eine der Clipboard-Nummern geklickt haben (Default ist hier Normal), die einzelnen Datensätze in der Tabelle auswählen und mittels eines Klicks auf den Mülleimer in der Tabellenüberschrift löschen.

Das gilt natürlich nicht nur für Seiten, sondern für beliebige Arten von Datensätzen. Wählt man nicht den Mülleimer, so kann man die Elemente über die anderen angezeigten Symbole übrigens entweder auf das Clipboard bringen (z.B. um sie dann zu verschieben oder zu kopieren) oder auch editieren.

Richtig sind also die Antworten c) und d).

6.8.6 Über Rechtsklick auf die entsprechende Seite und die Auswahl von Delete können Sie Seiten im Seitenbaum löschen. Wenn die zu löschende Seite allerdings Unterseiten hat, schlägt das per Default fehl. Warum? (2)

a) In TYPO3 kann aus Sicherheitsgründen nicht rekursiv gelöscht werden.

b) Die Möglichkeit zum rekursiven Löschen muss in den User settings erst eingestellt werden.

c) Rekursives Löschen ist nur über einen Datenbank-Befehl `DELETE` möglich.

d) Um rekursiv zu löschen, muss diese Funktionalität im User TSconfig freigeschaltet werden.

e) Das rekursive Löschen geht nicht im Seitenbaum, sondern nur im Modul Web ▸ List.

Beim Versuch, Seiten samt Unterseiten zu löschen, erhalten Sie mitunter die Fehlermeldung Attempt to delete page which has subpages; diese Sicherheitsmaßnahme ist Default-Einstellung in TYPO3, da es andernfalls möglich wäre, den gesamten Seitenbaum mit einem Klick zu löschen. Dieses Risiko ist schlicht zu hoch.

Daher muss rekursives Löschen ausdrücklich aktiviert werden. Dies führen Sie entweder in den User settings im Tab Edit & Advanced functions in der Einstellung Recursive Delete(!) durch oder im User TSconfig – die entsprechende Option lautet `recursiveDelete`.

Somit sind die Antworten b) und d) richtig.

6.8.7 Wie erreicht man, dass eine Seite im Frontend nach Wunsch mit dem Protokoll https aufgerufen wird? (1)

a) Dies ist nur möglich, wenn der TypoScript-Schlüssel `config.baseURL` auf die https-Variante der Website gesetzt wurde.

b) Bei der Erzeugung des Links im TypoScript ist wie folgt zu konfigurieren:

```
1.NO.protocol = https
```

c) Dies ist nur durch die Installation einer geeigneten Extension möglich.

d) In den Seiteneigenschaften, indem man im Feld Use protocol den Wert `https://` auswählt.

e) Dafür muss bei der jeweiligen Seite der Seitentyp Secure Site ausgewählt werden.

f) Über das Page TSconfig:

```
TCEMAIN.pages.protocol = https
```

Aus verschiedenen Gründen will man hin und wieder eine Seite mit dem Protokoll https aufrufen, um die Daten von dieser Seite verschüsselt zu übertragen. Das ist insbesondere auf Seiten sinnvoll, die persönliche Daten aufnehmen und übertragen, beispielsweise Formulare.

Mit der in Antwort a) angegebenen Lösung ist das zwar zu erreichen, damit werden jedoch *alle* Seiten über dieses Protokoll ausgeliefert – das aber wurde nicht verlangt.

Selbstverständlich können Sie sich eine passende Extension im TER suchen und werden hier auch fündig – die Antwort c) beschreibt dies aber als einzige Lösung und ist darum falsch, denn TYPO3 hat mittlerweile ein passendes Bordmittel.

In der Version 4.5 LTS wurde nämlich in den Seiteneigenschaften im Tab Behaviour mit dem Feld Use protocol eine Möglichkeit geschaffen, das Protokoll nach Wunsch und vor allem seitenweise einzustellen.

Daher ist allein Antwort d) richtig.

6.8.8 Ist es möglich, auch für Dateien einen Papierkorb zu verwenden? Wenn ja, wie? (1)

a) Nein, es gibt lediglich einen Papierkorb für Datensätze (wie Seiten und Inhaltselemente).

b) Ja, dieser kann im Page TSconfig eingeschaltet werden:

```
config.file.recycler = true
```

c) Ja, dafür muss eine entsprechende Extension aus dem TER installiert werden.

d) Ja, dafür kann man im Modul File ▸ Filelist einen Ordner mit dem Namen `_recycler_` anlegen.

e) Ja, in den Benutzer-Einstellungen kann dies über die Checkbox Use recycler for File eingestellt werden.

Seit der TYPO3-Version 4.3 gehört die Systemextension *recycler* zur Ausstattung, die zwar erst aktiviert werden muss, dann aber zuverlässig alle Datensätze wie Seiten und Seiteninhalte wieder zurückbringt, die irgendwo im Seitenbaum gelöscht wurden. Da für nahezu alle Datensätze das Flag `deleted` gesetzt werden kann, werden beim Löschen die Daten nicht physikalisch von der Platte gelöscht: Es wird das Flag aktiviert und damit sind die gelöschten Daten erst einmal unsichtbar. Mit der Extension *recycler* lassen sich die so markierten Datensätze wieder zurückholen.

Das funktioniert natürlich nur, wenn ein derartiges Flag zur Verfügung steht, und dies ist eben nur in der Datenbank der Fall. Im Filesystem gibt es darum keinen Papierkorb, was auch nicht über Einstellungen zu beeinflussen ist – darum sind die Antworten b) und e) falsch.

Auch wenn es irgendwo im TER für diesen Zweck eine Extension geben mag – von einem *Muss* kann keine Rede sein, daher ist auch Antwort c) falsch.

Tatsächlich genügt es, einen Ordner `_recycler_` anzulegen. Dieser taucht anschließend mit einem Papierkorb-Symbol auf und wird fortan alle Dateien aufnehmen, die gelöscht werden. Von dort lassen sich diese Dateien dann (auch rekursiv) wieder hervorholen.

Somit ist also Antwort d) die einzig korrekte.

6.8.9 Auf welchen Seiten ist es möglich, Datensätze vom Typ Backend User anzulegen? (1)

a) Dies ist nur durch das Modul Admin Tools ▸ User admin möglich.

b) Backend User werden ausschließlich auf der Seite mit der `ID = 0` angelegt.

c) Backend User werden ausschließlich auf der Seite angelegt, die das Root-Flag trägt.

d) Backend User können auf allen Seiten angelegt werden.

e) Backend User können auf allen Seiten vom Typ Folder angelegt werden.

f) Backend User können auf allen Seiten vom Typ Backend User Section angelegt werden.

Backend User sind Datensätze der Tabelle `be_users`. Das Modul Admin Tools ▸ User Admin eignet sich natürlich dazu, diese Datensätze anzulegen; allerdings ist das nicht die einzige Möglichkeit, so dass Antwort a) falsch ist.

Der Seitentyp spielt beim Anlegen von Benutzern keine Rolle – der Typ Backend User Section führt vielmehr in die Irre; er suggeriert, dass es sich um einen Container für Backend User handelt, doch die Funktion ist eine andere: Seiten mit diesem Pagetype sind im Frontend nur für jene User sichtbar, die gleichzeitig im Backend eingeloggt sind. Loggen sie sich aus dem Backend aus, wird auch die Seite im Frontend unsichtbar. Damit fallen die Antworten e) und f) ebenfalls weg.

Tatsächlich ist das Anlegen auf einer beliebigen Website ebenfalls nicht möglich, sondern nur auf einer speziellen. Da TYPO3 kein Mandantensystem kennt, kann der Backend User nicht einem bestimmten Seitenbaum zugeordnet werden, sondern nur der gesamten Installation (die Zuordnung zu Teilbäumen in der Benutzereinstellung ist davon unbenommen). Die Installation wiederum ist stets der Seite mit `ID = 0` untergeordnet. Folglich können auch nur hier Backend Benutzer angelegt und gepflegt werden.

Richtig ist also Antwort b).

Kapitel

7 Templating

Den wohl größten Arbeitsaufwand bei der Entstehung einer neuen Website erfordert das Templating. Meist wird ein XHTML/CSS-Template in TYPO3 überführt. Hier gibt es mehrere Vorgehensweisen, von denen das klassische Templating (über Marker und Subparts) die wichtigste ist.

Als TYPO3 Integrator werden Sie in der Prüfung zu dieser klassischen Form des Templating befragt, auch wenn es mittlerweile auch andere, zum Teil vielleicht „modernere" Methoden gibt, wie etwa TemplaVoilà oder Fluid Powered TYPO3. Diese Extensions sind aber, wie Extensions grundsätzlich, nicht Gegenstand der Prüfung.

Eine gute, wenn auch nicht mehr aktuelle Einführung in das Thema finden Sie z. B. in den Tutorials „Templating Basics" [1] oder „Modern Template Building Part 1", [2] die Informationen zu allen relevanten Themenberei-

1 http://docs.typo3.org/typo3cms/TemplatingTutorial/

chen bieten, wie Installation, Konfiguration, Marker- und Subpart-Verwendung, dem Template Autoparser und vielem mehr.

7.1 Allgemeines

Im Zusammenhang mit der Integration eines HTML-Template in TYPO3 stehen Sie zunächst vor eher allgemeinen Aufgabenstellungen: Wie soll die Integration erfolgen? Wie müssen Sie das `PAGE`-Objekt konfigurieren?

7.1.1 Sie wollen eine Website mit vier verschiedenen Ausgabeformaten erstellen, z.B. HTML, Printversion, iPhone und Plaintext. Was benötigen Sie? (1)

a) Vier verschiedene Server mit je einer TYPO3-Installation.

b) Vier TYPO3-Installationen auf einem Server.

c) Vier `PAGE`-Objekte mit unterschiedlichem `typenum`.

d) Vier Seiten in einer TYPO3-Installation, auf denen ein Root-Template hinterlegt ist.

e) Vier Root-Templates.

Grundsätzlich lassen sich in TYPO3 beliebig viele Ausgabeformate definieren, auch mehrere gleichzeitig; man könnte zu einer Website in herkömmlichem HTML beispielsweise eine Printversion anbieten, die über einen speziellen Link abrufbar ist. Alle Versionen der Website sollen aber auf dieselbe Datenbasis zugreifen, so dass es nicht sinnvoll wäre, die TYPO3-Installationen auf mehrere Server zu verteilen oder auf einem Server mehrere TYPO3-Installation zu betreiben.

Eine Seite mit Root-Template (auf der also die Option `Rootlevel` im Template gesetzt ist) definiert den Anfang eines vollständig neuen Webauftritts, nicht jedoch ein zusätzliches Ausgabeformat. Dafür ist lediglich ein neues `PAGE`-Objekt zu konfigurieren; zudem wird ein neuer `typenum` benötigt.

Richtig ist somit Antwort c).

Beispielhaft die Definition einer Druckversion mit TypoScript:

2 `http://docs.typo3.org/typo3cms/extensions/doc_tut_templselect/`

```
druckversion = PAGE
druckversion {
   typeNum = 1
   includeCSS.file = fileadmin/print.css
   10 = TEMPLATE
   10.template = FILE
   10.template.file = fileadmin/print.tmpl
   10.workOnSubpart = DOKUMENT
   10.marks.CONTENT < styles.content.get
}
```

7.1.2 Beim Aufruf Ihrer Website im Frontend erhalten Sie folgende Fehlermeldung: „No Template found!" Warum? (1)

a) Es wurde kein HTML-Template angegeben.

b) Das HTML-Template ist schreibgeschützt.

c) Es wurde kein TypoScript Root-Template angegeben.

d) Der Pfad zum HTML-Template ist falsch.

e) Es wurde kein Extension-Template angelegt.

In TYPO3 gibt es zwei Konzepte, die beide als „Template" bezeichnet werden – das führt immer wieder zu Verwirrung. Zwar ist der Begriff in beiden Fällen technisch korrekt, man hätte aber besser daran getan, die Art des Templates zu spezifizieren: Auf der einen Seite gibt es das klassische *HTML-Template*, das HTML-Code und ggf. Marker und Subparts enthält; dem steht der TypoScript-Code gegenüber, der im Constants- und Setup-Bereich einer Seite definiert wird.

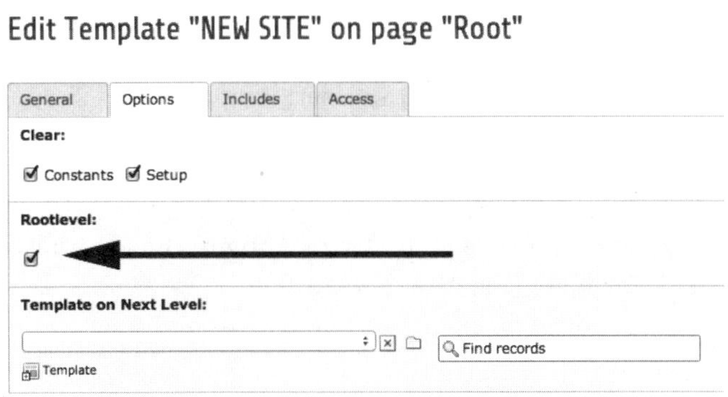

Abbildung 7.1: Für das Root-Template muss die entsprechende Option aktiviert sein

Die o.g. Fehlermeldung spricht leider ebenfalls nur von „Template", meint tatsächlich aber das TypoScript-Template – somit sind die Antworten a) und d) falsch. Dabei ist wichtig, dass die Checkbox rootlevel im Template aktiviert ist, denn dadurch wird dieses Template zum *Root-Template.*

Richtig ist also Antwort c).

7.1.3 Beim Aufruf Ihrer Website im Frontend erhalten Sie folgende Fehlermeldung: „The page is not configured!" Warum? (1)

a) Es wurde kein HTML-Template angegeben.

b) Es wurde kein TypoScript Root-Template angegeben.

c) Es wurde kein Extension-Template angelegt.

d) Es gibt kein PAGE-Objekt.

e) Die Checkbox rootlevel im Root-Template wurde nicht aktiviert.

Die vollständige Fehlermeldung ist noch etwas ausführlicher:

```
The page is not configured! [type= 0][]
```

Der in der Frage ausgelassene Teil gibt den sogenannten *Pagetype* an. Eine korrekt konfigurierte Seite hat immer einen Pagetype, der per Default den Wert 0 hat, aber jeden beliebigen Wert annehmen kann. So werden verschiedene Ausgabeformate einer Website realisiert.

Für das Ausgabeformat und damit die Ausgabe ist aber nicht zwingend ein HTML-Template notwendig, es wäre z.B. möglich, eine Website vollständig nur in TypoScript umzusetzen, Antwort a) ist also nicht richtig. Liegt ein Fall, wie in Antwort b) skizziert, vor, führt das zur Fehlermeldung No Template found!, die Antwort ist also auch falsch. Das Extension-Template entspricht übrigens dem Root-Template, mit der Ausnahme, dass die Checkbox Rootlevel nicht aktiviert ist, Antwort c) ist also ebenfalls nicht korrekt, genau wie die letzte Antwort. Es kann also nur am fehlenden PAGE-Objekt liegen.

Richtig ist damit Antwort d).

7.1.4 Beim Aufruf Ihrer Website im Frontend erhalten Sie folgende Fehlermeldung: „The page is not configured!" Welcher Code behebt den Fehler? (4)

a) `page = PAGE`

b) `seite = PAGE`

c)
```
page = PAGE
page.50 = HTML
```

d)
```
page = PAGE
page.50 = TEXT
```

e)
```
page = PAGE
page.50 = TEMPLATE
```

f)
```
website = PAGE
website.foobar = 37
```

Der gesuchte Code soll dafür sorgen, dass die Website initial konfiguriert wird. Es findet zwar noch keine Ausgabe statt, alle notwendigen Vorbereitungen dafür werden aber getroffen. Wie wir in früheren Fragen bereits erläutert haben, ist es zwingend notwendig, ein `PAGE`-Objekt zu definieren, wie es hier auch in allen Antworten geschieht. In Antworten b) und f) sehen Sie zudem, dass der Name des `PAGE`-Objekts nicht zwingend page lauten muss, auch wenn dies dringend empfohlen wird. In der Literatur wird stets von page ausgegangen, und es wird u.a. schwieriger, Code-Schnipsel zu übernehmen, wenn Sie sich nicht an diese Konvention halten.

Auch „unvorsichtige" Extension-Programmierer setzen oft `page = PAGE` voraus, so dass es vorkommt, dass eine Extension nicht wie gewünscht funktioniert, sobald Sie einen anderen Bezeichner zuweisen – möglich ist es aber.

Die Konfiguration ist für TYPO3 jedoch erst abgeschlossen, wenn dem `PAGE`-Objekt auch ein Inhaltsobjekt zugewiesen wird, wobei es egal ist, ob es sich um `HTML`, `TEXT` oder `TEMPLATE` handelt. Das Inhaltsobjekt `HTML` ist zudem seit Version TYPO3 6.0 ungültig – was auf das Ergebnis aber wiederum keine Auswirkung hat.

In Antwort f) finden Sie noch eine Besonderheit:

Es ist ein Unterschied, ob Sie ein Inhaltsobjekt zuweisen oder etwas beliebig anderes, hier findet keine Prüfung statt. So können Sie stattdesßen auch `website.foobar = blafasel` notieren, und die Fehlermeldung würde dennoch verschwinden. Dieses Verhalten von TYPO3 muss allerdings als Bug bezeichnet werden.

Insgesamt sind damit die Antworten c), d), e) und f) richtig.

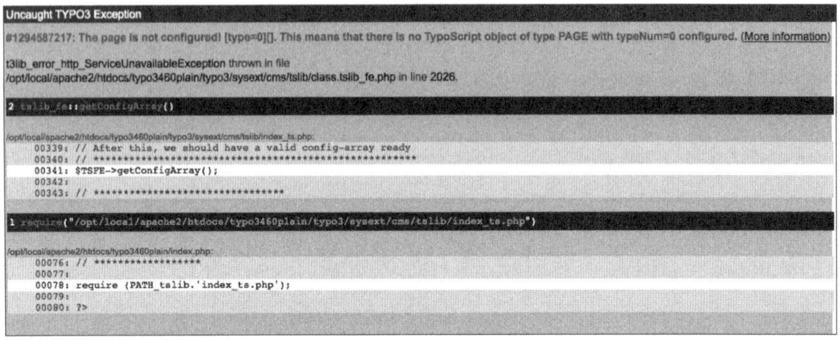

Abbildung 7.2: Wenn die Seite nicht konfiguriert ist, erhalten Sie eine Fehlermeldung

7.1.5 Können Sie eine Website ganz ohne HTML-Template, Marker und Subparts aufbauen? (1)

a) Nein, das ist nicht möglich. Jede Website benötigt zumindest ein HTML-Template.

b) Ja, das ist mit TypoScript möglich.

c) Nein, Sie benötigen dann auf jeden Fall die Extension *TemplaVoila.*

d) Ja, aber nur, wenn sie kein HTML ausgibt.

e) Nein, seit in Version 6.0 das Inhaltsobjekt `HTML` entfernt wurde, geht das nicht mehr.

Zur Erstellung einer Website in TYPO3 haben Sie grundsätzlich zwei Möglichkeiten: Sie verwenden ein HTML-Template und ersetzen darin Bereiche durch eigene Inhalte; hier gibt es wiederum mehrere Methoden – Marker und Subparts einzubauen und diese dann per TypoScript ersetzen zu lassen, ist wohl die gängigste.

Ein weiteres, ebenfalls recht populäres Verfahren ist die Arbeit mit TemplaVoilà. Diese Extension gestattet es, die zu ersetzenden Bereiche visuell zu erfassen und festzulegen. Anschließend werden (letztlich wieder über TypoScript) Inhalte an die Stelle dieser Bereiche geschrieben.

Tatsächlich aber wäre das HTML-Template nicht erforderlich, da TypoScript in der Lage ist, sämtliche Ausgaben selbst zu erzeugen, unabhängig davon, ob am Ende auch wirklich HTML erscheinen soll oder z.B. eine Textversion der Website. Es stimmt zwar, dass seit der Version 6.0 kein HTML-Objekt mehr existiert, aber das gleichwertige TEXT-Objekt hat genau dieselben Fähigkeiten.

Richtig ist also Antwort b).

Setup:

```
page = PAGE
page {
   10 = HTML
   10 {
      value = Titel: {page:title}
      value.insertData = 1
      value.wrap = <h1>|</h1>
   }
   20 = HMENU
   20  {
      entryLevel = 0
      1 = TMENU
      1.wrap = <ul>|</ul>
      1.NO = 1
      1.NO.wrapItemAndSub = <li>|</li>
   }
   30 < styles.content.get
   30.wrap = <div id="content">|</div>
}
```

Abbildung 7.3: Eine Website lässt sich vollständig in TypoScript realisieren (pre TYPO3 6.0)

7.1.6 Wie lassen Sie in der Titelzeile des Browsers einen Sitename anzeigen? (1)

a) Im Install Tool gibt es hierfür den Parameter

```
$TYPO3_CONF_VARS['SYS']['sitename']
```

b) Im Install Tool kann der Sitename in der Basic-Configuration-Ansicht angegeben werden.

c) Im Modul Template kann der Titel über Sitetitle im TypoScript-Template festgelegt werden.

d) Über die TypoScript-Option `config.pageTitle = <...>`.

e) Über die Page TSconfig-Option `config.pageTitle = <...>`.

Es wäre sehr praktisch, gäbe TYPO3 bei jeder Seite einen Sitetitel zusätzlich zum Titel der aktuellen Seite aus. Hier ließen sich z.B. der Firmenname oder etwa SEO-Begriffe[3] unterbringen. Setzt man allerdings eine der Optionen im Install Tool ein (wie in Antwort a) und b) vorgeschlagen), wird zwar auf der Backend-Login-Seite und im Backend der Seitenname angezeigt – für die Ausgabe im Frontend aber ist die Einstellung Sitetitle im Modul Template zuständig. Über TypoScript schließlich ließe sich der Sitename auch setzen, allerdings nicht über die oben genannte Option, sondern über `headerData` und `title`.

Richtig ist also Antwort c).

7.1.7 Für die Fehlersuche im täglichen Arbeiten mit Templates und TypoScript sind die TypoScript `stdWrap`-Eigenschaften `debug`, `debugData` und `debugFunc` hilfreich. Warum aber funktioniert folgendes Skript per Default nicht, d.h. warum erfolgt keine Ausgabe auf dem Bildschirm? (1)

```
page = PAGE
page.10 = TEXT
page.10.value = Hallo Welt!
page.10.debugData = 1
```

a) Die Syntax ist falsch, es müsste `page.10.stdWrap.debugData` heißen.

b) Die Ausgabe wird grundsätzlich nicht auf dem Bildschirm angezeigt, sondern in ein Logfile geschrieben.

c) Im Install Tool muss zuerst die IP des Client eingetragen werden.

d) Die oben genannte Funktionalität greift nur bei lokalen Installationen. Befindet sich die TYPO3-Instanz im Internet, funktioniert die Anzeige von Debug-Daten nicht.

e) Die Ausgabe erfolgt nicht auf dem Bildschirm, sondern im Backend in einem Modul innerhalb des Moduls Info.

Eine Ausgabe von Debug-Informationen in TypoScript ist mit dem oben gezeigten Code tatsächlich möglich. Dabei liefert `debug` die Ausgabe so, wie sie im Quellcode lautet (also inklusive HTML-Tags); `debugData` liefert eine tabellarische Ansicht des Arrays `$cObj->data`, und `debugFunc` erzeugt eine Ausgabe, wie sie in ähnlicher Form auch die TYPO3-Funktion `debug` anzeigt. Die Syntax ist also korrekt.

Antwort d) ist unter Umständen irreführend. Setzen Sie nämlich das o.g. Skript auf einer lokalen TYPO3-Instanz ein (also auf demselben Rechner,

3 SEO steht für *Search Engine Optimization*, also Suchmaschinenoptimierung.

auf dem sich auch der Client befindet), so wird die Debug-Ausgabe angezeigt, auf einem entfernten Server dagegen nicht. Das Debugging funktioniert aber nicht ausschließlich auf lokalen Instanzen, vielmehr findet sich im Install Tool die Einstellung bzw. Variable

```
$TYPO3_CONF_VARS['SYS']['devIPmask']
```

Hier ist die *Loopback-Schnittstelle* (meist die IP-Adresse `127.0.0.1`, über die ein Rechner lokal eine Client-Server-Kommunikation abwickelt) per Default eingetragen.

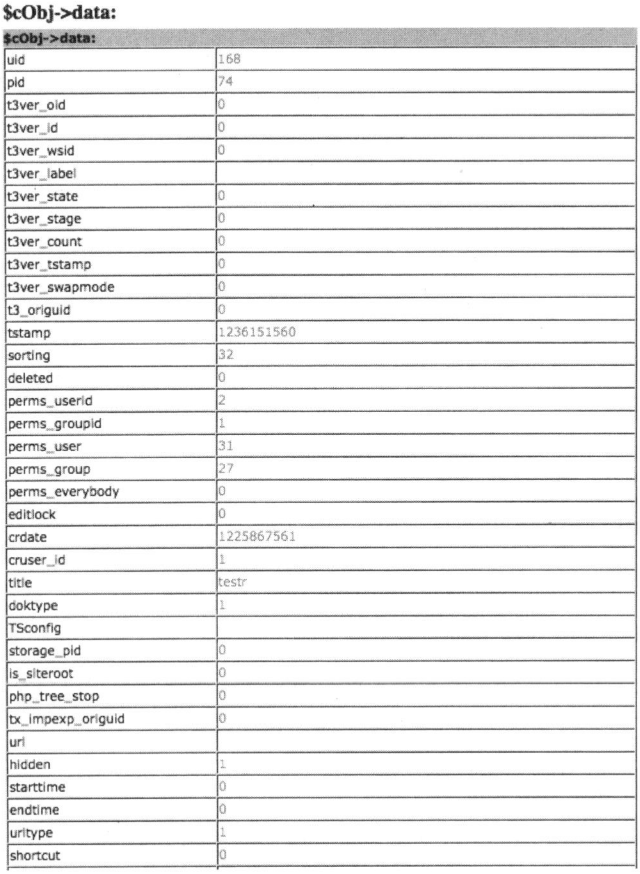

$cObj->data:

$cObj->data:	
uid	168
pid	74
t3ver_oid	0
t3ver_id	0
t3ver_wsid	0
t3ver_label	
t3ver_state	0
t3ver_stage	0
t3ver_count	0
t3ver_tstamp	0
t3ver_swapmode	0
t3_origuid	0
tstamp	1236151560
sorting	32
deleted	0
perms_userid	2
perms_groupid	1
perms_user	31
perms_group	27
perms_everybody	0
editlock	0
crdate	1225867561
cruser_id	1
title	testr
doktype	1
TSconfig	
storage_pid	0
is_siteroot	0
php_tree_stop	0
tx_impexp_origuid	0
url	
hidden	1
starttime	0
endtime	0
urltype	1
shortcut	0

Abbildung 7.4: Anzeige der TypoScript-Debug-Meldungen im Frontend

Diesen Wert müssen Sie bei einer TYPO3-Installation auf einem entfernten Server um Ihre aktuelle IP-Adresse erweitern, schon wird Ihnen die Debug-Ausgabe angezeigt. Auf diese Weise debuggen Sie auf dem Produktivsystem, ohne dass Websitebesucher die Debug-Ausgaben zu sehen bekommen.

Richtig ist also Antwort c).

7.1.8 Sie erstellen ein TypoScript-Template, füllen alle benötigten Marker und Subparts mit Inhalten, konfigurieren sämtliche verwendeten Extensions und stellen fest, dass Ihr Template allmählich eine unübersichtliche Größe annimmt. Was lässt sich dagegen tun? (2)

a) Sie können das TypoScript-Template auf mehrere Dateien aufteilen und diese im Master-Template inkludieren.

b) Sie können das TypoScript-Template auf mehrere Templates aufteilen und im Abschnitt Include basis template inkludieren.

c) Sie können nicht benötigten TypoScript-Code streichen.

d) Über die Extension *MinimizeTypoScript* können Sie den TypoScript-Code verkleinern.

e) Sie können gleichen TypoScript-Befehlscode in Konstanten auslagern, um damit Platz zu sparen.

Gerade bei größeren Websites kommen schnell einige hundert Zeilen TypoScript-Code im Template zusammen, die schwierig zu durchsuchen und zu warten sind. Modularisierung ist dann das Mittel der Wahl.

Hier gibt es grundsätzlich zwei Methoden: Sie legen mehrere TypoScript-Templates als Template-Datensätze an und inkludieren diese über Include basis template im Modul Template. Templates lassen sich so verschiedenen Einsatzbereichen, wie Menü, Inhalt, Extension1, Extension2 usw., zuordnen.

Noch eleganter ist es allerdings, die Templates als Dateien auszulagern, so dass sie nicht mehr in der Datenbank gehalten werden, sondern im Filesystem. Das hat viele Vorteile: Man kann die Dateien z.B. in einem Versionierungssystem (wie SVN) verwalten und so jederzeit auf ältere Versionen zurückgreifen, wenn ein Fehler auftritt. Zudem ist es auf diese Weise möglich, für das Editieren des TypoScript den eigenen, gewohnten Editor zu verwenden. Und schließlich ist damit ein scheller Zugriff mittels FTP möglich, um z.B. eine Kopie der Dateien anzulegen oder sie direkt auf dem Server zu verändern (wenn Ihr FTP-Programm das unterstützt).[4]

4 Die Dateien lassen sich im TypoScript-Template einbinden mit dem Befehl <INCLUDE_TYPOSCRIPT: source="FILE: fileadmin/dateiname.typoscript">.

Der Vorschlag in Antwort c) ist zwar sinnvoll, für unsere Fragestellung allerdings kein gangbarer Weg: Selbstverständlich sollte der TypoScript-Code so schlank wie möglich gehalten werden, dennoch wächst der Skriptumfang bei der Integration neuer Funktionalitäten permanent, so dass Streichungen nicht zielführend sind, wenn es um Übersichtlichkeit geht. Die in Antwort d) genannte Extension gibt es nicht, die Angabe unter e) ist ebenso nur erfunden.

Richtig sind also die Antworten a) und b).

7.1.9 In der letzten Frage haben wir gezeigt, dass es möglich ist, eine TypoScript-Datei mit dem Namen `dateiname.typoscript` in einem TypoScript-Template zu inkludieren. Allerdings ist es per Default nicht möglich, diese Datei im Modul File ▸ Filelist zu editieren oder gar anzulegen. Warum? (1)

a) Im Modul File ▸ Filelist können nur Bild- und PDF-Dateien hochgeladen werden.

b) Im Install Tool muss die Verwendung von `*.typoscript`-Dateien erst zugelassen werden.

c) Dies ist über das Modul File ▸ Filelist auch nicht möglich – dafür ist die Extension *Quixplorer* zu verwenden.

d) Man muss die Verwendung von `*.typoscript`-Dateien erst im Page TSconfig freischalten.

e) Die Dateierweiterung darf nur 2 Zeichen besitzen – beispielsweise `dateiname.ts`.

Natürlich lassen sich im Modul File ▸ Filelist auch Dateitypen über Bilder und PDFs hinaus verwalten. Sie können dort beliebige Dateien hochladen – bearbeiten (oder gar anlegen) dürfen Sie aber nur Textdateien (Endungen `txt`, `ts`, `html`, `htm`, `css`, `tmpl`, `js`, `sql`, `xml`, `csv`, `xlf`). Um nun Dateien mit der Endung `typoscript` editieren und anlegen zu können, müssen Sie dieses Suffix zur Liste hinzufügen – nicht im Page TSconfig, wie es Antwort d) vorschlägt, sondern im Install Tool in der Option `$TYPO3_CONF_VARS['SYS'][textfile_ext]`.

Somit ist Antwort b) richtig.

7.1.10 Sie wollen mit einer Include-Anweisung ein ganzes Verzeichnis mit TypoScript-Dateien inkludieren – ist dies möglich und wenn ja, wie? (1)

a) Nein, das ist nicht möglich. Mit einem Include-Statement kann man nur einzelne Dateien inkludieren.

b) `<INCLUDE_TYPOSCRIPTDIR: source="EXT:myext/Typoscript">`

c) `<INCLUDE_TYPOSCRIPT: source="DIR:EXT:myext/Typoscript">`

d) `<INCLUDE_TYPOSCRIPT: source="DIR:myext/Typoscript">`

e) `<INCLUDE_TYPOSCRIPT: sourcedir="EXT:myext/Typoscript">`

Seit der Version TYPO3 CMS 6.2 LTS ist es auch möglich, Verzeichnisse zu inkludieren. Dabei ist zunächst dieselbe Syntax wie bisher zu verwenden – Antwort b) ist also falsch.

Generell leitet man in diesem Fall die Quelle mit `DIR:` ein, wodurch Antwort e) ebenfalls aus der Liste verbleibender Antworten herausfällt. Grundsätzlich funktionieren die beiden verbleibenden Optionen. Allerdings führt der Pfad unter d) nicht zum Ziel, ist er doch relativ zum Installationsverzeichnis. Eigene Dateien befinden sich in TYPO3 immer entweder in einer Extension (Antwort c) oder eben unterhalb von `fileadmin/`, wozu aber keine Option aufgeführt ist.

Daher ist ausschließlich Antwort c) richtig.

7.1.11 Im Modul File ▸ Filelist können per Default PHP-Dateien nicht angelegt oder editiert werden, auch der Upload von PHP-Dateien ist nicht möglich. Warum? (2)

a) Im Install Tool muss die Verwendung von php-Dateien erst über die Option `$TYPO3_CONF_VARS['SYS'][textfile_ext]` zugelassen werden.

b) Aus Sicherheitsgründen ist das nicht zugelassen, dieses Verhalten lässt sich auch nicht ändern.

c) Im Install Tool muss die Verwendung von php-Dateien erst über die Option `$TYPO3_CONF_VARS['SYS'][fileDenyPattern]` zugelassen werden.

d) Sie müssen die Verwendung von php-Dateien erst im Page TSconfig freischalten.

PHP-Dateien sind im Grunde einfache Textdateien; könnte aber jeder Backendbenutzer PHP-Dateien auf dem Server ablegen, wäre das ein enormes Sicherheitsrisiko. Daher ist die Verwendung solcher Dateien zwar nicht grundsätzlich ausgeschlossen, wie in Antwort b) (fälschlicherweise) beschrieben, jedoch ist sie mit einem besonderen Mechanismus abgesichert.

Zunächst muss die Verwendung von Dateien mit der Endung php über die Install-Tool-Option

```
$TYPO3_CONF_VARS['SYS'][textfile_ext]
```

explizit zulässig sein, was per Default nicht der Fall ist. In der Option

```
$TYPO3_CONF_VARS['SYS'][fileDenyPattern]
```

werden außerdem per Default alle Dateien mit den Endungen php, php3, php4, php5 und php6 ausgeschlossen, geregelt wird dies über den regulären Filter-Ausdruck `\.(php[3-6]?|phpsh|phtml)(\..*)?$`. Ändern Sie diesen Ausdruck, so dass diese Dateien nicht mehr ausgeschlossen werden, lassen sie sich im Modul File ▸ Filelist erstellen und bearbeiten. Es sei hier noch einmal gesagt: Sie sollten sich der Risiken dieser Einstellung bewusst sein!

Richtig sind also die beiden Antworten a) und c).

7.1.12 Sie wollen für die aktuelle Seite das TypoScript-Template A und für alle Unterseiten der aktuellen Seite das Template B verwenden. Welche ist die beste Vorgehensweise? (1)

a) Sie weisen der aktuellen Seite das Template *A* und jeweils auf jeder der Unterseiten das Template *B* zu.

b) Sie weisen der aktuellen Seite das Template *A* und dort in der Einstellung Template on next Level das Template *B* zu.

c) Sie weisen der aktuellen Seite das Template *A* und dort per Condition den Unterseiten das Template *B* zu.

d) Sie weisen allen Seiten das Template *B* zu und per Condition der aktuellen Seite das Template *A*.

Für bestimmte Seiten ein eigenes TypoScript-Template einzusetzen, ist im Templating nichts Ungewöhnliches; so geschieht es z. B. nicht selten, dass die Startseite ein anderes Layout erhält als die übrigen Seiten.

Gehen Sie nun vor, wie in Antwort a) vorgeschlagen, so müssten Sie bei beispielsweise zehn Unterseiten ingesamt elf Templates zuweisen, das ist wohl nicht sehr effektiv. Sobald sich das Template der Unterseiten ändert, wären also an zehn Seiten Änderungen vorzunehmen.

Abbildung 7.5: Über die Einstellung *Template on next Level* kann das Template für Unterseiten festgelegt werden

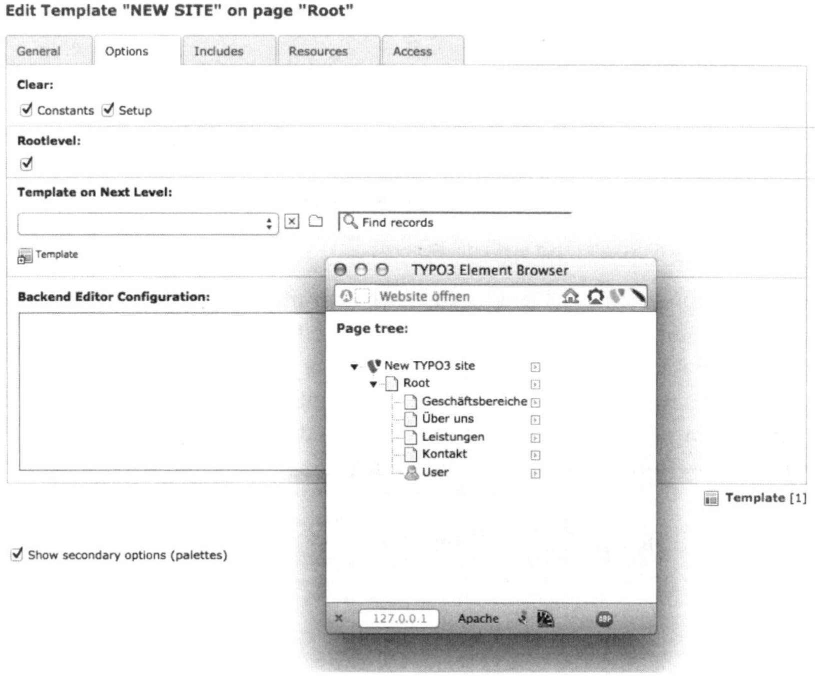

Antwort c) ist ebenso falsch. Fügten Sie nach dieser Methode eine Unterseite hinzu, müssten Sie die ID der Seite gleichzeitig in der entsprechenden Option der Condition hinzufügen. Außerdem ließe sich über eine solche UID-Liste in der Condition auf Anhieb nicht feststellen, auf welche Seiten das Template nun tatsächlich angwendet werden soll, beides wäre zu umständlich. Natürlich könnte man in der Condition die Bedingungen `PIDupinRootline` und `PIDinRootline` verwenden (es gibt Szenarien, wo dies sinnvoll wäre) – es bliebe aber problematisch, dass man eine ID in der Condition identifizieren und deshalb erst mit der entsprechenden Seite in Verbindung bringen müsste – eine wenig effiziente Arbeitsweise.

Die Lösung in Antwort d) klingt da plausibler, bringt aber ein ähnliches Problem mit sich: Sie hätten zuerst im TypoScript-Template zu prüfen, welche Seite nun ein anderes Template erhalten soll, zudem wird in der Condition wieder eine ID notiert, die Sie gedanklich einer Seite zuordnen müssten.

Der wohl beste Lösungsansatz für die Fragestellung ist daher der in Antwort b) genannte. In der Einstellung Template on next Level lässt sich schnell und einfach das Template für die Unterseiten festlegen. So sind Layout-Veränderungen für einzelne Seitenbereiche rasch umzusetzen.

Richtig ist also Antwort b).

7.2 Marker und Subparts

Sind die grundsätzlichen Einstellungen vorgenommen, muss es darum gehen, verschiedene Bereiche der Website unter Verwendung von Markern und Subparts mit TypoScript zu mappen – dies gehört zu den Grundfertigkeiten eines TYPO3 Integrators.

7.2.1 Sie wollen den Subpart **DOCUMENT_BODY** in Ihrem HTML-Template ansprechen. Welcher Code ist hierzu der richtige? (1)

```
page = PAGE
page.10 = TEMPLATE
page.10 {
    template = FILE
    template.file = fileadmin/template.html
    ??? = DOCUMENT_BODY
}
```

a) `subpart`

b) `marks`

c) `useSubPart`

d) `workOnSubpart`

e) `defineSubpart`

Um eine Ausgabe in TYPO3 zu erzeugen, können Sie ein HTML-Template einsetzen; dieses versehen Sie meist mit Platzhaltern und sprechen diese dann von TYPO3 aus an. Es gibt zwei Typen von Platzhaltern: *Mar-*

ker und *Subparts*. Während ein Marker immer ein allein stehender Platzhalter ist, der ersetzt wird, sind Subparts zweiteilig – beide Teile werden samt dem Inhalt, der sich zwischen ihnen befindet, ersetzt (bzw. angesprochen).

Die zuständige Option lautet `workOnSubpart`. Im weiteren Code würde man im Subpart enthaltene Marker oder weitere Subparts mit Inhalt füllen. Der Terminus aus Antwort b) existiert ebenfalls, allerdings im Zusammenhang mit der tatsächlichen Ersetzung; die beiden Optionen lauten naheliegend `subparts` bei Subparts und `marks` bei Markern. Alle anderen Optionen sind frei erfunden.

Richtig ist also ausschließlich Antwort d).

7.2.2 Gegeben seien das untenstehende HTML-Template und TypoScript-Setup. Welcher Code fehlt anstelle der Fragezeichen, damit `###HEADLINE###` durch den Text `Hello World!` ersetzt wird? (1)

```
<!-- ###DOCUMENT### begin -->
<h1>###HEADLINE###</h1>
<!-- ###DOCUMENT### end -->

page = PAGE
page.10 = TEMPLATE
page.10 {
    template = FILE
    template.file = fileadmin/template.html
    workOnSubpart = DOCUMENT
    ??? {
      HEADLINE = TEXT
      HEADLINE.value = Hello World!
    }
}
```

a) `subparts`

b) `subpart`

c) `markers`

d) `marker`

e) `marks`

Wie bereits gezeigt, dient der erste Teil des TypoScript-Codes dazu, ein HTML-Template auszuwählen und den Subpart `DOCUMENT` mit Inhalt zu füllen. Anschließend soll aber `###HEADLINE###` durch den Text `Hello`

`World!` ersetzt werden; hier gibt es prinzipiell nur zwei Möglichkeiten. Ein Subpart besteht – wie für `DOCUMENT` dargestellt – aus zwei Teilen, nämlich einem Anfangs-Marker und einem End-Marker. Ersetzen Sie einen Subpart mit Inhalten, so wird alles zwischen diesen beiden Markern (einschließlich der Marker) ersetzt. Verwenden Sie allerdings nur einen einfachen Platzhalter (schlicht als *Marker* bezeichnet), so wird auch nur dieser ersetzt. Genau das ist in der Fragestellung gefordert, die Antworten a) und b) sind darum auf jeden Fall falsch.

Das `TEMPLATE`-Objekt durchsucht das zugewiesene HTML-Template nach Platzhaltern und macht sie über die beiden Arrays `subparts` und `marks` ansprechbar, letzteres ist im o.g. Skript der Fall – richtig kann folglich nur Antwort e) sein.

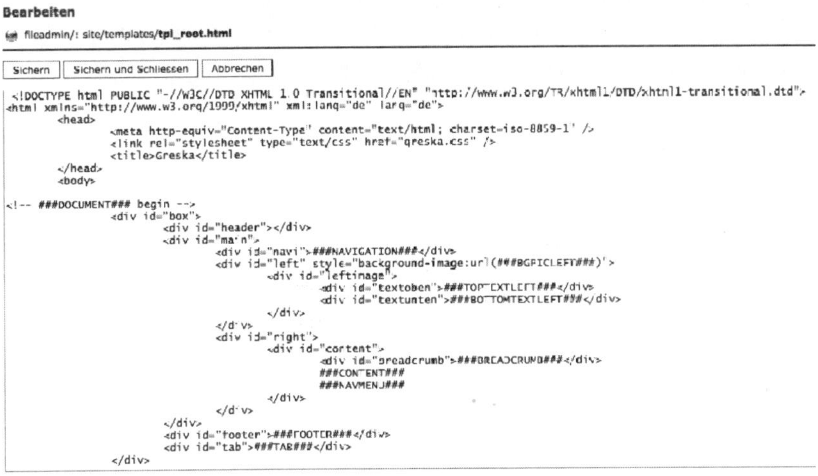

Bearbeiten

fileadmin/: site/templates/**tpl_root.html**

Sichern | Sichern und Schliessen | Abbrechen

```
<!DOCTYPE html PUBLIC "-//W3C//DTD XHTML 1.0 Transitional//EN" "http://www.w3.org/TR/xhtml1/DTD/xhtml1-transitional.dtd">
<html xmlns="http://www.w3.org/1999/xhtml" xml:lang="de" lang="de">
        <head>
                <meta http-equiv="Content-Type" content="text/html; charset=iso-8859-1' />
                <link rel="stylesheet" type="text/css" href="greska.css" />
                <title>Greska</title>
        </head>
        <body>

<!-- ###DOCUMENT### begin -->
                <div id="box">
                        <div id="header"></div>
                        <div id="main">
                                <div id="navi">###NAVIGATION###</div>
                                <div id="left" style="background-image:url(###BGPICLEFT###)'>
                                        <div id="leftimage">
                                                <div id="textoben">###TOPTEXTLEFT###</div>
                                                <div id="textunten">###BOTTOMTEXTLEFT###</div>
                                        </div>
                                </div>
                                <div id="right">
                                        <div id="content">
                                                <div id="breadcrumb">###BREADCRUMB###</div>
                                                ###CONTENT###
                                                ###NAVMENU###
                                        </div>
                                </div>
                        </div>
                        <div id="footer">###FOOTER###</div>
                        <div id="tab">###TAB###</div>
                </div>
```

Abbildung 7.6: Ein HTML-Template mit Subparts und Markern

7.2.3 Sie haben einen Marker **`###HMENU###`** im HTML-Template verwendet und diesen per TypoScript ersetzt. Der Marker erscheint aber unverändert in der Ausgabe. Warum? (1)

a) Es gibt einige reservierte Namen für Marker, `HMENU` gehört dazu und darf daher nicht verwendet werden.

b) Sie haben vergessen, den Backend-Cache zu löschen.

c) Sie haben einen Tippfehler im Marker (entweder im HTML- oder im TypoScript-Template).

d) Ein Marker muss wie folgt notiert werden, damit er ersetzt werden kann: `<!-- ###HMENU### begin -->`

Der in der Frage angesprochene Fall kommt in der täglichen Arbeit als TYPO3 Integrator häufig vor: Sie platzieren mehrere Marker in einem HTML-Template, die Sie anschließend per TypoScript ersetzen wollen. Hin und wieder wird aber der eine oder andere Marker unverändert ausgegeben. Woran kann das liegen?

Antwort d) ist sicher falsch, da dort ein Subpart und kein Marker beschrieben wird. Hätten Sie sich beim schließenden Teil vertippt, könnte es zwar sein, dass TYPO3 den Subpart als Marker erkennt, selbst dann aber würde dieser nicht in der Ausgabe sichtbar werden, sondern in einem (auf der Webseite) unsichtbaren HTML-Kommentar.

Antwort a) ist ebenfalls falsch: Sie können beliebige Namen für Marker verwenden, dürfen dabei übrigens auch Groß- und Kleinbuchstaben beliebig nutzen, die Großschreibung dient nur der besseren Übersicht. Am Backend-Cache schließlich kann es wohl auch nicht liegen, da er für die Frontend-Darstellung gar nicht benötigt wird.

Somit bleibt Antwort c) als einzig richtige: Es gibt wohl einen Tippfehler in einem der beiden Templates (HTML/TypoScript), deshalb wird der Marker nicht erkannt und ersetzt, sondern unverändert ausgegeben.

7.2.4 Sie wollen als Markerbegrenzung ein anderes Zeichen anstelle von # verwenden. Ist das möglich und, wenn ja, wie? (1)

a) Das ist nicht möglich, da das Zeichen hartkodiert im Quellcode von TYPO3 steht.

b) Über die Eigenschaft `markerWrap` kann das Zeichen geändert werden.

c) Sie können ohnehin ein beliebiges Zeichen verwenden – TYPO3 erkennt selbstständig an der Syntax, ob ein Marker ausgezeichnet werden soll.

d) Sie müssen hierzu die Extension *MarkerChange* installieren.

Wenn Sie die klassische Markerbegrenzung nicht verwenden wollen oder können, dann ist es ganz einfach möglich, diese Zeichenkette neu zu definieren. TYPO3 erkennt die Markerbegrenzungen aber nicht selbständig – Antwort c) ist also falsch. Um die Änderung zu bewerkstelligen, brauchen Sie allerdings keine Extension, Sie können sich hier allein mit TypoScript behelfen:

Die Eigenschaft `markerWrap` des `TEMPLATE`-Objekts hat die Default-Einstellung: `###|###`. Diese lässt sich einfach ersetzen, beispielsweise durch `@@|@@`.

Richtig ist also Antwort b).

wraps	Array... of cObject	This is an array of wraps-markers (case-sensitive).
		This is shown best by an example:
		Example:
		subparts {
		MYLINK = TEXT
		MYLINK.value = <A href="#"> | </A>
		}
		In the template:
		This is <!--###MYLINK###-->a link to my<!--###MYLINK###--> page!
		In this example the MYLINK subpart will be substituted by the wrap which is the content returned by the MYLINK cObject.	

workOnSubpart	string	This is an optional definition of a subpart, that we decide to work on. In other words; if you define this value that subpart is extracted from the template and is the basis for this whole templateobject.	
markerWrap	wrap	This is the wrap the markers is wrapped with. The default value is ### | ### resulting in the markers to be presented as ###[marker_key]###. Any whitespace around the wrap-items is stripped before they are set around the marker_key.	### | ###
substMarksSeparately	boolean	If set, then marks are substituted in the content AFTER the substitution of subparts and wraps. Normally marks are not substituted inside of subparts and wraps when you are using the default cached mode of the TEMPLATE cObject. That is a problem if you have marks inside of subparts! But setting this flag will make the marker-substitution a non-cached, subsequent process. Another solution is to turn of caching, see below.	

Abbildung 7.7: Die Definition der Eigenschaft `markerWrap` in der TSref

7.2.5 Welche Marker-Kombination muss verwendet werden, damit der folgende TypoScript-Code diese sinnvoll ersetzt? (2)

```
page = PAGE
page.10 = TEMPLATE
page.10 {
    template = FILE
    template.file = fileadmin/template.html
    workOnSubpart = DOCUMENT
    marks {
      MARKER = TEXT
      MARKER.value = Hello World!
    }
    subparts {
      SUB = TEXT
      SUB.value = TYPO3-Integrator!
    }
}
```

a) ###MARKER###

###SUB###

b)
```
MARKER
SUB
```

c)
```
<!-- ###SUB### begin -->
###MARKER###
<!-- ###SUB### end -->
```

d)
```
###MARKER###
<!-- ###SUB### begin -->
<!-- ###SUB### end -->
```

e)
```
<!-- ###SUB### begin -->
<!-- ###SUB### end -->
###MARKER###
```

Sie können Marker und Subparts in Ihren Templates prinzipiell in beliebiger Kombination einsetzen, es gibt aber einige wenige Regeln, die es dabei zu beachten gilt: Zunächst werden Marker immer mit Markerbegrenzungen umschlossen – Antwort b) ist darum falsch. Außerdem muss es bei der Definition von Subparts zwingend zwei gleichnamige Marker geben, das ist in Antwort a) nicht der Fall.

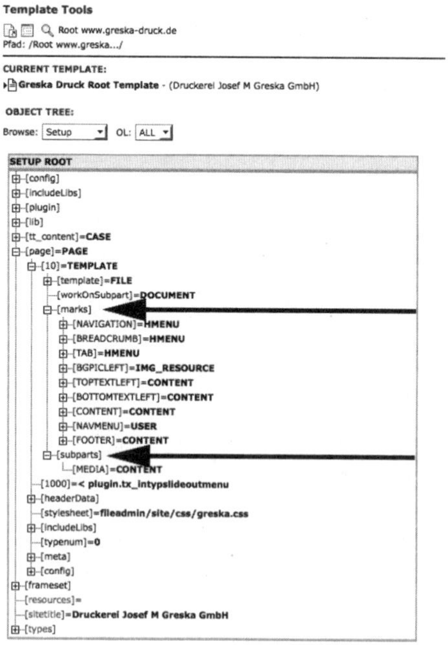

Abbildung 7.8: Der TypoScript Object Browser zeigt Marker- und Subparts-Definitionen im TypoScript an

Wenn Sie nun einen Marker benutzen, der innerhalb eines Subparts liegt, wie in Antwort c), dann wird dieser zwar zunächst ersetzt – im nächsten Schritt wird diese Ausgabe allerdings wieder zunichtegemacht, da nun der Subpart ersetzt wird, also alles, was zwischen den beiden Subpart-Begrenzern liegt. Die Reihenfolge, mit der Marker und Subparts im Quellcode angesprochen werden, ist von der Position im TypoScript-Code allerdings völlig unabhängig, so dass die beiden richtigen Antworten d) und e) lauten. Bei Antwort d) wird Hello World!TYPO3-Integrator! ausgegeben, bei Antwort e) TYPO3-Integrator!Hello World!.

7.2.6 Was müssen Sie im Code anstelle der Fragezeichen eintragen, wenn Sie den Marker **###HEADLINE###** mit dem String **<em><strong>Hallo!</strong></em>** ersetzen wollen? (2)

```
page = PAGE
page.10 = TEMPLATE
page.10 {
    template = FILE
    template.file = fileadmin/template.html
    workOnSubpart = DOCUMENT
    marks {
      ???
    }
}
```

a) HEADLINE = HTML

   HEADLINE.value = <em><strong>Hallo!</strong></em>

b) HEADLINE = TEXT

   HEADLINE.value = <em><strong>Hallo!</strong></em>

c) HEADLINE = HTML

   HEADLINE.value = <strong>Hallo!</strong>

   HEADLINE.value.wrap = <em>|</em>

d) HEADLINE = TEXT

   HEADLINE.value = <strong>Hallo!</strong>

   HEADLINE.wrap = <em>|</em>

Für die Ersetzung von Markern können Sie alle Content-Elemente verwenden – TEXT und HTML sind nur eine kleine, wenn auch populäre Auswahl. Tatächlich dürfen Sie dem Marker beliebigen gültigen TypoScript-

Code zuweisen. Die Antworten dienen lediglich der Verwirrung, was die Verwendung verschiedener `stdWrap`-Eigenschaften von `HTML` und `TEXT` betrifft – alle sind syntaktisch richtig und erzeugen die gewünschte Ausgabe.

Allerdings wurde das `HTML` Objekt in TYPO3 6.0 entfernt, da es syntaktisch identisch zu `TEXT` war.

Damit sind letzlich nur die Antworten b) und d) richtig.

7.2.7 Sie wollen im u.g. HTML-Template den Subpart mit `Hello World!` und den Marker mit `Is there anybody out there?` ersetzen. Welche Zeile fehlt dazu im TypoScript-Code? (1)

```
<!-- ###SUB### begin -->
###MARKER###
<!-- ###SUB### end -->

page = PAGE
page.10 = TEMPLATE
page.10 {
    template = FILE
    template.file = fileadmin/templates/test.html
    workOnSubpart = DOCUMENT
    ???
    subparts {
      SUB = TEXT
      SUB.value = Hello World! ###MARKER###
    }
    marks {
      MARKER = TEXT
      MARKER.value = Is there anybody out there?
    }
}
```

a) `nonCachedSubst = 1`

b) `substMarksSeparately = 1`

c) `useMarksInSubparts = 1`

d) Es fehlt nichts, die Ausgabe erfolgt wie gefordert.

e) Das ist so nicht möglich.

Wir haben bereits gezeigt, dass Marker innerhalb von Subparts nicht sichtbar werden, da zunächst der Marker ersetzt wird, im selben Durchlauf aber auch der umgebende Subpart, womit die Markerersetzung wieder verworfen wird.

Nun ließe sich versuchen (wie im o.g. Skript gezeigt), zunächst den Subpart zu ersetzen und bei der Ersetzung wieder einen Marker zu verwenden. Ohne weiteres würde dieser aber nicht ersetzt werden, da die Ersetzung von Marker und Subparts gleichzeitig erfolgt. Sie müssen im oben dargestellen Skript daher eine *sequenzielle* Ersetzung verwenden: *zuerst* die Subparts und *anschließend* die Marker – genau das leistet die in Antwort b) angegebene Option.

Die Objekteigenschaft aus Antwort c) gibt es hingegen nicht, und die Codezeile in Antwort a) schaltet grundsätzlich den Marker-Cache ab, was uns aber im vorliegenden Fall nicht weiterhilft.

Richtig ist also nur Antwort b).

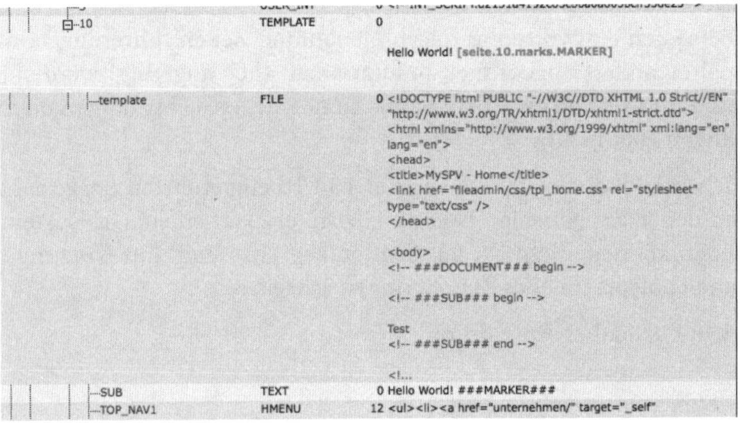

Abbildung 7.9: Im Admin Panel ist die Ersetzung der Marker und Subparts gut zu erkennen

7.2.8 Sie haben in Ihrem Layout fünf Spalten und wollen daher die Spalten-Ansicht im Backend anpassen – was müssen Sie tun? (1)

a) Sie schreiben `mod.SHARED.colPos = 1,0,2,3,4` in das TSconfig der Seite.

b) Sie schreiben `mod.SHARED.colPos = 0,1,2,3,4` in das TSconfig der Seite.

c) Sie verwenden einen Datensatz vom Typ Backend Layout, richten dort fünf Spalten ein und weisen das Layout der Seite zu.

d) Das ist mit Bordmitteln von TYPO3 nicht zu bewerkstelligen. Sie müssen TemplaVoilà installieren.

e) Sie erweitern das TCA um die Zeile

```
TCA.pages.colPos := addToList(4)
```

Oft reicht die angebotene Spaltenanzahl im Backend nicht aus, und es gibt zahlreiche Workarounds, diese zu ändern. Sie können dafür zwar auf eine Extension wie beispielsweise *TemplaVoila* zurückgreifen – müssen es allerdings nicht; daher ist Antwort d) nicht richtig.

Auch Antwort e) ist falsch, da sich das TCA nicht einfach durch eine TypoScript-ähnliche Notation anpassen lässt. Vielmehr wäre hier beispielsweise PHP-Code zu schreiben, um das TCA zu erweitern. Man würde jedoch nicht das TCA der Tabelle `pages` anpassen, sondern das der Tabelle `tt_content`.

Die in den Antworten a) und b) genannten Zeilen führen dazu, dass die Spalten anders angeordnet und vor allem auch angezeigt werden (sofern das TCA erweitert worden wäre). Zum Anlegen selbst taugen die Anweisungen aber nicht.

Richtig sind die in TYPO3 Version 4.5 LTS eingeführten *Backend Layouts*, mit denen Sie beliebige Layouts – basierend auf einem Gridsystem – aufbauen können, die nicht auf Spalten begrenzt sind. Zur Nutzung ist von Ihnen entsprechendes TypoScript zu schreiben.

Richtig ist daher Antwort c).

7.3 FLUIDTEMPLATE

In TYPO3 4.5 LTS wurde die Möglichkeit geschaffen, die Templating-Engine Fluid auch für die Verwendung innerhalb der Generierung des Seitentemplates zu nutzen.

7.3.1 Wie heißt das benötigte TypoScript Content Objekt, wenn man Fluid zur Generierung des Seitentemplates verwenden will? (1)

a) `TEMPLATE`

b) `FLUID`

c) `FLUIDTEMPLATE`

d) `PAGETEMPLATE`

e) `FLUID_TEMPLATE`

f) `FLUID_ENGINE`

Mit der Version 4.3 wurden die beiden Systemextensions *fluid* und *extbase* zum Kern hinzugefügt. Damit ist es möglich, moderne und zukunftssichere Extensions zu programmieren, die auch im neuen Zweig bzw. dem Nachfolger des aktuellen TYPO3 – Neos – einsetzbar sein werden. *Fluid* ist eine sehr leistungsfähige und intuitive Templating-Engine, die Sie auch zur Generierung des Seitentemplates einsetzen sollten. Das ist seit Version 4.5 LTS möglich, mit der ein TypoScript-Objekt integriert wurde, um ein Seitentemplate anzusprechen:

```
page = PAGE
page {
    10 = FLUIDTEMPLATE
    10 {
        file = fileadmin/templates/Home.html
        partialRootPath = fileadmin/templates/Partials/
        layoutRootPath = fileadmin/templates/Layouts/
        variables {
            pageTitle = TEXT
            pageTitle.data = page:title
                        ...
            leftColumn < styles.content.getLeft
            content < styles.content.get
        }
    }
}
```

Richtig ist also Antwort c).

7.3.2 Ist es möglich, in einem mittels FLUIDTEMPLATE eingebundenen Seitentemplate auf die Seiteneigenschaften zuzugreifen? (1)

a) Nein, das ist aus Sicherheitsgründen nicht möglich.

b) Nein, nicht direkt. Man kann aber über TypoScript darauf zugreifen und das Ergebnis im Template darstellen.

c) Ja, das ist über `{pagepropteries}` möglich.

d) Ja, das ist über `{data}` möglich.

e) Ja, das ist über `<INCLUDE data="pageproperties">` möglich.

Der Einsatz der Templating Engine *Fluid* zur Generierung des Seitentemplates hat viele Vorteile. Einerseits lassen sich nun Layouts und Partials verwenden und somit sehr flexibel Subtemplating betreiben; darüber hinaus ist es sehr einfach, Logik direkt im View ausführen zu lassen. Sie können mittels *ViewHelper* den Ablauf im Template steuern und müssen dies nicht mehr im TypoScript erledigen.

```
<f:section name="body">
    <h1>{pageTitle}</h1>
    <div id="mainMenu">
        <f:cObject typoscriptObjectPath="lib.mainMenu" />
    </div>
        <f:if condition="{data.layout}==1">
          <div id="leftColumn">
           {leftColumn -> f:format.raw()}
        </div>
    </f:if>
    <div id="content">
        {content -> f:format.raw()}
    </div>
</f:section>
```

Unter anderem ist es auch direkt im Template möglich, auf die Seiteneigenschaften zuzugreifen, wobei diese im Array `{data}` im View zur Verfügung gestellt werden.

Daher ist Antwort d) richtig.

7.3.3 Welche der folgenden Fluid-ViewHelper existieren nicht? (2)

a) `<f:if>`

b) `<f:base>`

c) `<f:render>`

d) `<f:section>`

e) `<f:else>`

f) `<f:format.raw>`

g) <f:switch>

h) <f:html>

i) <f:format.translate>

j) <f:comment>

Sämtliche ViewHelper, die sich in Fluid verwenden lassen, befinden sich als Klassendateien im Verzeichnis typo3/sysext/fluid/Classes/ViewHelpers/.

Der If-ViewHelper hat dabei die folgende mögliche Syntax:

```
<f:if condition="somecondition">
   <f:then>
      Dies wird angezeigt, wenn die Bedingung erfüllt wird.
   </f:then>
   <f:else>
      Dies wird angezeigt, wenn die Bedingung NICHT erfüllt wird.
   </f:else>
</f:if>
```

Die Antworten a) und e) gibt es also schon mal.

Der unter Vorschlag b) aufgeführte Base-ViewHelper existiert ebenfalls und setzt die BaseURL.

Wenn Sie mit Templates, Layouts und Partials arbeiten, benötigen Sie die ViewHelper <f:render> und <f:section> – die Antworten c) und e) sind damit ebenfalls richtig:

```
<f:render partial="SomePartial" arguments="{foo: someVariable}" />
<f:section name="someSection">This is a section. {foo}</f:section>
<f:render section="someSection" arguments="{foo: someVariable}" />.
```

Zudem gibt es zahlreiche ViewHelper, die sich um die Formatierung von Daten kümmern – insbesondere den FormatRaw-ViewHelper, der dafür sorgt, dass die Ausgabe ohne Escaping durchgeführt wird.

Der Switch-ViewHelper schließlich realisiert einen multiplen If-ViewHelper und der Comment-ViewHelper kommentiert Fluid-Code aus, so dass dieser nicht ausgeführt wird.

Die übrigen beiden ViewHelper allerdings existieren nicht – statt <f:html> heißt es nämlich <f:format.html> und statt <f:format.translate> muss es <f:translate> heißen.

Die richtigen Antworten auf die Fragestellung lauten also h) und i).

7.3.4 Wie kann man an Stelle der Fragezeichen im folgenden Code Content zu einem Fluid-Template hinzufügen, sodaß dieser dort via **{content}** angezeigt werden kann? (1)

```
page = PAGE
page {
    10 = FLUIDTEMPLATE
    10 {
        file = fileadmin/templates/Home.html
        ???
    }
}
```

a) `variable.content < styles.content.get`

b) `variables.content < styles.content.get`

c) `subparts.content < styles.content.get`

d) `marks.content < styles.content.get`

e) `variables.10.content < styles.content.get`

f) `content < styles.content.get`

Zunächst platzieren Sie den Marker `{content}` im Template. Da hier aber sehr wahrscheinlich HTML-Code ausgegeben wird, ist es sinnvoll, darauf den Raw-ViewHelper anzuwenden, also:

```
<f:format.raw>{content}</f:format.raw>
```

Nun müssen Sie diesen Marker im TypoScript ansprechen – dazu wird ausschließlich die unter Antwort b) verwendete Syntax verwendet.

Kapitel 8

TypoScript

TypoScript gehört zu den umfangreichsten und zugleich wichtigsten Bereichen, die ein TYPO3 Integrator beherrschen muss. Nahezu die gesamte Erstellung einer Website, angefangen bei der Konfiguration über Templating bis hin zur Erstellung von Menüs, werden in der Regel mit TypoScript realisiert. Dabei ist es weniger wichtig, Optionen auswendig zu kennen, vielmehr müssen Sie die zugrundeliegenden Konzepte verstanden haben und anwenden können.

Im folgenden Kapitel gehen wir detailliert auf die prüfungsrelevanten Aspekte von TypoScript ein, wie Content-Objekte, Menüerstellung, Conditions, spezielle Funktionen wie `stdWrap`, `userFunc` und vieles mehr. Der Umfang des Kapitels macht bereits deutlich, welches Gewicht das Thema TypoScript in der Prüfung zum TYPO3 Integrator hat. Allgemeine Informationen zu TypoScript finden Sie in den ersten drei Kapiteln der TSref.[1]

8.1 Allgemeines

Um mit TypoScript effizient zu arbeiten, ist es erforderlich, zunächst das grundsätzliche Konzept und die technische Realisierung zu verstehen. Was ist TypoScript eigentlich? Was sind Top-Level-Objekte? Wie erfolgt eine Zuweisung?

8.1.1 Welche der folgenden Objekte sind keine TypoScript-Top-Level-Objekte? (2)

a) `config`

b) `TEXT`

c) `styles`

d) `GMENU`

e) `PAGE`

f) `includeLibs`

In TypoScript gibt es eine Reihe von Top-Level-Objekten (TLO) sowie zahlreiche weitere Objekte, die auf darunter liegenden Ebenen einzusetzen sind. Ein TLO ist nicht von anderen Objekten abhängig und kann daher immer direkt konfiguriert werden.

Das Objekt `TEXT` ist ein sogenanntes Content-Objekt, das beispielsweise vom TLO `PAGE` abhängig ist, Antwort b) ist also richtig. Das Objekt `GMENU` ist ein Menü-Objekt und damit vom Content-Objekt `HMENU` abhängig, Antwort d) ist daher ebenfalls richtig. Falsch dagegen sind alle anderen Antworten. Eine Übersicht über alle Objekte verschaffen Sie sich im entsprechenden Abschnitt der TypoScript Reference (TSref).[2]

Nur die Antworten b) und d) sind korrekt.

8.1.2 Welche Aussagen zu TypoScript treffen zu? (2)

a) TypoScript ist eine Programmiersprache wie ActionScript oder JavaScript.

1 `http://www.tsref.de`

2 `http://docs.typo3.org/typo3cms/TyposcriptReference/ContentObjects/Index.html`

b) TypoScript ist eine Extension für TYPO3.

c) TypoScript ist eine Möglichkeit zur Konfiguration von TYPO3.

d) TypoScript steuert v.a. die Ausgabe der Website im Frontend.

e) Um TypoScript verwenden zu können, muss man über umfangreiche PHP-Kenntnisse verfügen.

In Antwort a) greifen wir ein häufig anzutreffendes Vorurteil auf; bei TypoScript handelt es sich jedoch im engeren Sinne *nicht* um eine Programmiersprache. Im TYPO3-Quellcode finden sich an zahlreichen Stellen Abfragen, die einen Abschnitt TypoScript-Code auswerten – je nachdem, welche Werte in diesem Abschnitt definiert wurden, reagiert TYPO3 als System darauf in bestimmter Weise. Man kann TypoScript daher als *Konfigurationssprache* bezeichnen.

TypoScript spielt eine derart zentrale Rolle im Kern von TYPO3, dass es nicht als Extension realisiert sein kann, eine Extension ließe sich deaktivieren – das ist bei TypoScript nicht möglich, Antwort b) ist also falsch. Und da Sie durch die Verwendung von TypoScript ja gerade *nicht* mit dem zugrundeliegenden PHP-Code in Berührung kommen, müssen Sie auch über keine Programmierkenntnisse in der Sprache PHP verfügen, so ist Antwort e) also ebenfalls falsch.

Da TypoScript nun hauptsächlich die Ausgabe der Website im Frontend steuert (mit Ausnahme von TypoScript-Config, auch TSconfig genannt, hier wird TypoScript auch im Backend eingesetzt), bleiben also nur c) und d) als richtige Antworten.

8.1.3 Sie möchten einen mehrzeilen Wert zuweisen. Welche der folgenden Code-Abschnitte wären anstelle der Fragezeichen syntaktisch korrekt? (1)

```
page = PAGE
page.10 = TEXT
???
```

a) Es ist in TypoScript nicht möglich, mehrzeilige Werte anzugeben, nur einzeilige Wertzuweisungen sind möglich.

b)
```
page.10.value (
Hallo
Welt
```

```
)
```

c)
```
page.10.value = (
Hallo
Welt
)
```

d)
```
page.10.value = (Hallo
Welt)
```

e)
```
page.10.value (Hallo
Welt
)
```

In manchen Fällen ist es sinnvoll, Werte in mehreren Zeilen zuzuweisen, z.B. um die Übersichtlichkeit des Codes zu erhöhen; mitunter ist dies sogar syntaktisch notwendig.

Es ist also selbstverständlich möglich, Werte in mehreren Zeilen zu notieren, allerdings sind dabei runde Klammern als Begrenzer zu benutzen, die TYPO3 anzeigen, welche Zeilen zur Anweisung gehören. Damit aber runde Klammern auch in der Anweisung selbst verwendet werden können, gelten folgende Syntax-Regeln:

- Eine mehrzeilige Anweisung wird mit einer öffnenden runden Klammer eingeleitet.
- Der Zuweisungsoperator (=) entfällt in diesem Fall.
- Hinter der öffnenden Klammer werden weitere Zeichen in derselben Zeile ignoriert – Inhalte werden also erst in der nächsten Zeile notiert.
- Damit die mehrzeilige Anweisung beendet ist, muss in der nächsten Zeile als erstes Zeichen eine schließende runde Klammer stehen.

Somit ist also ausschließlich Antwort b) richtig.

8.1.4 In TypoScript lassen sich Zeilen auskommentieren. Welche Zeichen sind als Kommentarzeichen zu verwenden? (4)

a) `//`

b) `/* ... */`

c) `#`

d) `/`

e) `<!-- ... -->`

Auch in der Arbeit mit TypoScript ist es, wie beim Programmieren in gängigen Programmiersprachen, durchaus üblich, bestehenden Code auszukommentieren (z.B. bei der Fehlersuche oder um eine bestimmte Funktionalität zu testen) oder den Code erläuternd zu kommentieren. Dafür stehen diverse Möglichkeiten zur Verfügung: Über den Doppel-Slash `//` lassen sich z.B. einzelne Zeilen auskommentieren, ebenso über das Rautezeichen `#`.

Möchten Sie mehrere Zeilen auskommentieren, müssen Sie dies nicht an jedem Zeilenanfang erneut markieren, stattdessen lässt sich der auszukommentierende Bereich mit `/*` einleiten und mit `*/` beenden. Richtig sind also tatsächlich alle angebotenen Antworten, mit Ausnahme der letzten (die einen HTML-Kommentar darstellt). Das folgende Codebeispiel erläutert das Kommentieren in anschaulicher Weise:

```
// Man kann einen Kommentar
// mit zwei Slashes einleiten

/  oder auch nur mit einem einzelnen Slash

#  Mit dem Hash-Zeichen ist das ebenfalls möglich

/* Oder sogar über
   mehrere Zeilen --
   dabei muss der schließende Kommentar allerdings
   in einer eigenen Zeile ganz am Anfang stehen
*/

page = PAGE
page.10 = TEXT
page.10.value = Kommentar # Man kann aber NICHT inline kommentieren

/* Und so AUCH NICHT */ page.10.value = Ich überschreibe den Wert
```

8.2 TypoScript-Setup und -Constants

Ein TypoScript-Template umfasst die beiden Bereiche Constants und Setup. Während der Bereich *Constants* lediglich Konstanten aufnimmt, wird die Funktionalität der Website im Bereich *Setup* platziert. In beiden Bereichen stellt TypoScript eine Methode dar, hierarchische Informationen zu beschreiben.

8.2.1 Was müssen Sie in den Constants-Bereich eintragen, damit der folgende TypoScript-Setup-Code funktionstüchtig wird? (1)

```
config.language = {$langKey}
config.sys_language_uid = 1
config.htmlTag_langKey = {$langKey}
```

a) `$langKey = de`

b) `{$langkey = en}`

c) `langKey = jp`

d) `langkey = cn`

e) `LANGKEY = at`

Konstanten werden im TypoScript-Setup grundsätzlich, wie im Code-Beispiel gezeigt, immer mit einem $-Zeichen und umschließenden geschweiften Klammern referenziert. Diese Zeichen dürfen allerdings bei der Definition im Constants-Bereich nicht mit angegeben werden, deshalb sind die Antworten a) und b) falsch.

Zudem ist der Bezeichner einer Konstante *case sensitive* (Groß- und Kleinschreibung werden also unterschieden), weshalb auf die richtige Schreibweise genau zu achten ist. Die einzig richtige Antwort ist folglich c).

Template Tools

TEMPLATE INFORMATION:

nog root template - (net-o-graphic)

CONSTANTS:

```
plugin.meta >
plugin.meta {
   description = net-o-graphic ist Ihr kompetenter TYPO3-Partner für professionelle Business-Lösungen
   keywords = typo3, münchen, agentur, typoscript, php, business, internetagentur, seo, usability
   robots = index, follow
   copyright = net-o-graphic @ new media solutions
   author = Patrick Lobacher
   distribution = global
   email = info@net-o-graphic.com
   rating = general
   language = de
   includeGlobal = 1
   revisit-after = 5
}

konstante = 21

#content.defaultHeaderType = 1
#content.wrap.header1 = <span class="h1normal">|</span>

plugin.tx_commerce_lib.useStockHandling = 0
plugin.tx_commerce_lib.addressPid = 0
plugin.tx_commerce_lib.userPid = 0
plugin.tx_commerce_lib.editAddressPid = 0
plugin.tx_commerce_lib.basketPid = 0
plugin.tx_commerce_lib.overridePid = 0
plugin.tx_commerce_lib.checkoutPid = 0
plugin.tx_commerce_lib.emptyBasketPid = 0
plugin.tx_commerce_lib.emptyCheckoutPid = 0
plugin.tx_iflowadfair_pi2.pid_fe = 159
plugin.wt_calculating_captcha.background.image = EXT:wt_calculating_captcha/files/img/captchabg.png
```

Template: nog root template: Constants • 30 lines

Abbildung 8.1: Konstanten sind eine Möglichkeit, Konfigurationswerte zentral festzulegen

8.2.2 Welche Funktion hat der folgende TypoScript-Code? (1)

```
page.meta.DESCRIPTION = {$meta.description}
page.meta.DESCRIPTION.override.field = description
```

a) Es wird das Feld `description` ausgegeben.

b) Wenn das Feld `description` keinen Wert enthält, wird die entsprechende Konstante verwendet.

c) Das Feld `description` wird immer mit dem Wert der entsprechenden Konstante überschrieben.

d) Es wird der Wert der Konstante verwendet.

Das dargestellte Szenario tritt recht häufig auf, indem man beispielsweise ein Feld einer Seite für den Inhalt eines META-Tags verwendet – im beschriebenen Vorgang das Feld `description` für den gleichnamigen Tag. Für Fälle, in denen auf einer Seite kein entsprechender Inhalt hinterlegt ist, ist ein Default-Wert zu definieren, der immer dann verwendet wird, wenn das entsprechende Feld leer ist. Um die Übersicht zu behalten, lassen sich solche Default-Werte im Constants-Feld zusammenfassen.

Richtig ist also Antwort b).

Abbildung 8.2: Der Source-Code zu den Konstanten der vorhergehenden Frage

```
<!DOCTYPE html
     PUBLIC "-//W3C//DTD XHTML 1.0 Transitional//EN"
     "http://www.w3.org/TR/xhtml1/DTD/xhtml1-transitional.dtd">
<html xmlns="http://www.w3.org/1999/xhtml" xml:lang="de" lang="de">
<head>

<meta http-equiv="Content-Type" content="text/html; charset=utf-8" />
<!--
        ***********************************************************************************
        *                                                                                 *
        *       TYPO3 by typovision* - agentur für multimediale kommunikation muenchen    *
        *                                                                                 *
        *   Patrick Lobacher / www.typovision.de / info@typovision.de / +49-89-18 92 08 70 *
        *                                                                                 *
        ***********************************************************************************

        This website is powered by TYPO3 - inspiring people to share!
        TYPO3 is a free open source Content Management Framework initially created by Kasper Skaarhoj and licensed under GNU/GPL.
        TYPO3 is copyright 1998-2010 of Kasper Skaarhoj. Extensions are copyright of their respective owners.
        Information and contribution at http://typo3.com/ and http://typo3.org/
-->

<base href="http://www.typovision.de/" />
<link rel="shortcut icon" href="http://www.typovision.de/fileadmin/site/img/favicon.ico" />
<link rel="icon" href="http://www.typovision.de/fileadmin/site/img/favicon.ico" />

<meta name="generator" content="TYPO3 4.4 CMS" />
<meta name="robots" content="index, follow" />
<meta name="email" content="info@typovision.de" />

<link rel="stylesheet" type="text/css" href="typo3temp/stylesheet_e3cf6f13d6.css?1286701255" media="all" />
<link rel="stylesheet" type="text/css" href="fileadmin/site/css/tv_styles.css?1314248680" media="all" />
<link rel="stylesheet" type="text/css" href="typo3conf/ext/seminars/pi1/seminars_pi1.css?1275115270" media="all" />
<link rel="stylesheet" type="text/css" href="typo3conf/ext/onetimeaccount/pi1/onetimeaccount_pi1.css?1275115268" media="all" />
```

8.2.3 Sie wollen eine Ersetzung in Content-Elementen durchführen: Statt des Platzhalters ###MAIL### soll die aktuelle E-Mail-Adresse des Webmasters ausgegeben werden. Wie gehen Sie vor? (1)

a) Sie schreiben die folgende Zeile in den TypoScript-Constants-Bereich:

```
MAIL = info@mytypo3domain.de
```

b) Sie schreiben die folgende Zeile in den TypoScript-Setup-Bereich:

```
MAIL = info@mytypo3domain.de
```

c) Sie schreiben folgende Zeile in den TypoScript-Setup-Bereich:

```
<...> = {$MAIL}
```

d) Sie schreiben die folgende Zeile in den TypoScript-Constants-Bereich:

```
constant.MAIL = info@mytypo3domain.de
```

e) Sie tragen folgende Zeile im TypoScript-Setup-Bereich ein:

```
constants.MAIL = info@mytypo3domain.de
```

Offensichtlich tauchen die Platzhalter-Begrenzer # in der Antwort nicht mehr auf. Auf den ersten Blick könnte man meinen, es handle sich hierbei um einen klassischen Marker, der vom `TEMPLATE`-Objekt verarbeitet werden soll – dieses Objekt greift aber nur, wenn das HTML-Template noch nicht mit Inhalten gefüllt wurde. Sobald der Inhalt eingefügt wurde, hat das TEMPLATE-Objekt keinen Zugriff mehr. Was aber, wenn Sie zur Laufzeit – also im Inhalt selbst – Marker bzw. Platzhalter verwenden möchten, die dann ersetzt werden sollen?

Obwohl es sich im weiteren Sinne um eine Konstante handelt, hat der TypoScript-Constants-Bereich mit der Lösung nichts zu tun. Eine einfache Zuweisung, wie in Antwort b), kann natürlich auch nicht funktionieren, da es sich bei MAIL um kein Objekt handelt – MAIL ist lediglich eine einfache Zeichenkette.

Richtig ist vielmehr Antwort e) – hier wird das (unscheinbare, da immer klein geschriebene) Top-Level-Objekt constants herangezogen; dieses Objekt ersetzt zur Laufzeit den String ###MAIL### in einem Inhaltselement durch die angegebene E-Mail-Adresse.

8.3 Operatoren

Es gibt nur wenige Operatoren in TypoScript. Sind Sie sich aber sicher, wie man referenziert statt kopiert? Wie gelöscht wird? Wie Sie mittels einer Funktion modifizieren und welche Sie einsetzen können?

Im Dokument *TypoScript Syntax and In-depth Study* der Core-Dokumentation auf typo3.org können Sie bei Bedarf nachlesen.

8.3.1 Wie lautet die Ausgabe des folgenden TypoScript-Codes? (1)

```
page = PAGE
page.10 = COA
page.10 {
   30 = TEXT
   30.value = A
   30.wrap = B|C
   40 = HTML
   40.value = D
   40.wrap = E|F
   20 < .30
   40.value = G
}
```

a) BACEGF

b) DBACD

c) DBACG

d) `EDFBACEGF`

e) `DBACEGF`

f) `DBACEDF`

g) `BACBAC`

Die Frage dient dem „Aufwärmen“: Die Situation ist übersichtlich, Sie müssen sich lediglich konsequent von oben nach unten durch das Skript arbeiten – am besten auf einem Blatt Papier, um Flüchtigkeitsfehler zu vermeiden.[3]

Die Frage behandelt im Grunde vier gleichermaßen wichtige Aspekte. Zunächst erfolgt die Abarbeitung in TypoScript in gewohnter Weise von oben nach unten – es gibt aber einige Ausnahmen, z. B. das hier verwendete COA (*Content Object Array*), das entsprechend der Nummerierung in aufsteigender Reihenfolge abgearbeitet wird. Somit kommt im o.g. Beispiel zunächst `20`, dann `30` und schließlich `40` zur Ausführung.

Weiteres Augenmerk verdient die Zeile `20 < .30`, die bewirkt, dass dem Objekt `20` der Inhalt des Objekts derselben Ebene (dies verursacht der Punkt) mit der Nummer `30` als Kopie zugewiesen wird. Wollte man dasselbe ohne Klammerung notieren, sähe die Zeile folgendermaßen aus:

```
page.10.20 < page.10.30
```

Diese Zeile ist also dafür verantwortlich, dass die Ausgabe mit dem Buchstaben `B` beginnt. Erschwert wird die Lösungsfindung ein wenig dadurch, dass zwei verschiedene Content-Objekte, nämlich `HTML` und `TEXT`, verwendet werden. Da das Objekt `HTML` seit TYPO3 6.0 nicht mehr existiert, hat der zugehörige Schlüssel keinerlei Auswirkung mehr. Daher ist nur der Schlüssel `30` (und damit auch `20`) aktiv, nicht aber `40`.

So lautet die richtige Antwort g).

8.3.2 Wie lautet die Ausgabe des folgenden TypoScript-Codes? (1)

```
page = PAGE
page.10 = COA
page.10 {
   30 = TEXT
   30.value = A
```

3 Machen Sie sich auch in der Prüfung bei solchen Fragen unbedingt Notizen, sie sind im Kopf ungleich schwerer zu lösen.

```
    40 = TEXT
    40.value = B
    20 = TEXT
    20.value = C
    20.stdWrap.append < .30
    10 = TEXT
    10.prepend < .40
    10.value = D
}
```

a) `ABCD`

b) `ABCD`

c) `BDCAAB`

d) `ABCADB`

e) `BDCAB`

f) `DBCAB`

Auch hier empfiehlt es sich, zunächst das Content Object Array zu sortieren, um einen besseren Überblick zu bekommen: Notieren Sie in aufsteigender Reihenfolge (`10 20 30 40`), so sehen Sie auf Anhieb, welche Elemente in welcher Reihenfolge abgearbeitet werden. Gerade bei den ersten beiden Zeilen fallen zwei `stdWrap`-Eigenschaften auf: `prepend` (fügt einen Wert *vor* dem aktuellen Wert hinzu) und `append` (fügt ihn *nach* dem aktuellen Wert ein).

In Objekt `20` ist der Aufruf von `append` aber hinter der Eigenschaft `stdWrap` notiert. Das veranschaulicht die Möglichkeit, `stdWrap`-Funktionen auch rekursiv einzusetzen, diese Notierung ändert nichts an der Funktionalität (rekursiv bedeutet in diesem Fall, dass man über die explizite Angabe der Eigenschaft `stdWrap` wiederum alle `stdWrap`-Funktionen verwenden kann – auch die Eigenschaft `stdWrap` selbst).

Aber nun zur Ermittlung der Ausgabe:

- Das Objekt `10` setzt den Wert auf `D` und fügt mittels `prepend` den Wert von `40` (also `B`) davor ein. Daraus folgt das vorläufige Ergebnis: `BD`.
- Das Objekt `20` setzt den Wert auf `C` und fügt mittels `append` den Wert von `30` (also `A`) dahinter ein – vorläufiges Ergebnis: `BDCA`.
- Das Objekt `30` setzt den Wert auf `A` – vorläufiges Ergebnis: `BDCAA`.

- Das Objekt `40` setzt den Wert auf `B` – Ergebnis `BDCAAB`.

Daher ist Antwort c) richtig.

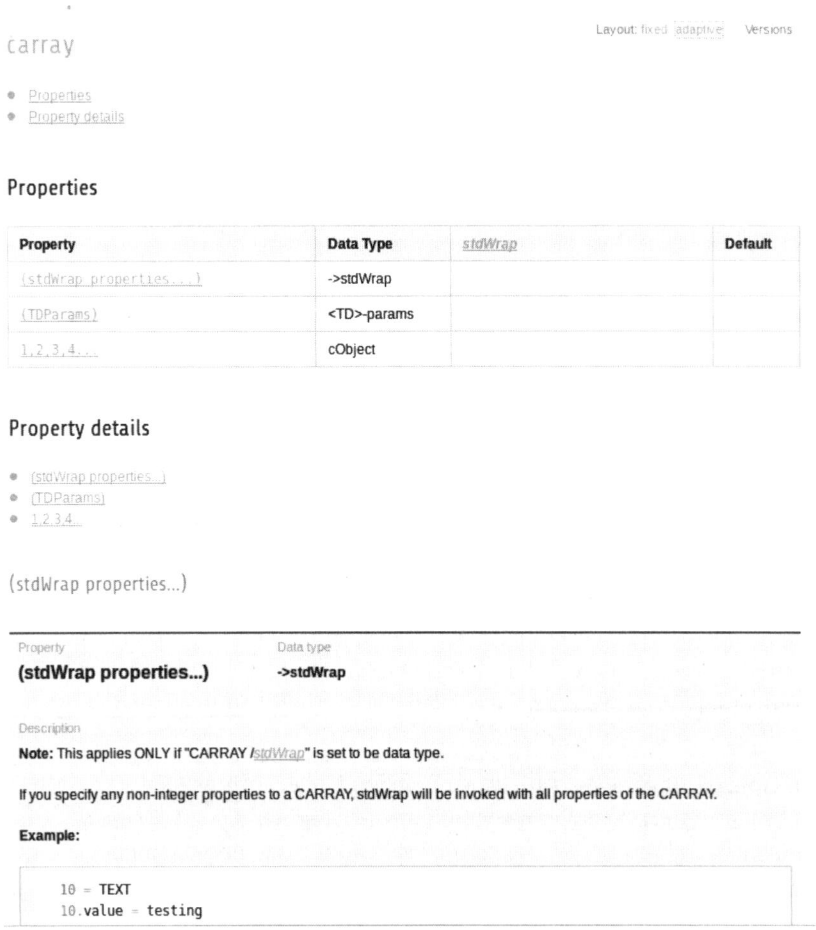

Layout: fixed adaptive Versions

carray

- Properties
- Property details

Properties

Property	Data Type	stdWrap	Default
(stdWrap properties...)	->stdWrap		
(TDParams)	<TD>-params		
1,2,3,4...	cObject		

Property details

- (stdWrap properties...)
- (TDParams)
- 1,2,3,4...

(stdWrap properties...)

Property: **(stdWrap properties...)**
Data type: **->stdWrap**

Description

Note: This applies ONLY if "CARRAY /stdWrap" is set to be data type.

If you specify any non-integer properties to a CARRAY, stdWrap will be invoked with all properties of the CARRAY.

Example:

```
10 = TEXT
10.value = testing
```

Abbildung 8.3: Die Nummerierung von *CARRAYS* (Content-Object Arrays), erläutert in der TSref auf `typo3.org`

8.3.3 Wie lautet die Ausgabe des folgenden TypoScript-Codes? (1)

```
temp.text1 = TEXT
temp.text1.value = Certification
page = PAGE
page.10 =< temp.text1
temp.text1.wrap = TYPO3-|!
```

a) `Certification`

b) `TYPO3-!`

c) `TYPO3-Certification!`

d) Es erfolgt keine Ausgabe.

e) `!`

Im Code wird zunächst ein `TEXT`-Objekt erstellt und mit dem String `Certification` gefüllt. Dann wird ein Objekt vom Typ `PAGE` erstellt, das `TEXT`-Objekt per Referenzierung zugewiesen, anschließend wird der (ursprüngliche) Wert des Strings geändert. So liegt wohl zunächst Antwort c) nahe. Aber Vorsicht – hier ist Ihnen eine Falle gestellt, die in der praktischen Arbeit gar nicht selten vorkommt!

Das Problem stellt der Name des `TEXT`-Objekts dar. Man hätte tatsächlich beinahe jeden beliebigen Namen wählen können – nur `temp` ist nicht zulässig. Dieses Top-Level-Objekt wird nämlich nach dem Durchlauf des TypoScript-Codes wieder gelöscht und steht in der Frontend-Ausgabe damit nicht mehr zur Verfügung, es ist dann leer. Verwenden können und sollen Sie dieses TLO in einem Skript nur dann, wenn Sie es kopieren, jedoch niemals in Referenzen.

Somit ist Antwort d) richtig.

8.3.4 Wie lautet die Ausgabe des folgenden TypoScript-Codes? (1)

```
objekt1 = TEXT
objekt1.value = wert1
page = PAGE
page {
   10 <= objekt1
   15 < objekt1
   15.value = -
   20 < objekt1
}
objekt1.value = wert3
```

a) `wert1`

b) `-wert1`

c) `wert1-wert1`

d) `wert1-wert3`

e) `wert3-wert1`

In diesem Code-Beispiel wird zunächst `objekt1` als `TEXT`-Objekt definiert und `wert1` zugewiesen. Dann wird ein `PAGE`-Objekt definiert und diesem `objekt1` einmal als Referenz und einmal als Kopie zugewiesen. Anschließend wird der Wert von `objekt1.value` geändert, was direkte Wirkung auf die Kopie hat – somit müsste die Ausgabe `wert3-wert1` lauten, oder?

Der Fehler: Der Operator für die Referenzierung lautet nicht <=, sondern =<. Hier soll aber keineswegs ein simpler „Zeichendreher" die Frage schwieriger machen – es gibt leider zahlreiche Quellen im Internet, die diesen Operator falsch darstellen, der Fehler wird deshalb recht häufig gemacht. Der falsche Operator im Code-Beispiel ist wirkungslos, deshalb liefert das Skript die Ausgabe aus Antwort b).

8.3.5 Welcher Code muss anstelle der Fragezeichen stehen, damit die Ausgabe des folgenden Skripts **AB** lautet? (1)

```
lib.obj = COA
lib.obj {
   10 = COA
   10.10 = TEXT
   10.10.value = A
   10.20 < .10
}

page = PAGE
page.10 = COA
page.10 {
   10 =< lib.obj
   ???
}
```

a) `10.value = B`

b) `10.10.value = B`

c) `10.20.value = B`

d) `10.10.20.value = B`

e) `10.10.20.10.value = B`

f) `10.10.10.20.value = B`

Diese Frage prüft v.a. Ihr Wissen um Ausklammerung und das `CARRAY`. Sicherlich ist das Codebeispiel in diesem Fall nicht besonders praxisnah, das lässt sich jedoch – möchte man Einzelaspekte von TypoScript in einer Frage thematisieren – leider nicht immer ganz vermeiden.

Im Code wird zunächst ein Hilfsobjekt mit dem Wert `A` erstellt, das sich auf der Ebene `10.10` befindet. Durch die Kopie von `.10` wird letztlich die Ebene `10.20.10` zugewiesen. Dieses Hilfsobjekt wird nun der Ebene `10` des `PAGE`-Objekts per Referenz zugewiesen, wodurch der komplette Pfad zum ursprünglichen Wert entweder `10.10.10` lautet, um am Ende `BA` zu erhalten, oder `10.10.20.10` für die Ausgabe von `AB`. Die entscheidende Zeile ist also `10.20 < .10`, somit ist Antwort e) richtig.

8.4 Conditions

Conditions dienen dazu, in den sequenziellen TypoScript-Ablauf abhängig z.B. vom Inhalt einer Variablen oder der Uhrzeit einzugreifen, vergleichbar mit dem `if`-Statement in Programmiersprachen. Die Condition fragt definierte Bedingungen ab; war die Abfrage erfolgreich, wird ein TypoScript-Abschnitt zusätzlich zu oder anstelle von anderen Code-Abschnitten ausgeführt. Welche Variablen können Sie dabei verwenden? Wie realisieren Sie uhrzeitbezogene Conditions? Lassen sich eigene Conditions definieren?

8.4.1 Eine Condition wird mit eckigen Klammern eingeleitet. Mit welchem Ausdruck wird sie wieder beendet? (6)

a) `[GLOBAL]`

b) `[global]`

c) `[Global]`

d) `[END]`

e) `[end]`

f) `[End]`

g) `[]`

Eine Condition bietet in TypoScript die Möglichkeit, auf bestimmte Ereignisse, Zustände oder Werte zu reagieren, bespielsweise TYPO3-

interne Informationen (wie die ID der aktuellen Seite) oder umgebungsspezifische Parameter (etwa die Browser-Version oder die IP-Adresse).

Eine Condition wird eingeleitet, indem man sie in eckigen Klammern notiert, etwa `[compatVersion = 4.6]` (für die TYPO3-Compatibility-Version 4.6). Alle TypoScript-Zeilen nach dieser Condition-Einleitung werden ausgeführt, sofern die Bedingung erfüllt ist. In der Regel werden Sie jedoch nicht sämtliche nachfolgenden Zeilen einbeziehen wollen, sondern nur einige. Daher müssen Sie die Condition explizit beenden.

Dazu könnten Sie z.B. eine neue Condition beginnen, denn damit wird eine vorangehende grundsätzlich immer beendet. Eine Condition lässt sich aber auch über ein Schlüsselwort beenden: tatsächlich sind alle genannten Schreibweisen richtig. Welches Schlüsselwort Sie in welcher Schreibweise zum Beenden der Condition verwenden, bleibt also Ihnen überlassen. Der Übersicht halber ist allerdings die Großschreibweise zu bevorzugen.

Beide Schlüsselwörter `[GLOBAL]` und `[END]` führen also zum selben Ergebnis – die Condition wird beendet. Aus technischer Sicht gibt es allerdings einen kleinen Unterschied: Der Ausdruck `[GLOBAL]` stellt selbst eine Condition dar, die immer `true` ist. Damit wird zugleich der Scope (TYPO3 setzt nach einer öffnenden geschweiften Klammer einen so genannten Scope auf das Level der Einrückung) wieder auf *global* (keine Ausklammerung mehr) umgestellt. Das ist vor allem relevant, wenn Sie sich im TypoScript-Code in einer Ausklammerung befinden. Sie dürfen dann zwar ohnehin keine Condition verwenden, vergessen Sie aber z.B. eine schließende Klammer und benutzen weiter unten im Code eine syntaktisch korrekte Condition, ist diese wirkungslos. Sie könnten dann *vor* Ihre Condition `[GLOBAL]` setzen, um sicher zu gehen, dass vorangehende Klammerfehler neutralisiert werden – so wird Ihre Condition in jedem Fall wirksam. Daher sollten Sie zum Beenden Ihrer Condition aus Gründen der Übersichtlichkeit besser den Befehl `[END]` verwenden.

Richtig sind also, wie schon erwähnt, alle Antworten von a) bis f) – lediglich Option g) ist wirkungslos.

Im folgendem Beispiel werden in der Constants-Sektion einige Sprachlabels definiert, die je nach festgelegter Sprache (Englisch, Deutsch, Französisch, übergeben durch den `GET`-Parameter `L`) lokal angepasst werden. Wird keine Sprache übergeben, verwendet TypoScript den ersten Abschnitt ohne Condition:

```
mailstr = mail
printstr = printversion
sitemapstr = sitemap
breadcrumbstr = You are here
```

```
printat = Printed at
imprintstr = Legal Notices

[globalVar = GP:L = 0]
   mailstr = mail
   printstr = printversion
   sitemapstr = sitemap
   breadcrumbstr = You are here
   printat = Printed at
   imprintstr = Legal Notices
[global]

[globalVar = GP:L = 1]
   mailstr = mail
   printstr = druckversion
   sitemapstr = sitemap
   breadcrumbstr = Sie befinden sich hier
   printat = Gedruckt am
   imprintstr = Impressum
[global]

[globalVar = GP:L = 2]
   mailstr = mail
   printstr = version imprimable
   sitemapstr = sitemap
   breadcrumbstr = Vous êtes ici
   printat = Imprimé à
   imprintstr = Imprint
[global]
```

8.4.2 In welchen Bereichen können Sie Conditions einsetzen? (4)

a) TypoScript-Constants

b) TypoScript-Setup

c) Page TSconfig

d) User TSconfig

e) Fluid-Template

Prinzipiell wäre der Einsatz von Conditions in jedem der genannten Bereiche sinnvoll. So könnten Konstanten beispielsweise aufgrund von Bedingungen gesetzt werden, und auch im Setup-Bereich ist es oft notwendig, bestimmte Codezeilen nur dann ausführen zu lassen, wenn eine bestimmte Bedingung erfüllt oder nicht erfüllt ist.

Aber auch im Page TSconfig und User TSconfig ließen sich sinnvolle Anwendungen für Conditions denken, z.B. bestimmte Anweisungen nur auf Unterseiten der aktuellen Seite anzuwenden. Tatsächlich ist aber eine Verwendung von Conditions in diesen Bereichen erst seit der TYPO3-Version 4.3 möglich.

Lediglich innerhalb von Fluid werden Bedingungen nicht Conditions genannt (sondern `<f:if>` ViewHelper).

Mit folgender Condition kann z.B. getestet werden, ob Sie mit TYPO3 6.2 arbeiten, genau genommen wird die Compatibility-Version getestet, die üblicherweise der installierten Version entspricht.[4]

```
// Die folgende Condition greift erst in TYPO3 Version 4.6
[compatVersion = 6.2]
...
[else]
// Bei allen anderen Versionen wird dieser Abschnitt ausgewertet
...
[global]
```

Richtig sind also alle Antworten, ausgenommen die letzte.

8.4.3 Ist es möglich, Conditions in PageTSconfig und UserTSconfig zu deaktivieren? (1)

a) Nein, da Conditions ein Teil des Cores sind, können sie auch für TSconfig nicht deaktiviert werden.

b) Ja, über die TypoScript-Anweisung
   `config.TSconfigConditions = 0`

c) Ja, über die PageTSconfig-Anweisung
   `config.TSconfigConditions = 0`

d) Ja, im Install-Tool über den Schlüssel
   `[BE][TSconfigConditions] = 0`

e) Ja, in der Benutzereinstellung über die Checkbox Use TSconfigConditions

Die Verwendung von Conditions in den TSconfig-Bereichen mag zwar sinnvoll sein, kann aber auch zu Performance-Einbußen führen. Daher

4 Falls Sie neue Features und Auszeichnung nicht verwenden wollen, könnten Sie nach einem Update auch in der Compatibility-Version zur ursprünglichen TYPO3-Version arbeiten.

wurde einst eine Möglichkeit geschaffen, Conditions dort zu deaktivieren.

TSconfig wirkt grundsätzlich im Backend, und somit scheidet ein Eingriff im Frontend – Antwort b) – ebenfalls aus.

Antwort c) ist auch falsch, da es wenig sinnvoll wäre, TSconfig-Einstellungen in TSconfig selbst zu konfigurieren.

Tatsächlich aber ließen sich die Conditions im Install-Tool (und nicht per User-Einstellung) ein- und ausschalten (per Default sind diese natürlich eingeschaltet). Bei der Manipulation über die User-Einstellungen, müssten diese ja immer wieder überprüft werden, was wiederum gegen das Performance-Argument spräche.

Allerdings wurde diese Möglichkeit in der Version TYPO3 CMS 6.2 LTS wieder entfernt, wodurch nun Antwort a) richtig ist.

8.4.4 Ist es möglich, im Backend das Feld `backend_layout` zu prüfen und, wenn ja, wie? (1)

a) Nein, das ist nicht möglich, da Seiteneigenschaften nur im Frontend relevant sind und dort per TypoScript angeprüft werden.

b) `[globalVar = TSFE:current|backend_layout = 1]`

c) `[globalVar = TSFE:this|backend_layout = 1]`

d) `[globalVar = TSFE:page|backend_layout = 1]`

e) `[TSFE|backend_layout = 1]`

f) `[this|backend_layout = 1]`

g) `[page|backend_layout = 1]`

h) `[current|backend_layout = 1]`

Seit der Version 4.3 ist es möglich, im Backend in den Bereichen TSconfig (User und Page) Conditions zu verwenden. So lässt sich das Backend flexibler konfigurieren, beispielsweise für bestimmte Benutzer unterhalb von ebenfalls zu konfigurierenden Seiten.

Auch wenn sich globale Umgebungsvariablen auf diese Weise abfragen lassen, ist das im Hinblick auf das *TypoScript Front End* (TSFE) nicht sinnvoll, da es – wie der Name schon andeutet – nur im Frontend aktiv ist. Tasächlich wäre Antwort d) richtig, sofern nach dem Frontend gefragt worden wäre.

Da wir aber das Backend behandeln, müssen wir einen anderen Mechanismus finden. Genau für diesen Zweck wurde in der TYPO3-Version 4.5 LTS die Condition page eingeführt, die Zugriff auf die Seiteneigenschaften bietet.

Folgendes Beispiel fragt das Feld `layout` ab, um die Anzahl der Backend-Spalten zu verändern:

```
mod.SHARED.colPos_list = 0
[page|layout = 1]
mod.SHARED.colPos_list = 1,0
[global]
```

Richtig ist folglich allein Antwort g).

8.4.5 Mit welcher Condition überprüfen Sie, ob ein Frontend-User eingeloggt ist? (1)

a) `[login = true]`

b) `[!login = false]`

c) `[loginUser = *]`

d) `[user = login]`

e) `[loginUser = true]`

f) `[login = *]`

Oft ist es sinnvoll, bestimmte Bereiche oder Funktionen ausschließlich den im Frontend eingeloggten Benutzern zur Verfügung zu stellen, z.B. eine Begrüßungsnachricht, die den Namen des Benutzers enthält, oder einen Button Logout.

Ob ein Benutzer eingeloggt ist, lässt sich natürlich mit einer Condition ermitteln, allerdings nicht mit den erfundenen Funktionen `login` oder `user`. Richtig ist dagegen `loginUser`; mit dieser Condition lässt sich sogar auf einen bestimmten Benutzernamen hin prüfen. Wir verwenden hier allerdings das Wildcard-Zeichen *, um zu prüfen, ob *irgendein* Benutzer gerade eingeloggt ist, richtig ist also Antwort c). Der anschließende Beispielcode realisiert zur Veranschaulichung folgende Funktionen:

- einen Marker mit einem Logout-Link ausstatten (der nur benötigt wird, wenn der User eingeloggt ist)
- ist kein User eingeloggt, bestimmte Teile enfernen (wie z.B. nicht benötigte JavaScript-Bibliotheken)
- ist ein User eingeloggt, das Laden von Google Analytics verhindern (sinnvoll z.B., wenn es sich um ein Intranet handelt und man Zugriffe nicht tracken möchte)

```
[loginUser = *]
   seite.10.marks.LOGOUT = COA
   seite.10.marks.LOGOUT.10 = TEXT
   seite.10.marks.LOGOUT.10 {
      value = &raquo; Logout &laquo;
      typolink.parameter = 36
      typolink.additionalParams = &logintype=logout
   }
   seite.10.marks.LOGOUT.20 = TEXT
   seite.10.marks.LOGOUT.20 {
      value = &raquo; Zurück zur Startseite &laquo;
      typolink.parameter = 17
   }
   // Kein Laden von Google Analytics,
   // wenn ein User eingeloggt ist
   page.config.tx_m1_google_analytics =
[else]
   seite.10.marks.LOGOUT =
   // Entfernen der Javascript-Bibliotheken,
   // wenn kein Login stattgefunden hat
   seite.headerData.3 >
   seite.headerData.4 >
   seite.headerData.5 >
[global]
```

8.4.6 Mit welcher Condition überprüfen Sie im Frontend, ob gleichzeitig ein Backend-Benutzer eingeloggt ist? (1)

a) `[belogin = true]`

b) `[BEloginUser = *]`

c) `[globalVar = TSFE : beUserLogin > 0]`

d) `[globalVar = TSFE : beLogin > 0]`

e) `[TSFE:beUser > 0]`

In manchen Fällen empfiehlt sich die Abfrage, ob der aktuelle Frontend-User auch im Backend eingeloggt ist. Denkbar ist z.B., dass der User sich zuerst im Backend eingeloggt hat und dann im Frontend über das sogenannte Frontend-Editing Seiten bearbeitet. Dabei möchten Sie ihn vielleicht unterstützen, indem Sie ihm bestimmte Seiten mit zusätzlichen Informationen zur Verfügung stellen, die ein gewöhnlicher Frontend-User aber nicht sehen darf. Realisieren lässt sich dies mit Hilfe einer speziellen Condition zur Überprüfung einer Variablen im TSFE,[5] nämlich `beUserLogin`.

Richtig ist also Antwort c).

Im folgenden Beispiel wird im Frontend ein Link zum Backend nur dann angezeigt, wenn der Benutzer bereits im Backenend eingeloggt ist – damit ist für den Benutzer ein schnelles Umschalten zwischen Frontend und Backend möglich:

```
page = PAGE
page.10 = TEXT

// Überprüfung, ob der aktuelle User bereits im Backend eingeloggt ist
[globalVar = TSFE : beUserLogin > 0]
   page.10.value = <a href="http://mytypo3domain.de/typo3">Backend</a>
[else]
// Kein Backend-Login gefunden
   page.10.value = Sie sind nicht im BE eingeloggt.
[global]
```

8.4.7 Mit welcher Condition stellen Sie fest, ob es nach 14 Uhr ist? (1)

a) `[time > 14]`

b) `[time >= 14]`

c) `[time => 14]`

d) `[hour > 14]`

e) `[hour >= 14]`

f) `[hour => 14]`

Über Conditions lassen sich auch uhrzeitabhängige Konfigurationen realisieren. So ist es beispielsweise möglich, abhängig von der Tageszeit

5 Das *TypoScript Frontend* enthält alle im Frontend zur Verfügung stehenden Variablen.

eine entsprechende Begrüßung anzuzeigen oder ein spezielles Template zu verwenden. Eine Funktion namens `time` existiert allerdings nicht, so dass die Antworten a), b) und c) nicht richtig sein können.

Als Operatoren sind bei `hour` nur =, => und =< zulässig, Antwort f) ist somit die einzig korrekte. Wenn Sie Ihre Besucher je nach Uhrzeit auf unterschiedliche Weise begrüßen möchten, so lässt sich dies mit folgendem Skript realisieren:

```
page = PAGE
page.10 = TEXT

[hour => 6]
   page.10.value = Guten Morgen
[global]

[hour => 11]
   page.10.value = Mahlzeit
[global]

[hour => 14]
   page.10.value = Guten Tag
[global]

[hour => 21] || [hour =< 6]
   page.10.value = Gute Nacht
[global]
```

8.4.8 Mit welcher Condition überprüfen Sie, ob die IP-Adresse des Benutzers ausdrücklich nicht 217.112.17.89 ist? (1)

a) `[IP != 217.112.17.89]`

b) `[IP !== 217.112.17.89]`

c) `[IP NOT 217.112.17.89]`

d) `[IP = 217.112.17.89]`
   `[else]`

e) `![IP = 217.112.17.89]`

f) `[IP == 217.112.17.89]`
   `[ELSE]`

Conditions eignen sich zur Prüfung, ob ein bestimmter Sachverhalt zutreffend ist. In einigen Fällen lässt sich auch ermitteln, ob ein Wert z.B.

größer oder kleiner als ein gegebener Wert ist. Es ist allerdings bislang keine Methode implementiert, mit der man prüfen könnte, ob eine Bedingung *nicht* erfüllt ist.

In vielen Programmiersprachen geschieht dies durch die Operatoren `!=` oder `!`, in TypoScript-Conditions ist das nicht möglich, auch Schlüsselwörter wie `NOT` sind TypoScript unbekannt. Somit bleibt bis zur Einführung eines solchen Operators lediglich der Weg über eine *Sonst*-Bedingung: Man prüft auf Erfüllung der Bedingung, notiert direkt in der nächsten Zeile den `[else]`-Zweig und die Aktionen darunter.

Somit ist Antwort d) richtig.

8.4.9 Welche der folgenden Conditions sind syntaktisch korrekt? (6)

a) `[language = *de][language = *en]`

b) `[language = *de]or[language = *en]`

c) `[language = *de]OR[language = *en]`

d) `[language = *de]NOT[language = *en]`

e) `[language = *de]||[language = *en]`

f) `[language = *de]AnD[language = *en]`

g) `[language = *de]&[language = *en]`

h) `[language = *de]&&[language = *en]`

Oft will man nicht nur eine, sondern mehrere Bedingungen gleichzeitig prüfen, hier z.B. die Sprache des Clients. Wichtig ist dabei die logische Verknüpfung zweier Werte.

Möglich sind eine Oder-Verknüpfung (*eine* der beiden Bedingungen muss erfüllt sein) sowie eine Und-Verknüpfung (*beide* Bedingungen müssen erfüllt sein). Andere logische Verknüpfungen, wie z.B. in Antwort d) unterstellt, gibt es nicht.

In Antwort a) fehlt eine solche Verknüpfung ganz, deshalb geht TYPO3 implizit davon aus, dass hier eine Oder-Verknüpfung gemeint ist.

Die Und-Verknüpfung wird durch das Schlüsselwort `AND` oder durch die Symbole && hergestellt, die Oder-Verknüpfung durch `OR` oder `||`, daher ist Antwort g) ebenfalls falsch.

Wie verhält es sich aber mit den Antworten b) und f)? Tatsächlich findet bei der Überprüfung der Verknüpfungsoperatoren keine Prüfung der Schreibweise statt, so dass beide Antworten richtig sind.

Korrekt sind folglich die Antworten a), b), c), e), f) und h).

8.4.10 Mit welcher Condition überprüft man, ob der aktuelle Tag Heiligabend ist? (2)

a) Das ist nicht möglich, da Heiligabend jedes Jahr auf einen anderen Wochentag fällt.

b) Dafür kann man eine eigene Condition schreiben.

c) `[dayofmonth = 24]AND[dayofweek = 12]`

d) `[dayofmonth = 24]AND[month = 12]`

e) `[day = 24]AND[month = 12]`

Das Datum von Heiligabend kann man als bekannt voraussetzen, und natürlich spielt es keine Rolle, auf welchen Wochentag der Feiertag fällt – Antwort a) ist sofort auszuschließen.

Zur Lösung der Aufgabe kombinieren Sie einfach zwei Conditions: Der Monat (Dezember) hat die Nummer 12, der Tag die 24. Die Syntax ist ausschließlich in Antwort d) korrekt.

Zuweilen ist es aber unumgänglich, eigene Conditions zu definieren (siehe auch nächste Frage), denn es gibt Feiertage, die sich nicht mit einem einfachen Schema, wie `Tag = 24` und `Monat = 12`, bestimmen lassen, beispielsweise an Ostern.

Hier wäre die Definition einer eigenen Condition zwingend notwendig, da Ostern immer auf den Sonntag nach dem ersten Frühjahrsvollmond fällt. Dieser Tag lässt sich nicht mit einer einfachen Abfrage bestimmen. PHP bietet hierzu aber glücklicherweise die Funktion `easter_date()`.

Um also zu überprüfen, ob der aktuelle Tag auf Ostern fällt, müssten Sie eine Klasse mit dem unten dargestellen Inhalt erstellen. Das Programmieren von Klassen gehört, das sei ausdrücklich gesagt, *nicht* zu Ihren Aufgaben als TYPO3 Integrator, und die entsprechenden Programmierkenntnisse werden in der Zertifizierungsprüfung nicht abgefragt, auch nicht als „Bonus-Frage". Das Beispiel soll nur der Erläuterung des im Grunde einfachen Mechanismus dienen, der Conditions zugrundeliegt.

Zunächst benötigen Sie eine Funktion (deren Funktionsname mit `user_` beginnen muss). Die PHP-Datei, die diese Funktion enthält, legen Sie z.B. im Verzeichnis `typo3conf/` unter dem Namen `condition_ostern.php` ab und binden sie mit `require_once("condition_ostern.php");` in der Datei `localconf.php` ein:

```
<?php

// Funktion, die eine Condition implementiert

function user_checkFeiertag($cmd) {
   switch ($cmd) {
      case "Ostern":
         if (date("M-d-Y", easter_date()) == date("M-d-Y", time()))
            return true;
      break;
      default:
         return false;
   }
}

?>
```

Nun lässt sich die Condition in TypoScript benutzen:

```
[userFunc = user_checkFeiertag(Ostern)]
   // Der Code hier wird nur ausgeführt,
   // wenn der aktuelle Tag auf Ostern fällt
   ...
[global]
```

Richtig sind also die Antworten b) und d).

8.4.11 Was muss man beim Erstellen einer selbst definierten Condition beachten? (5)

a) Es muss eine PHP-Datei erstellt werden.

b) Es kann keine Klasse angesprochen werden, sondern nur eine Funktion.

c) Es kann eine Funktion innerhalb einer Klasse angesprochen werden.

d) Die Funktion kann jeden beliebigen Namen tragen.

e) Die Funktion muss mit `user_` beginnen.

f) Es können Parameter übergeben werden.

g) Es können keine Parameter übergeben werden.

h) Die Funktion kann beliebige Werte zurückliefern.

i) Die Funktion kann nur `true` oder `false` zurückliefern.

Wenn für eine Abfrage in TYPO3 keine vordefinierte Condition existiert, müssen Sie sich mit dem Gedanken befassen, eine eigene Condition in PHP zu schreiben (vgl. auch die vorangehende Frage). Obwohl das nicht zu den Aufgaben eines TYPO3 Integrators gehört (und in der Prüfung nicht verlangt wird), ist es wichtig, einige Grundregeln zu kennen, damit die Condition später funktioniert. Will der Integrator z.B. eine Condition bei einem Programmierer in Auftrag geben, der über die Voraussetzungen in TYPO3 nicht informiert ist, muss er ihm die entsprechenden Informationen liefern können.

Zunächst ist natürlich eine PHP-Datei zu erstellen, die an einer beliebigen Stelle im Document-Root abgespeichert werden kann, um sie dann mit dem Befehl `require` oder `include` in der Datei `LocalConfiguration.php` oder der Datei `ext_localconf.php` einzubinden.

Im Gegensatz zum `USER`-Objekt (bei dem eine Klasse oder eine Funktion angesprochen werden kann) kann in der Datei selbst nur eine Funktion, keine Klasse, verwendet werden. Der Name der Funktion muss mit `user_` beginnen. Selbstverständlich ist es möglich, dieser Funktion beliebige Parameter zu übergeben, die dann in der Funktion verarbeitet werden.

Der Rückgabewert der Funktion sagt aus, ob die Condition erfüllt war oder nicht – daher sind nur `true` oder `false` zugelassen. Damit sind die Antworten a), b), e), f) und i) richtig.

8.5 Bilder

Bilder werden im Gegensatz zu Texten nicht direkt in der Datenbank gespeichert, sondern entweder referenziert oder von TYPO3 erstellt. Hierzu dienen zwei Content-Objekte: `IMAGE` (bzw. `IMG_RESOURCE`) und der `GIFBUILDER`, der prinzipiell ein Unterobjekt von `IMAGE` ist.

Welche Rückgabewerte haben diese Objekte? Wie lassen sich damit Grafiken anzeigen, wie Menüs und Headergrafiken erstellen? Wo setzen Sie bei Problemen in der Grafikgenerierung an?

8.5.1 Wofür steht die Angabe `[20.h]` im folgenden TypoScript-Code? (1)

```
lib.getPageTitle = IMAGE
lib.getPageTitle.altText.field = title
lib.getPageTitle.file = GIFBUILDER
lib.getPageTitle.file {
   XY = 400,[10.h]+[20.h]+20
   10 = TEXT
   10.text.field = title
   10.text.listNum.splitChar = |
   10.text.listNum = 0
   10.fontSize = 20
   10.fontColor =  #cc0000
   10.offset = 0,24
   10.niceText = 1
   20 < .10
   20.text.listNum = 1
   20.offset = 0,24+[10.h]+6
}
```

a) Für eine Breite von 20 Pixel.

b) Für eine Höhe von 20 Pixel.

c) Für den Wert der Konstanten mit dem Namen `h`.

d) Für die Höhe des Textfeldes, das in `20.` definiert wird.

e) Für einen Versatz (offset) von 20 Pixel Höhe.

f) Für eine Schrifthöhe von 20 Pixel.

Das o.g. Skript erzeugt eine mehrzeilige Grafik, für deren Text der Seitentitel herangezogen wird. Wenn der Titel das Pipe-Symbol `|` enthält, wird der Text, der nach diesem Trenner folgt, in die zweite Zeile geschrieben. Die Breite ist auf 400 Pixel festgelegt, die Höhe des Bildes aber muss sich natürlich danach richten, ob es eine zweite Zeile gibt oder nicht.

Über die `GIFBUILDER`-Objekte `10` und `20` wird dies im o.g. Beispiel realisiert. Gibt es nur eine Zeile, so ist das Objekt `20` leer, diese Information kann für die Bestimmung der Höhe der Grafik verwendet werden, wie im Beispiel bei `[20.h]` zu sehen.

Dieser Wert stellt die Höhe der zweiten Zeile dar (sofern es eine gibt), sie kann also einfach zur Höhe der ersten Zeile (die in `[10.h]` ermittelt wird) addiert werden. Richtig ist deshalb Antwort d).

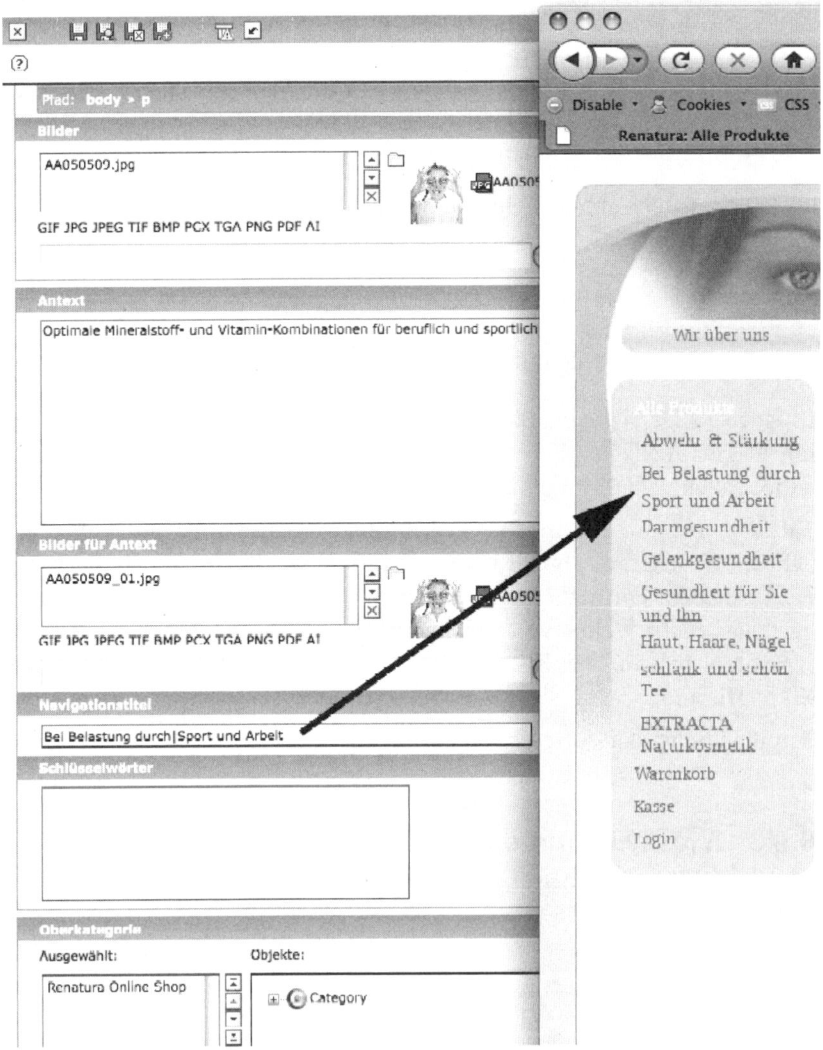

Abbildung 8.4: Zweizeilige Anzeige des Menüpunktes, wenn ein Pipe-Symbol zugefügt wurde

8.5.2 Ist es möglich, in Grafiken, die Schrift enthalten und mit dem `GIFBUILDER` erzeugt werden, beliebige Schriften zu verwenden? (2)

a) Ja, aber nur eine der 20 mit TYPO3 mitgelieferten Schriften.

b) Ja, Schriften aus beliebigen Schriftartdateien im Format `ttf` (TrueType Fonts).

c) Ja, Schriften aus beliebigen Schriftartdateien im Format `otf` (OpenType Fonts).

d) Ja, Schriften aus beliebigen Schriftartdateien im Format `ctf` (ClearType Fonts).

e) Ja, Schriften aus beliebigen Schriftartdateien im Format `pfm/pfb` (Type 1 Fonts).

f) Nein, das ist nur mit einer Extension möglich.

g) Nein, das ist gar nicht möglich.

Es ist mehr als abwegig, dass die Verwendung von Schriften in Grafiken mit TYPO3 nicht möglich sein sollte; selbstverständlich lassen sich (beinahe) beliebige Schriften nutzen.

Tatsächlich kann die in TYPO3 integrierte GD-Library mit beliebigen Schriften umgehen, sowohl im Format *TrueType Font* als auch *OpenType Font*. Mit dem Format *Type 1 Font* kann TYPO3 allerdings nichts anfangen, was nicht weiter von Belang ist, da sich mit den beiden anderen Formaten beliebige Schriften laden lassen – notfalls nach vorheriger Konvertierung.

Somit sind die Antworten b) und c) richtig.

8.5.3 Was bedeutet das c in der Breiten- und Höhenangabe im folgenden TypoScript-Code? (1)

```
page = PAGE
page.10 = IMAGE
page.10.file = testbild.jpg
page.10.file.width = 100c+100
page.10.file.height = 100c
```

a) Calculated

b) Crop

c) Constant

d) Clear

e) Continuous

Lädt ein Backend-Benutzer ein Bild in TYPO3 hoch, kann allerlei „schiefgehen“: Eventuell ist die Dateigröße problematisch, vielleicht ist das Bild auch zu breit oder zu hoch. Um zumindest die Maße zu kontrollieren, lassen sich die TypoScript-Parameter `width` und `height` nutzen. Da Sie aber vorab in der Regel das Seitenverhältnis des Bildes nicht kennen, kann es zu unbrauchbaren Ergebnissen (Verzerrungen) führen, wenn Sie beide Parameter angeben. Werden jedoch beide Parameter verwendet und hinter einem der beiden wird ein kleines `m` notiert (also `<...>.width = 100m`), wird dieser Wert als maximaler Wert betrachtet, der jeweils andere wird *proportional* dazu berechnet.

Enthält einer der beiden Parameter (es können auch beide sein) dagegen ein kleines `c`, (also `<...>.width = 100c`), wird das so genannte *Cropscaling* aktiviert. Dazu wird ein Rechteck in den Proportionen der vorgegebenen Höhe und Breite ermittelt und solange vergrößert, bis es gerade noch in das Ausgangsbild passt. Dieser Teil wird dann ausgeschnitten und auf die angegebenen Werte verkleinert.

Richtig ist also Antwort b).

8.6 Content-Objekte (cObj)

Content-Objekte (Inhaltsobjekte) sind Container für Inhalte in TYPO3, für verschiedene Inhaltstypen gibt es entsprechende Objekte. Können Sie mit einem COA-Objekt umgehen? Wann werden Inhalte gecacht? Wie gewinnen Sie Informationen direkt aus der Datenbank? Wie binden Sie eigene Funktionen ein?

Zu den vielen Objekten in TYPO3 sind spezifische, aber auch allgemeine Fragen in der Prüfung denkbar. Wichtig ist also auch hier, sich auch mit jenen Varianten vertraut zu machen, die Sie selbst eventuell nur selten verwenden.

8.6.1 Welche der folgenden TypoScript-Objekte müssen zwingend angesprochen werden, damit Inhalte aus `tt_content` ausgegeben werden können? (2)

a) `PAGE`

b) `TEMPLATE`

c) `CONTENT`

d) `CONFIG`

e) `META`

f) `TEXT`

g) `USER`

Damit überhaupt eine Ausgabe erfolgt, müssen bestimmte TypoScript-Objekte im TypoScript-Setup angesprochen werden, die dann die Ausgabe der Inhalte abarbeiten. In der o.g. Frage sollen Sie all jene Objekte erkennen, die hier essenziell sind (zusätzliche Möglichkeiten bieten zudem Objekte wie z.B.`RECORDS`).

Offensichtlich sind `META` und `CONFIG` falsch, da sie lediglich zur Bereitstellung von Meta-Informationen bzw. der Konfiguration dienen. Ein Objekt dagegen, das unbedingt und immer angegeben werden muss, ist `PAGE`, und obwohl `PAGE` oft mit einem Template verwendet wird, ist das Objekt `TEMPLATE` nicht unbedingt notwendig. Auch auf die beiden Content-Objekte `TEXT` und `USER` kann man verzichten – nicht aber auf `CONTENT`; dieses Objekt dient dazu, Inhalte z.B. aus der Tabelle `tt_content` zu lesen und auszugeben.

Damit sind die Antworten a) und c) richtig.

8.6.2 Der nachfolgende Code befüllt ein Register an der Position 10 mit dem Wert des Layout-Feldes der aktuellen Seite. Wie kann man an der Position 20 anstelle der Fragezeichen diesen Wert wieder abfragen? (2)

```
10 = LOAD_REGISTER
10.layout.cObject = TEXT
10.layout.cObject.data = TSFE:layout
20 = TEXT
20.???
```

a) `insertData = {register:layout}`

b) `data = {register:layout}`

c) `data = register:layout`

d) `dataWrap = {register:layout}`

e) `data = {$layout}`

f) `data = {layout}`

g) `data = layout`

Grundsätzlich haben Sie in TYPO3 die Möglichkeit, eigene Register anzulegen (und diese natürlich wieder auszulesen) sowie auf von TYPO3 gefüllte Register zuzugreifen.

Register speichern Daten – daher eignen sie sich bestens, um dort Werte zu hinterlegen, die später im Programmablauf benötigt werden, sich aber bis dahin eventuell wieder geändert haben.

TYPO3 verwendet an zahlreichen Stellen selbst Register, beispielsweise gibt das Register `count_menuItems` den Index des aktuellen Elements in der Erzeugung eines Menüs mittels `HMENU` aus.

Sie können selbst ein Register mit dem TypoScript-Objekt `LOAD_REGISTER` anlegen. Dazu suchen Sie sich einen eindeutigen Schlüssel aus (im obigen Fall ist dies `layout`) und laden es mit einem Inhalt (im obigen Fall mit dem Wert des Feldes `layout` aus den Seiteneigenschaften).

Nun möchten Sie auf diesen Wert zu einem späteren Zeitpunkt zugreifen – Antwort a) hilft Ihnen hier nicht weiter, da ein `insertData` lediglich einen Wert `1` akzeptiert. Auch Antwort b) kann nicht funktionieren, da ein Data-Zugriff stets ohne geschweifte Klammern erfolgt. Die Antworten e), f) und g) sind ebenfalls nicht richtig, da hier entweder versucht wird, den Wert über die Konstanten-Definition zu ermitteln oder direkt, aber ohne die Quelle (das Register) zu spezifizieren.

Bleiben also die Antworten c) und d) als richtige übrig.

8.6.3 Der folgende Code soll die aktuelle Uhrzeit auf der Website ausgeben. Welches Content-Objekt fehlt anstelle der Fragezeichen? (1)

```
page = PAGE
page.10 = ???
page.10 {
   10 = TEXT
   10.data = date:U
   10.strftime = %D - %H:%M:%S
}
```

a) `USER`

b) `USER_INT`

c) COA

d) COA_INT

e) TIME

f) TEXT

g) TEXT_INT

TYPO3 verfügt über einen differenzierten Caching-Mechanismus, der einmal gerenderte Seiten abspeichert, um sie beim Aufruf aus dem Cache zu lesen und so die Performance der Ausgabe zu erhöhen. Für Informationen, die bei Ausgabe stets aktuell sein sollen, wie z.B. die Uhrzeit, ist ein solches Caching natürlich unsinnig, schließlich soll nicht die Uhrzeit des ersten Aufrufs der Seite angezeigt werden (wie es auf einer gecachten Seite der Fall wäre), sondern stets die aktuelle Uhrzeit. Zu diesem Zweck bietet TYPO3 zwei TypoScript-Content-Objekte, bei denen – im Gegensatz zu den Pendants COA und USER – das Caching nicht verwendet wird, nämlich COA_INT und USER_INT.

Das Objekt USER_INT ist prinzipiell dafür zuständig, eine PHP-Funktion aufzurufen, und kommt darum hier nicht in Frage, das gesuchte Content-Objekt ist also COA_INT. Das COA (Content Object Array) stellt ein Array zur Verfügung, das mit Content-Objekten gefüllt werden kann – in unserem Beispiel mit einem TEXT-Objekt.

Richtig ist also Antwort d).

8.6.4 Folgendes Skript gibt den Börsenkurs aus. Warum funktioniert das nur ein einziges Mal mit dem richtigen Kurs? (1)

```
page = PAGE
includeLibs.boerse = media/scripts/boersenkurs.php
page.10 = USER
page.10 {
   userFunc = user_boerse->showBoersenKurs
   wkn = AAPL
   reverseOrder = 1
}
```

a) TYPO3 lässt nur einen einzigen Aufruf über ein USER-Objekt zu.

b) Durch den Parameter `reverseOrder = 1` wird nach einmaligem Ermitteln des Kurses das Objekt gecacht.

c) Es muss `USER_INT`, nicht `USER` heißen.

d) Da der Server mit dem Börsenkurs extern ist, kann TYPO3 genau eine Abfrage absetzen, bis die Firewall des Servers das bemerkt und weitere Abfragen blockiert.

Das o.g. Skript zeigt, wie Sie ein externes PHP-Skript innerhalb eines Content-Elements `USER` einbinden. Dazu wird zunächst über `includeLibs` die Datei eingebunden, später wird die Funktion `showBoersenKurs` aus der Klasse `user_boerse` aufgerufen.

In dieser Funktion nun wird (höchstwahrscheinlich) ein externer Server kontaktiert und der aktuelle Börsenkurs der Apple-Aktien (WKN: AAPL) abgefragt. Das funktioniert (eine einwandfreie Programmierung vorausgesetzt) beim ersten Mal perfekt. Bei der zweiten Anzeige der Website wird jedoch nicht etwa wieder der aktuelle Börsenkurs ermittelt, sondern schlicht der gecachte Inhalt der ersten Ausgabe verwendet. Das liegt daran, dass das Content-Element `USER` von TYPO3 immer gecacht wird. Deshalb müssen Sie an dieser Stelle das Pedant `USER_INT` verwenden, dessen Ausgabe nicht gecacht wird.

Richtig ist allein Antwort c).

8.6.5 Sie wollen mit TypoScript ein Hintergrundbild setzen. Welches Content-Element müssen Sie anstelle der Fragezeichen einfügen? (1)

```
page = PAGE
page.10 = ???
page.10 {
   file = fileadmin/backgroundimg.jpg
   file.width = 100
   file.height = 100
   stdWrap.wrap = <div style="background-image:url(|); width:100px; ↩
height:100px;">Text</div>
}
```

a) `IMG`

b) `IMAGE`

c) `IMG_RESOURCE`

d) `IMAGE_RESOURCE`

e) `GIFBUILDER`

Offensichtlich wird mit dem oben wiedergegebenen Skript ein Bild aus dem Verzeichnis `fileadmin` spezifiziert. Es werden die Parameter Breite und Höhe angegeben und das Ganze mit einem DIV-Container umschlossen – hierfür ist das Content-Element entscheidend.

Die Content-Elemente `IMG` und `IMAGE_RESOURCE` gibt es nicht. Der Vorschlag in Antwort e) ist nicht abwegig – allerdings muss `GIFBUILDER` als Unterobjekt von `IMAGE` verwendet werden, das ist im Skriptbeispiel nicht der Fall.

Auch die Verwendung von `IMAGE` liegt nahe – `IMAGE` liefert jedoch ein vollständiges HTML-IMG-Tag zurück, das ist im vorliegenden Fall unerwünscht, wir benötigen lediglich den Pfad zum Bild, und den liefert `IMG_RESOURCE`.

Damit ist Antwort c) richtig.

8.6.6 Sie wollen die Ausgabe eines TEXT-Content-Objekts mehrsprachig gestalten. Wie machen Sie das? (1)

```
page = PAGE
page.10 = TEXT
page.10.value = English Text
```

a) Sie fügen hinzu: `page.10._LOCAL_LANG.de = Deutscher Text`

b) Sie fügen hinzu: `page.10.lang.de = Deutscher Text`

c) Sie fügen hinzu: `page.10.de = Deutscher Text`

d) Über die Extension *xml-ll* können Sie die Sprachlabels bequem übersetzen.

e) Eine Übersetzung muss über Conditions angelegt werden, also z.B. so: `[globalVar = GP:L = 1]`

Ein häufiger Anwendungsfall, wenn Sie mit mehrsprachigen Websites arbeiten: Sie haben entsprechende Extensions platziert, die selbst oft mehrsprachig sind, die Texte geben Sie mehrsprachig ein, Ihr TypoScript-Code jedoch ist per Default zunächst nur in der Standardsprache gegeben. Sie könnten das Problem nun, wie in Antwort e) vorgeschlagen, über Conditions lösen, das wäre aber auf die Dauer sehr unübersichtlich, außerdem nicht die einzige Lösungsmöglichkeit, Antwort e) ist also falsch.

Der Vorschlag aus Antwort a) wäre der richtige Ansatz, wollte man die Sprachlabels von Extensions übersetzen, das ist hier nicht der Fall. Ebenso verhält es sich mit der in Antwort d) genannten Extension.

Tatsächlich aber besitzt das Content-Objekt `TEXT` unter anderem die Eigenschaft `stdWrap`, und eine der zugehörigen Funktionen ist `lang`. Mit dieser Funktion lassen sich sprachspezifische Werte definieren, indem man den Sprachschlüssel (beispielsweise `de` für Deutsch) und danach den übersetzten Text notiert.

Richtig ist damit Antwort b).

8.6.7 Sie wollen die Content-Elemente einer Seite in zufälliger Reihenfolge anzeigen. Ist das möglich und, wenn ja, wie? (1)

```
page = PAGE
page.10 = CONTENT
page.10 {
   table = tt_content
   select {
      where = colPos = 0
      max = 1
      ???
   }
}
```

a) Das ist nicht möglich. Die Anzeige der Inhaltselemente richtet sich nach der Reihenfolge im Backend.

b) Das ist nur mit einer eigenen Extension möglich.

c) Sie fügen die folgende Zeile anstelle der Fragezeichen ein:

```
orderBy = random
```

d) Sie fügen die folgende Zeile anstelle der Fragezeichen ein:

```
orderBy = rand()
```

e) Sie fügen die folgende Zeile anstelle der Fragezeichen ein:

```
orderBy = rand
```

Normalerweise würde mit o.g. Code genau ein Inhaltselement angezeigt werden, und zwar das als erstes in der Backend-Spalte Normal eingegebene. Das lässt sich selbstverständlich ändern: Die Eigenschaft `select` besitzt dazu einige Untereigenschaften, beispielsweise ermöglicht `sort` eine Sortierung.

Dabei wird – und das ist der Kern der Frage – der angegebene String direkt und unverändert an die Datenbank weitergegeben. Die Funktion, mit der Sie eine zufällige Sortierung herstellen, lautet in MySQL `rand()`, nicht etwa nur `rand` oder `random` (Sie können hier übrigens alle an dieser Stelle sinnvollen SQL-Funktionen verwenden).

Richtig ist also Antwort d).

8.6.8 Die Content-Elemente von welcher Seite werden mit dem folgenden Skript ausgelesen? (1)

```
page = PAGE
page.10 = CONTENT
page.10 {
   table = tt_content
   select {
     pidInList = this
   }
}
```

a) Die Content-Elemente der Seite mit dem Bezeichner `this`.

b) Die Content-Elemente der aktuellen Seite.

c) Die Content-Elemente der Seite, die im Register `this` hinterlegt ist.

d) Die Content-Elemente der Seite, die als PID den Wert der UID der aktuellen Seite hat.

e) Die Content-Elemente der Seite mit `PID = 0`, da es das Schlüsselwort `this` nicht gibt und das von TypoScript als Wert `0` interpretiert wird.

Das Content-Objekt `CONTENT` ist dafür zuständig, Datensätze aus der Datenbank zu holen. Durch die Angabe der Eigenschaft `tableName` wird die Auswahl im obigen Skript auf die Tabelle `tt_content` beschränkt. Die Angabe in der Eigenschaft `select` wiederum schränkt nun die Auswahl ein.

Seit der Version 4.6 haben zwar alle Eigenschaften der Funktion `selectstdWrap`-Eigenschaften, aber das Schlüsselwort `this` kommt hier gar nicht vor, daher muss es dafür eine andere Erklärung haben. Tatsächlich ist es mit einem Wert belegt, daher fällt beispielsweise Antwort f) aus.

Letztlich bezeichnet `this` die aktuelle Seite – es werden also alle Content-Elemente aus der Datenbank ermittelt, deren Feld `PID` der Wert der aktuellen Seite ist. Es werden also alle Inhaltselemente der aktuellen Seite gezogen. Nicht unmittelbar zu erkennen, aber wissenswert ist, dass eben der Wert `this` als Default-Wert gesetzt und darum immer weggelassen wird. Man kann den Wert aber gezielt setzen, um beispielsweise die Content-Elemente einer anderen Seite anzeigen zu lassen.

Somit ist Antwort b) richtig.

8.6.9 Was gibt der unten stehende Code aus? (1)

```
page = PAGE
page.10 = CONTENT
page.10 {
   table = tt_content
   select {
      pidInList = 2,3,4
   }
}
```

a) Er erzeugt ein Menü aus den Seiten mit den UIDs 2, 3 und 4.

b) Er stellt die Inhalte mit den UIDs 2, 3 und 4 dar.

c) Er stellt alle Inhalte der Seiten mit den UIDs 2, 3 und 4 dar.

d) Er stellt alle Inhalte dar, mit Ausnahme derer mit den UIDs 2, 3 und 4.

Das o.g. Code-Fragment verwendet zunächst das `CONTENT`-Objekt, um Inhalte darzustellen. Anfangs muss nun ausgewählt werden, aus welcher Tabelle diese Inhalte bezogen werden, das wird mit `table = tt_content` spezifiziert, die Inhalte kommen also aus der Tabelle der Inhaltselemente (möglich wären aber auch alle anderen im System vorhandenen Tabellen).

Nun wird das `SELECT`-Statement des nachfolgenden SQL-Statements zusammengestellt. Lässt man es leer (oder ganz weg), so werden immer die Inhalte der aktuellen Seite ausgewählt – das entspricht implizit dem Code `pidInList = this` (das Schlüsselwort `this` wird immer mit der UID der aktuellen Seite gefüllt).

In o.g. Beispiel allerdings werden für diese Option drei durch Kommata separierte Zahlen angegeben. Das bedeutet, dass alle Inhalte der Seiten mit den angegebenen UIDs dargestellt werden, und zwar unabhängig davon, auf welcher Seite Sie sich gerade aufhalten. Dass es sich hierbei um Seiten-UIDs handelt, ist daran zu erkennen, dass die Tabelle `tt_content` angesprochen wird und dort die Spalte `pid`. Diese Spalte enthält die Parent-ID, die ID der Seite, auf der sich der Inhalt befindet.

Richtig ist damit Antwort c).

8.6.10 Sie wollen die Datensätze der Tabelle **`tt_content`** mit ID 2 und 3 anzeigen lassen. Was müssen Sie hierfür anstelle der Fragezeichen einsetzen? (1)

```
page = PAGE
page.10 = ???
page.10 {
   tables = tt_content
   source = 2,3
   dontCheckPid = 1
}
```

a) `TEXT`

b) `HTML`

c) `COA`

d) `RECORDS`

e) `DATA`

f) `CONTENT`

Offensichtlich fehlt im obigen Beispiel das Content-Element. Wenn Sie ein wenig mit den Optionen der in den Antworten aufgeführten Content-Elemente vertraut sind, erschließt sich Ihnen, dass die ersten drei Objekte nicht richtig sein können – zudem gibt es die in den Antworten b) und e) genannten Objekte nicht.

Somit bleiben `RECORDS` und `CONTENT`. Während `CONTENT` meist dafür eingesetzt wird, ganze Tabellen nach bestimmten Kriterien auszulesen und anzuzeigen, dient `RECORDS` dazu, einzelne Datensätze anzuzeigen. Auf diese Weise lässt sich beispielsweise ein Bereich realisieren, der auf verschiedenen Seiten angezeigt, aber an einer Stelle gepflegt wird.

Richtig ist damit Antwort d).

8.6.11 Bei der Eingabe eines Content-Elements können Sie über die Selectbox Frame einen Rahmen auswählen. Was muss beim unten stehenden Codebeispiel ergänzt werden, wenn Sie bei der Eingabe von Frame 1 (ID=20) und Frame 2 (ID=21) eine eigene Style-Angabe vergeben wollen? (1)

```
temp.bodytext = ???
temp.bodytext {
   key.field = section_frame
   default < tt_content.text.20
   20 < .default
   20.wrap = <div class="dotted">|</div>
   21 < .default
   21.wrap = <div class="solid">|</div>
}
tt_content.text.20 >
tt_content.text.20 < temp.bodytext
```

a) `TEXT`

b) `HTML`

c) `CASE`

d) `RECORDS`

e) `LOAD_REGISTER`

f) `CONTENT`

Das o.g. Beispiel liest das Feld `section_frame` aus, das die genannte Selectbox Frame in der Datenbank (Tabelle `tt_content`) repräsentiert. Mit dem Wert `20` wird eine Style-Angabe `dotted` zugefügt und in `21` die Style-Angabe `solid`.

Da diese Angabe auf `tt_content.text.20` angewendet wird, wird nur der Bodytext des Text-Inhaltselements damit umschlossen. Das Konstrukt im Beispiel sieht einem `SWITCH`-Statement ähnlich, wie man es von PHP her kennt, lediglich das Schlüsselwort `SWITCH` taucht nicht auf. Das Schlüsselwort `CASE` dagegen wurde zur Fallunterscheidung aus der PHP-Syntax übernommen, das gesuchte Content-Objekt ist also `CASE`. Richtig ist Antwort c).

8.7 Content Rendering

Als Content Rendering wird die Darstellung der Inhalte im Frontend, also der sichtbaren Website, bezeichnet. Dabei geht es weniger um die Elemente selbst, als um die Speicherung, die Manipulation und die spätere Ausgabe, die sich mittels TypoScript anpassen lässt.

Einen guten Einblick in diesen Themenbereich bietet das Dokument *TypoScript Syntax and In-depth Study* der Core-Dokumentation auf `typo3.org`.

8.7.1 Im Feld `CType` der Tabelle `tt_content` befindet sich der Eintrag `list` – was bedeutet das? (1)

a) Das Inhaltselement ist vom Typ List.

b) Es werden dort mehrere Inhaltselemente in einer Liste verwaltet.

c) Das Inhaltselement ist vom Typ Plugin.

d) Hier wird die sogenannte Listenansicht der Extension definiert.

Wie wir in Kapitel 2 bereits gezeigt haben, enthält das Feld den Content-Typ (Inhaltstyp) des Inhaltselements. Es sind in TYPO3 zahlreiche Inhaltselemente möglich, Sie sehen eine Aufstellung all dieser Objekte, wenn Sie auf einer Seite Create page content anklicken, Beispiele sind Regular text element oder Mail form.

Abbildung 8.5: Die Spalten `CType` und `list_type` in phpMyAdmin

uid	pid	CType	list_type
577	178	text	
578	177	text	
579	178	text	
580	177	text	
581	176	text	
582	168	text	
583	168	text	
584	168	text	
585	179	text	
586	75	text	
588	191	text	
589	179	user_newcontentelement_pi1	
590	185	list	user_chroniknet1_pi1
591	185	user_newcontentelement_pi1	
592	168	text	

Im unteren Teil der Seite finden sich zahlreiche Plugins – Inhalte solchen Typs werden zunächst nur mit dem Wert `list` in das Datenbankfeld `CType` geschrieben. Im Feld `list_type` wird die Art des Plugins festgehalten. Im Falle der beliebten Extension `tt_address` z.B. wäre der entsprechende Wert `tt_address_pi1`. Ältere Extensions haben eine festkodierte Nummer an dieser Stelle – so hat das Plugin `tt_news` die Nummer 9. Richtig ist also Antwort c).

8.7.2 Es liegen `CType=list` vor und `list_type=9` (Plugin `tt_news`). Wie adressieren Sie den Bodytext der Ausgabe? (2)

a) `plugin.tt_news`

b) `plugin.tx_ttnews_pi1`

c) `plugin.tx_ttnews_pi1.9`

d) `tt_content.list.9`

e) `tt_content.plugin.9`

f) `tt_content.plugin.tt_news`

g) `tt_content.list.10.9`

h) `tt_content.list.20.9`

Eine sehr häufige Anwendung: Sie wollen den Output eines Content-Elements per TypoScript steuern, Sie könnten so beispielsweise Wraps um bestimmte Elemente legen oder andere `stdWrap`-Funktionen darauf anwenden. Wie sich die Struktur eines Objekts darstellt, können Sie übrigens gut im TypoScript-Objekt-Browser (TSOB) analysieren.

Prinzipiell wird über das Top-Level-Objekt `plugin` das Plugin konfiguriert, z.B. in welchem Modus sich das Plugin befindet, falls verschiedene Modi vorgesehen sind, oder welcher Startingpoint (Ausgangspunkt) gewählt wird (sofern Daten von anderen Seiten verwendet werden sollen). Auch die direkte Ausgabe des Plugins kann mit dieser Konfiguration u.U. beeinflusst werden. Die Ausgabe der einzelnen Inhaltselemente (unabhägig vom Typ) aber erfolgt dann über das Top-Level-Objekt `tt_content`. Somit sind die Antworten b) und c) falsch.

Analysieren Sie das TLO `tt_content` nun im TSOB, stellen Sie zweierlei fest: Erstens, dass über das Inhaltsobjekt `CASE` zunächst der Typ ausgewählt wird – in unserem Fall `list`. Somit sind die Antworten e) und f) ebenfalls falsch. Zweitens, dass es nur zwei Untereigenschaften gibt: `10` und `20`.

Während `10` für die Überschrift zuständig ist, konfiguriert `20` den Bodytext. Andererseits findet sich hier auch eine Referenz auf `plugin.tt_news` (`tt_content.list.20.9.0 = < plugin.tt_news`), daher sind tatsächlich die Antworten a) und h) richtig.

8.7.3 Wie kann man in der Ausgabe des `tt_content`-Text-Inhalts automatisiert bestimmte Strings durch andere ersetzen? (1)

```
tt_content.text.20 {
   ???
}
```

a) `parseFunc.string1 = string2`

b) `parseFunc.short.string1 = string2`

c) `parseFunc.tags.string1 = string2`

d) `string1 = string2`

e) `HTMLparser.string1 = string2`

f) `HTMLparser.replace.string1 = string2`

Soll ein Text in TYPO3 angezeigt werden, wird er zunächst aus der Datenbank geholt, bevor er „verarbeitet“ und schließlich auf der Website angezeigt wird.

Der hier ganz vage mit „verarbeitet“ umschriebene Prozess wird technisch *Transformation* genannt. Um die gestellte Aufgabe zu lösen, müssen Sie TYPO3 also anweisen, im Rahmen der Transformation einen Text durch einen anderen zu ersetzen. Die `stdWrap`-Funktion `HTMLparser` bestimmt, wie HTML-Inhalte verarbeitet werden (insbesondere in Bezug auf Tags und Attribute), und wird meist als Unterfunktion von `parseFunc` verwendet. Daher sind die Antworten e) und f) nicht richtig.

Antwort d) ist auch falsch, da sie lediglich die Zuweisung eines erfundenen Parameters darstellt. Tatsächlich aber wird, wie erwähnt, für die Transformation die `stdWrap`-Funktion `parseFunc` verwendet, die primär dazu dient, eine Eingabe zu parsen und dann gegebenenfalls zu verändern. Von den drei angegebenen Möglichkeiten ist aber nur eine richtig: Eine direkte Zuweisung, wie in Antwort a), wäre sinnlos, da ja noch gar nicht festgelegt wurde, was genau mit `string1` geschehen soll, es fehlt also die Angabe einer Transformationsfunktion. Die in c) verwendete Unterfunktion `tags` existiert zwar, wird aber zur Behandlung von Tags verwendet.

Richtig ist also ausschließlich Antwort b).

8.7.4 Die Eingabe des Subtitle im Backendformular einer Seite erfolgt einzeilig. Wie erreichen Sie, dass man auf mehreren Zeilen eingegeben kann? (1)

a) Das ist nicht ohne Eingriff in den TYPO3-Kern möglich.

b) Durch Installation der Extension *multiline backend forms.*

c) In Datei `extTables.php` muss folgende Codezeile angegeben werden:

```
$GLOBALS['TCA']['page']['columns']['subtitle']['config']
['form_type'] = 'text';
```

d) Im Page TSconfig muss die folgende Codezeile angegeben werden:

```
TCEFORM.pages.columns.subtitle.config.form_type = text
```

e) Im User TSconfig muss die folgende Codezeile angegeben werden:

```
TCAdefaults.pages.subtitle.config.form_type = text
```

f) Im TypoScript-Setup muss die folgende Codezeile angegeben werden:

```
pages.columns.subtitle.config.form_type = text
```

g) Im TypoScript-Setup muss die folgende Codezeile angegeben werden:

```
pages.subtitle.config.form_type = text
```

Die Felder in Backend-Formularen sind per Default vorgegeben. So bieten z.B. Titel oder Untertitel nur eine einzeilige Eingabemöglichkeit, während Metadaten in mehrzeiligen Eingabefeldern bearbeitet werden können.

Wollen Sie diese durchaus sinnvolle Definition ändern, ist das mit nur geringem Aufwand machbar. Zunächst sind alle Metadaten, die Tabellen betreffen, im sogenannten TCA (*Table Configuration Array*) gespeichert. Auf das TCA lässt sich auf zwei Arten zugreifen: Verwenden Sie TypoScript, so greifen Sie über `TCEFORM` zu (damit lässt sich eine zusätzliche

Konfiguration durchführen) bzw. auch über `TCAdefaults` (damit lassen sich Formularfelder im Backend vorbelegen).

In PHP-Dateien sprechen Sie das Array direkt über `$GLOBALS['TCA']` an (hier haben Sie alle Möglichkeiten der Konfiguration). Da wir das Backendformular weder vorbelegen noch anders konfigurieren wollen, sondern den `form_type` direkt ändern müssen, bleibt Antwort c) als einzig richtige.

8.7.5 Mit welchem TypoScript-Codeelement kann man dafür sorgen, dass E-Mail-Adressen im Frontend in einer Form dargestellt werden, die Roboter nicht für SPAM-Zwecke auslesen können? (1)

a) `config.spam.email = 0`

b) `config.spamProtectEmailAddresses = 1`

c) `config.email.usePicture = 1`

d) `config.protectEmailAdresses = 0`

Bei unmaskierter Verwendung von E-Mail-Adressen auf einer Website läuft man Gefahr, dass Robotprogramme sie auslesen und für SPAM missbrauchen. Deshalb ist es ratsam, E-Mail-Adressen zu maskieren; TYPO3 bietet hierzu eine sehr wirksame Funktion. Die Verwendung von Bildern (wie oft auf Websites zu sehen) statt der E-Mail-Adressen im Klartext ist also nicht notwendig.

Für die Funktionalität ist offensichtlich das Top-Level-Objekt `CONFIG` zuständig, und mit etwas Logik und einfachem Ausschlussverfahren lässt sich die richtige Option in Antwort b) erschließen.

Wollen Sie beispielsweise die Adresse `info@mytypo3domain.de` maskieren, wird sie mit dieser Methode zwar im Frontend unverändert angezeigt, im Quelltext der Seite ist aber nur verschlüsselter Text zu lesen:

```
href="javascript:linkTo_UnCryptMailto('ocknvq,kphqBpgv/q/
itcrjke0eqo');">info<span>@mytypo3domain.de</span></a></p>}}
```

Bei Bedarf können Sie zusätzlich sogar das @-Zeichen[6] in der Anzeige durch eine andere Zeichenkette (wie beispielsweise `-AT-`) ersetzen, ebenso wie den letzten Punkt[7] vor der Top-Level-Domain.

6 `spamProtectEmailAddresses_atSubst`

8.7.6 Sie haben ein Inhaltselement Bullet list auf einer Seite eingefügt, Ihnen gefällt aber die Darstellung nicht. Wie können Sie sie ändern? (2)

a) Da das Inhaltselement eine Kernfunktionalität ist, müssen Sie die entsprechenden Kerndateien direkt verändern.

b) Da das Inhaltselement eine Kernfunktionalität ist, müssen Sie eine Extension finden, die eine ungeordnete Liste realisiert.

c) Sie passen das Objekt `tt_content.bullets.20` an.

d) Sie passen das Objekt `tt_content.bulletlist.20` an.

e) Sie passen das Aussehen der Klasse `csc-bullets` über CSS an.

f) Sie passen das Aussehen der Klasse `csc-bulletlist` über CSS an.

Auf einer TYPO3-Seite ist es möglich, verschiedene Inhaltselemente einzufügen. Diese Inhaltselemente sind fest im Kern implementiert, können jedoch durch Extensions beliebig erweitert werden. Wir wollen hier aber stattdessen erläutern, ob und wie es möglich ist, solche Elemente ohne Einsatz einer Extension zu verändern.

Eine Änderung der Kerndateien (Core Files) ist die denkbar schlechteste Möglichkeit – zum einen, weil TYPO3 dann natürlich nicht mehr updatefähig ist, zum anderen, weil TYPO3 für solche Zwecke bereits Mechanismen zur Verfügung stellt, mit denen sich eine Änderung viel einfacher bewerkstelligen lässt. Die Antworten a) und b) sind also falsch.

Über eine TypoScript-Eigenschaft lässt sich die Ausgabe nämlich direkt steuern. Da die Liste ein Inhaltsobjekt ist, ist sie zunächst Unterobjekt von `tt_content`. Wie aber wird die ungeordnete Liste angesprochen? Das können Sie, falls notwendig, bequem im TypoScript Object Browser (TSOB) nachsehen – dort stellen Sie fest, dass die Liste mit `bullets` angesprochen wird. Antwort c) ist also richtig.

Die Ausgabe im Frontend können Sie zusätzlich über CSS an Ihre Bedürfnisse anpassen. Ermitteln Sie die notwendigen Klassen, indem Sie im Quellcode der Ausgabe nachsehen – die Klasse heißt nicht `csc-bullets`, sondern `csc-bulletlist` (`csc` steht dabei für *CSS styled content*).

Richtig sind also die Antworten c) und f).

7 `spamProtectEmailAddresses_lastDotSubst`

8.7.7 Welcher Code anstelle der Fragezeichen verhindert, dass die Content-Elemente mit der ID 37 und 38 ausgegeben werden, wenn die Uhrzeit 11 Uhr oder später ist? (1)

```
page = PAGE
page.10 < styles.content.get
[hour = > 11]
page.10.??? {
  isInList.field = uid
  value = 37,38
  negate = 1
}
[end]
```

a) `if`

b) `stdWrap.if`

c) `renderObj.stdWrap.if`

d) `renderObj.if`

e) `if.stdWrap`

Möglicherweise wollen Sie bestimmte Elemente, wie z.B. Content-Elemente, gezielt ein- oder ausblenden. Hier ist nicht die in TYPO3 integrierte Funktion gemeint, die es ermöglicht, ein Inhaltselement für alle Benutzer ein- oder auszublenden (oder entsprechend der Benutzergruppe bzw. des Login-Zustands), vielmehr soll es darum gehen, ein Element mittels einer Condition z.B. tageszeitenabhängig anzuzeigen.

Der oben dargestellte Code ist aufgebaut wie folgt: Zunächst wird ein `PAGE`-Objekt definiert; über die Zuweisung in der folgenden Zeile werden sämtliche Content-Elemente der Spalte Normal ausgelesen. Hier wird eine Kurzform des CSS Styled Content (CSC) verwendet – intern wird das `CONTENT`-Objekt definiert und mit Daten aus der Tabelle `tt_content` gefüllt.

Dann wird eine Condition eingeführt, die nur greift, wenn es 11 Uhr oder später ist, anschließend folgt der erfragte Codeabschnitt, der dazu führen soll, dass die IDs 37 und 38 in der Liste der zurückgegebenen IDs gesucht werden. Dies wird anschließend negiert, um eine „nicht 37 oder 38"-Bedingung zu realisieren.

Das gesuchte Codefragment nutzt die Eigenschaft `renderObj` des `CONTENT`-Objekts. So lässt sich das Rendering (also die Ausgabe) der aktuellen Abfrage umfassend manipulieren. `renderObj` wiederum bietet die Eigenschaft `stdWrap` und diese erlaubt schließlich die Abfrage `if`.

Antwort b) könnte in Betracht gezogen werden – die Lösung brächte aber nicht den gewünschten Effekt, weil erst durch `CONTENT` die entsprechenden Elemente geladen werden und erst dann in `renderObj` einzeln zur Verfügung stehen – ginge man hingegen vor, wie in Antwort b) vorgeschlagen, würden die Seiten mit den UIDs `37` und `38` nach 11 Uhr ganz ohne Inhalt dargestellt werden.

Richtig ist also ausschließlich Antwort c).

8.8 Menüerstellung

Ein essenzieller Bestandteil der meisten Websites ist das Menü. Dabei gibt es eine Vielzahl verschiedener Arten von Menüs, die alle auf dem Content-Objekt `HMENU` (für hierarchisches Menü) basieren. So können Sie unterschiedliche Darstellungsarten, wie Textmenüs, grafische Menüs oder Layermenüs, realisieren und zudem z.B. die im Menü verfügbaren Seiten bestimmen: Es gibt Menüs, die schlicht die Seitenstruktur widerspiegeln, aber auch elaborierte Navigationsmenüs, die entweder nur aus einzelnen Seiten oder, nur als Beispiel, aus den 15 zuletzt aktualisierten Seiten bestehen.

8.8.1 Welche der nachfolgenden Menüzustände gibt es nicht? (2)

a) `IFSUBRO`

b) `CUR`

c) `USR`

d) `NOIFSUB`

e) `ACTSUB`

f) `SPC`

Über Menüzustände ist es auf einfache Weise möglich, in den Menü-Objekten `TMENU`, `GMENU` und `IMGMENU` einzelne Darstellungsvarianten zu konfigurieren. Den Zustand `IFSUBRO` gibt es tatsächlich – er bezeichnet den Rollover-Zustand eines Menüelements, das weitere Unterseiten hat.

Der Zustand CUR spezifiziert die jeweils aktuelle Seite. Über USR kann man Seiten konfigurieren, die zugriffsgeschützt sind, für den Fall, dass der aktuelle Benutzer darauf Zugriff hat. Den Zustand NOIFSUB allerdings gibt es nicht, genauso wenig wie ACTSUB. SPC bezeichnet jedoch die Konfiguration sogenannter *Spacer*-Seiten (also Seiten mit dem Seitentyp Spacer).

Die richtigen Antworten lauten daher d) und e).

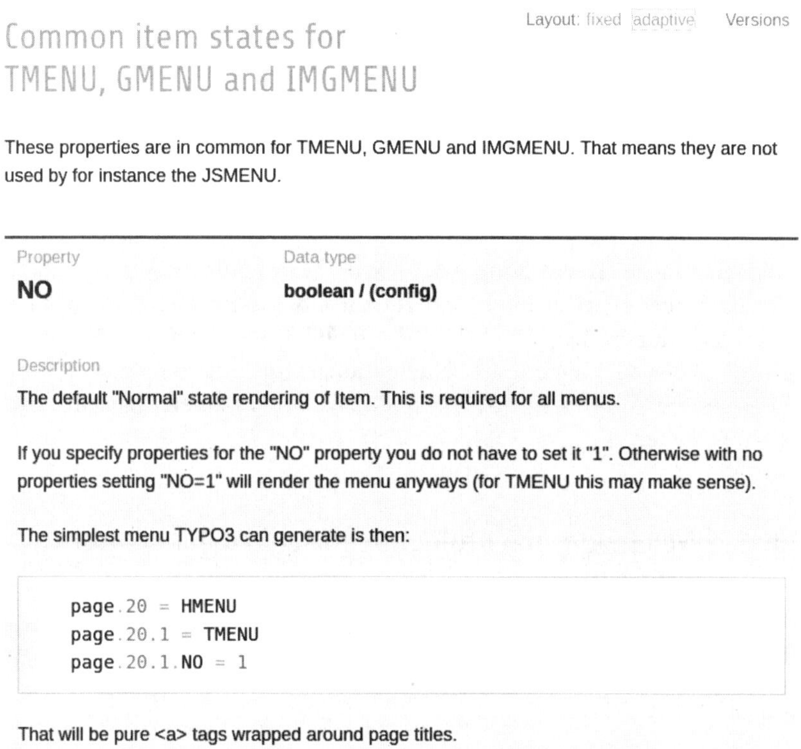
Layout: fixed adaptive Versions

Common item states for TMENU, GMENU and IMGMENU

These properties are in common for TMENU, GMENU and IMGMENU. That means they are not used by for instance the JSMENU.

Property	Data type
NO	**boolean / (config)**

Description

The default "Normal" state rendering of Item. This is required for all menus.

If you specify properties for the "NO" property you do not have to set it "1". Otherwise with no properties setting "NO=1" will render the menu anyways (for TMENU this may make sense).

The simplest menu TYPO3 can generate is then:

```
page.20 = HMENU
page.20.1 = TMENU
page.20.1.NO = 1
```

That will be pure <a> tags wrapped around page titles.

Abbildung 8.6: Menüzustände werden in der TSref ausführlich erklärt

8.8.2 Sie benötigen eine Formatierung für die Darstellung des Menüpunktes der aktuellen Seite, falls diese über mindestens eine Unterseite verfügt. Welchen Menüzustand verwenden Sie? (1)

a) NO

b) CUR

c) CURIFSUB

d) ACT

e) ACTIFSUB

Der Zustand NO steht für „Normal“ und ist für unsere Fragestellung ungeeignet. Über den Zustand CUR allerdings kann tatsächlich die aktuelle Seite konfiguriert werden, allerdings unabhängig davon, ob sie Unterseiten besitzt oder nicht. Daher müssen wir zur Lösung der Aufgabe den Zustand CURIFSUB verwenden. Dieser Menüzustand trifft immer genau dann auf die aktuelle Seite zu, wenn sie Unterseiten hat.

Richtig ist also Antwort c).

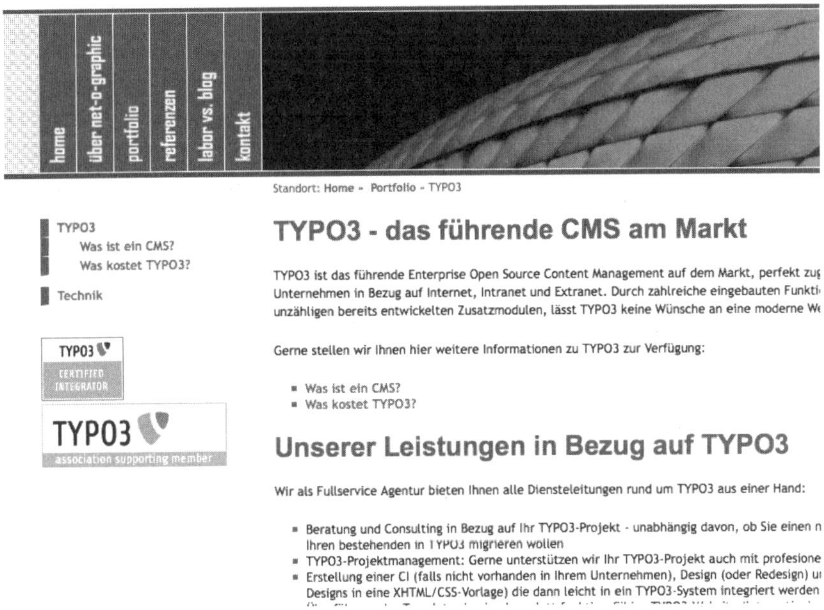

Abbildung 8.7: Menüpunkte von Seiten mit Unterseiten anders darstellen

8.8.3 Sie wollen die Darstellung des Menüpunktes der aktuellen Seite und der Elternseiten formatieren, unabhängig davon, ob es Unterseiten gibt. Welchen Menüzustand verwenden Sie dafür? (1)

a) NO

b) CUR

c) CURIFSUB

d) ACT

e) ACTIFSUB

Über den Zustand CUR können wir die aktuelle Seite ansprechen, unabhängig davon, ob Unterseiten vorhanden sind oder nicht. Was sich so aber nicht abfangen lässt, sind Elternseiten.

Hierfür wurde der Menüzustand ACT eingeführt, der die aktuelle Seite inkl. aller Elternseiten die Rootline entlang anspricht, also alle Seiten von der Rootseite bis zur aktuellen.

Das kann nützlich sein, wenn Sie beispielsweise über die erste Navigationsebene Bereiche festlegen und diese Bereiche mit Stylesheets auszeichnen. Wählen Sie nun eine der Unterseiten aus, wird der gesamte Bereich mit allen Unterseiten vom Menüzustand angesprochen.

Der in Antwort e) genannte Zustand ACTIFSUB würde dagegen als erforderlich definieren, dass die aktuelle Seite mindestens eine Unterseite hat, das ist laut Aufgabenstellung ausdrücklich nicht gewünscht.

Also ist d) die einzig richtige Antwort.

8.8.4 Welchen Menüzustand können Sie verwenden, um Seiten zu kennzeichnen, die in der Art zugriffsgeschützt sind, dass nur Benutzergruppen, deren Gruppenname mit den Buchstaben A-K anfängt, von der Kennzeichnung betroffen sind? (2)

a) NO

b) USERDEF1

c) USERDEF2

d) CUR

e) CURIFSUB

f) ACT

g) ACTIFSUB

TYPO3 geht in seiner Funktionalität über klassische Szenarien wie „Aktuelle Seite" oder „Aktuelle Seite samt Elternseiten" hinaus. Natürlich haben Sie auch die Möglichkeit, eine vollständig individuelle Abfrage zu realisieren und den resultierenden Seiten einen eigenen benutzerdefinierten Menüzustand zuzuweisen.

Hierfür sind in TYPO3 die beiden Zustände `USERDEF1` und `USERDEF2` vorgesehen. Dabei wird eine eigene PHP-Funktion verwendet, die schon bei der Menüerzeugung den vorgesehenen Seiten mittels `ITEM_STATE` den jeweiligen Zustand zuweist. Diesen Zustand kann man in der Folge wie gewohnt ansprechen. Auch wenn das Beispiel in der Aufgabenstellung weit hergeholt scheint, so lassen sich auf diesem Weg durchaus nützliche Szenarien praktisch umsetzen, verwendet werden die beiden Zustände beispielsweise vom Spezial-Menü-Typ `language`.

Richtig sind also die Antworten b) und c).

8.8.5 Es ist unnötig (und oft sogar falsch bzw. verwirrend), dass ein Menü einen Link auf die aktuelle Seite enthält. Wie können Sie das verhindern? (1)

a) Indem Sie den Menüzustand `NOLINK` verwenden.

b) Über die TypoScript Option `doNotLinkIt`.

c) Über eine entsprechende Condition.

d) Indem Sie das im Install Tool in der Eigenschaft `NeverLinkCurrentPage` einstellen.

e) Dies ist nur durch eine eigene PHP-Funktion möglich.

Es ist in den meisten Fällen nicht sinnvoll, in einem Menü die aktuelle Seite zu verlinken, auf der man sich ohnehin befindet; bei barrierefreien Seiten ist dies (als Orientierungshilfe) sogar ausdrücklich zu unterlassen.[8]

Einen Menüzustand `NOLINK` gibt es allerdings nicht, genauso wenig existiert eine Extension, die prüfen könnte, ob ein Menü in einem Menü-

8 Die vom W3C veröffentlichten Richtlinien zur Gestaltung zugänglicher Webinhalte (*Web Content Accessibility Guidelines*, WCAG) weisen darauf ausdrücklich hin, vgl. `http://www.w3.org/TR/WCAG20`.

punkt gerade auf die aktuelle Seite verlinkt. Auch im Install Tool sucht man vergeblich nach einer allgemeinen Konfigurationseinstellung.

Es wäre dem Entwicklungstand von TYPO3 jedoch nicht angemessen, ließe sich ein solch offensichtliches Problem ausschließlich durch eine PHP-Funktion lösen. Mit der TypoScript-Option `doNotLinkIt` verhindern Sie tatsächlich, dass die aktuelle Seite im Menü verlinkt wird.

Richtig ist also Antwort b).

8.8.6 Gegeben sind die Seiten A (ID = 179) und B (ID = 178). Was ist die Ausgabe des folgenden Menüs? (1)

```
page = PAGE
page.10 = HMENU
page.10.special = list
page.10.special.value = 178,179
page.10.1 = TMENU
page.10.1.NO.after = |*||*|-
```

a) A-B

b) B-A

c) -A-B

d) -B-A

e) AB

f) BA

g) A-B-

h) B-A-

Zunächst wird ein Menü aus lediglich zwei Seiten erstellt. Um das zu bewerkstelligen, können Sie sich der Eigenschaft `special` bedienen sowie des dazugehörigen Wertes `list`. So lassen sich Seiten in einer kommaseparierten Liste angeben, die dann für das Menü verwendet wird.

Weil ID `178` zuerst angegeben wurde, wird diese Seite zuerst behandelt. Da sie den Namen `B` hat, muss prinzipiell eine Reihenfolge entstehen, bei der `B` vor `A` steht, somit sind die Antworten a), c), e) und g) falsch. Nun wird die Eigenschaft `after` ausgewertet, d.h. es werden ein oder mehrere

Zeichen an den Namen angefügt. Der dann folgende `optionSplit` bewirkt, dass beide Menüelemente mit einem Minuszeichen ausgestattet werden.

Also ist Antwort h) richtig.

8.8.7 Was müssen Sie im folgenden TypoScript einfügen, um ein JavaScript-Pulldown-Menü all jener Seiten zu erhalten, die in den letzten drei Tagen geändert wurden? (1)

```
page = PAGE
page.10 = HMENU
page.10 {
   ???
   special.value = 1
   special.mode = tstamp
   special.maxAge = 3600*24*3
   limit=10
   1 = JSMENU
   1.target=_top
   1.firstLabelGeneral = Wählen Sie Ihre Seite
}
```

a) `menu = javascript`

b) `special = jsmenu`

c) `special = updated`

d) `special.menu = last`

e) `menu = last`

f) `menu = updated`

Offensichtlich ist hier der passende Menü-Typ gesucht, der bestimmt, welche Seiten im Menü dargestellt werden. Eine klassische Art der Menüerstellung ist beispielsweise die Abbildung des Verzeichnisbaums, dem entspräche der Typ `special = directory`.

Eine weitere – oft verwendete – Variante ist die Auflistung einzelner Seiten, um beispielsweise Footer-Menüs zu generieren. Hierzu verwendet man den Typ `special = list`. Hier allerdings wird eine Methode gesucht, die ein Menü aus genau jenen Seiten generiert, die in den letzten drei Tagen verändert wurden. Das ist z. B. dann praktisch, wenn man Besucher auf Neuigkeiten aufmerksam machen möchte.

Im Skriptbeispiel sind die Zeitangabe (`special.maxAge = 3600*24*3`) sowie das Feld (`special.mode = tstamp`), mit dem die Zeitangabe verglichen wird, offensichtlich bereits gegeben – es fehlt aber die Spezifikation der Menüart. Diese wird, wie die Option es ja schon deutlich macht, über die Eigenschaft `special` angegeben, im vorliegenden Fall ist der richtige Wert `updated`, alle anderen in den Antworten vorgeschlagenen Werte gibt es nicht.

Richtig ist also Antwort c).

Abbildung 8.8: Alle Optionen für die Eigenschaft `special` lassen sich in der TSref auf `typo3.org` nachschlagen

The .special property

This property makes it possible to create menus that are not strictly reflecting the current page-structure, but rather creating menus with links to pages like "next/previous", "last modified", "pages in a certain page" and so on.

Note

`.entryLevel` generally is not supported together with the :code:.special` property! The only exception is :code:special = keywords`.

Also be aware that this property selects pages for the first level in the menu. Submenus by menuObjects 2+ will be created as usual.

special = directory

A HMENU of type special = directory lets you create a menu listing the subpages of one or more parent pages. The parent pages are defined in the property ".value". It is usually used for sitemaps.

Mount pages are supported.

Property	Data type
value	**list of page ids /** stdWrap

Description

This will generate a menu of all pages with pid = 35 and pid = 56.

```
20 = HMENU
20.special = directory
20.special.value = 35, 56
```

Default

current page id

8.8.8 Sie verwenden folgende Seitenstruktur und den dargestellten TypoScript-Code, um ein Navigationsmenü anzuzeigen. Welchen Wert muss die Option `entryLevel` haben, wenn ausschließlich die Unterseiten, nicht aber die jeweils aktuelle Seite im Menü angezeigt werden sollen? (1)

```
Rootseite
|--Home
   |--A
   |  |--AA
   |  |--AB
   |
   |--B
   |  |--BA
   |  |--BB
   |  |--BC
   |
   |--C
```

```
page = PAGE
page.10 = HMENU
page.10 {
   entryLevel = ???
   1 = TMENU
   1 {
      expAll = 1
      NO = 1
   }
   2 < .1
}
```

a) `2`

b) `1`

c) `0`

d) `-1`

e) `-2`

Die Eigenschaft `entryLevel` legt fest, ab welcher Seite im Seitenbaum die Navigation in einem Menü beginnen soll. Dabei hat die Rootseite den Wert `0`, die Seite `Home` die `1`, die Seite `A` beispielsweise den Wert `2`. Bei positiven Werten wird also absolut – ausgehend von der Rootseite – gezählt. Möchten Sie relativ – ausgehend von der aktuellen Seite – zählen, so verwenden Sie negative Werte.

Nehmen wir z. B. an, wir befinden uns auf der Seite `A`. Dort sollen nur die Unterseiten `AA` und `AB` angezeigt werden. Das ist dann der Fall, wenn wir als `entryLevel` exakt den der aktuellen Seite verwenden, der (relativ berechnet) den Wert `-1` hat. Die Seite davor (`Home`) hätte den Wert `-2` und so weiter. Richtig ist folglich Antwort d).

8.8.9 Wie können Sie in TYPO3 Version 6.2 verhindern, dass eine Seite in einem Menü angezeigt wird? (2)

a) Über den Seitentyp Not in menu

b) Über die Seiteneigenschaft Hide in menu

c) Über die TypoScript-Eigenschaft `excludeUidList`

d) Über die TypoScript-Eigenschaft `hideInMenu`

e) Über die TypoScript-Eigenschaft `includeNotInMenu`

Aus verschiedenen Gründen kann es mitunter notwendig sein, eine bestimmte Seite nicht im Menü anzuzeigen. So könnte sie beispielsweise nur ein Container für darin befindliche Seiten sein, vielleicht möchten Sie auch, dass sich die Seite nicht im Menü aufrufen lässt, sondern nur über einen direkten Link.

Zur Lösung dieses Problems stehen verschiedene Methoden zur Verfügung. So lässt sich direkt in den Seiteneigenschaften einstellen, dass die Seite im Menü nicht angezeigt werden soll; dazu dient die Option Hide in menu. Den Seitentyp Not in menu gibt es seit Version 4.2 nicht mehr – da sich die Frage ausdrücklich auf eine spätere Version bezieht, ist Antwort a) also falsch.[9]

In TypoScript können wir mit der Option `excludeUidList` eine Liste von Seiten-IDs angeben, zu denen in einem Menü kein Eintrag erscheinen soll. Die Option `hideInMenu` ist hingegen frei erfunden. Über die Eigenschaft `includeNotInMenu` wiederum erreichen Sie genau das Gegenteil: Damit werden Seiten trotz der Einstellung Hide in menu in den Seiteneigenschaften im Menü angezeigt.

Somit sind die Antworten b) und c) richtig.

8.9 optionSplit

Der so genannte `optionSplit` ist eine Funktion, die grundsätzlich Einträge in Teile zerlegt. Er wird z.B. oft in Menüs eingesetzt, wenn verschiedene Positionen im Menü (erster Menüpunkt, zweiter Menüpunkt, letzter Menüpunkt etc.) unterschiedlich dargestellt werden sollen.

9 Denken Sie daran, dass in der Zertifizierungsprüfung immer nur zur aktuellen Version gefragt wird!

Die Funktion `optionSplit` bietet viele Spielarten, die sich auf den ersten Blick kaum unterscheiden, daher sind auch die folgenden Code-Beispiele sehr ähnlich. Nehmen Sie sich hier (wie in der Prüfung) ausreichend Zeit, den Code zu analysieren.

8.9.1 Ihre Website hat die Seiten A, B, C, D und E. Was gibt der folgende TypoScript-Codes aus? (1)

```
page = PAGE
page.10 = HMENU
page.10.1 = TMENU
page.10.1.NO.linkWrap = 1 |*| 2 |*| 3
page.10.1.NO.allWrap = | 
```

a) 1A1 1B1 1C1 2D2 3E3

b) 1A1 2B2 2C2 2D2 3E3

c) 1A 1B 1C 2D 3E

d) 1A 2B 3C 3D 3E

e) 1A 2B 2C 2D 3E

Das `optionSplit`-Konzept ist eines der effektivsten Werkzeuge für die Aufteilung von Werten bzw. Optionen (also der Elemente in einer Zuweisung). Im vorliegenden Beispiel haben wir einen `linkWrap` benutzt, der normalerweise das verlinkte Menüelement mit einem einfachen Wrap umgibt. Zusätzlich bietet er aber die Möglichkeit, einen `optionSplit` anstelle eines einfachen Werts zu verwenden; so lässt sich nicht nur ein Wrap vergeben, sondern mehrere.

Dabei wurden prinzipiell der rechte Teil eines vollständigen Wraps und das Wrapzeichen | selbst bei der Eigenschaft `linkWrap` weggelassen, also wird das Element immer von links an das Menüelement angefügt – deshalb sind die ersten beiden Antworten falsch.

Grundsätzlich hat ein `optionSplit` bis zu drei Hauptbereiche (den „ersten", den „mittleren" und den „letzten", die mit `|*|` abgetrennt werden. Die Hauptbereiche werden auch *Parts* genannt. Diese Parts werden folgendermaßen abgearbeitet: Es wird zunächst der *letzte* bestimmt (und an die letzte Stelle gestellt), dann der *erste* (und an die erste Stelle gestellt), anschließend wird so oft der *mittlere* wiederholt, bis keine Elemente mehr übrig sind.

Richtig ist also Antwort e).

8.9.2 Ihre Website hat nur eine Seite A. Was ist die Ausgabe des folgenden TypoScript-Codes? (1)

```
page = PAGE
page.10 = HMENU
page.10.1 = TMENU
page.10.1.NO.linkWrap = 1 |*| 2 |*| 3
page.10.1.NO.allWrap = | 
```

a) 1A

b) 2A

c) 3A

d) 1A 2A 3A

e) 3A 1A 2A

Die Antwort lässt sich aus der Erklärung der vorangehenden Frage ableiten (denken Sie daran, dass Sie diesen Vorteil in der Prüfung natürlich nicht haben). Die Reihenfolge der Abarbeitung des `optionSplit` ist dort ausführlich besprochen, lesen Sie zu den Funktionen, die der `optionSplit` bietet, im Zweifelsfall in der TSref nach.[10]

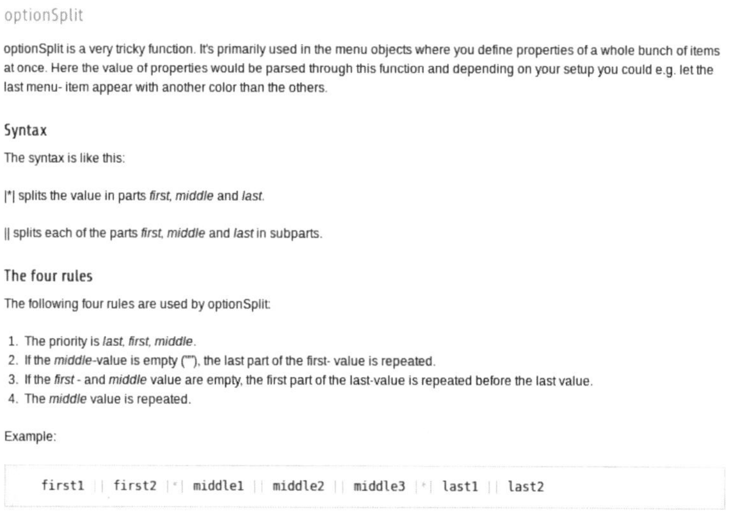

optionSplit

optionSplit is a very tricky function. It's primarily used in the menu objects where you define properties of a whole bunch of items at once. Here the value of properties would be parsed through this function and depending on your setup you could e.g. let the last menu- item appear with another color than the others.

Syntax

The syntax is like this:

|*| splits the value in parts *first, middle* and *last*.

|| splits each of the parts *first, middle* and *last* in subparts.

The four rules

The following four rules are used by optionSplit:

1. The priority is *last, first, middle*.
2. If the *middle*-value is empty (""), the last part of the first- value is repeated.
3. If the *first* - and *middle* value are empty, the first part of the last-value is repeated before the last value.
4. The *middle* value is repeated.

Example:

```
first1 || first2 |*| middle1 || middle2 || middle3 |*| last1 || last2
```

Abbildung 8.9: Der `optionSplit` wird in der TSref ausführlich behandelt

Nur kurz erläutert: Der letzte Teil wird zuerst ermittelt – da es hier aber nur eine Seite gibt, wird auch nur diese ausgegeben – zusammen mit

10 `http:// docs .typo3 .org/ typo3cms/ TyposcriptReference/ ObjectsAndProperties/Index.html`

dem letzten Teil (hier 3). Daher lautet die richtige Antwort c). Gäbe es zwei Seiten, A und B, dann wäre das Ergebnis `1A 3B`.

8.9.3 Ihre Website hat die fünf Seiten A, B, C, D und E. Wie lautet die Ausgabe bei folgendem TypoScript-Code? (1)

```
page = PAGE
page.10 = HMENU
page.10.1 = TMENU
page.10.1.NO.linkWrap = 1 |*||*| 2
page.10.1.NO.allWrap = | 
```

a) 1A 2B 1C 2D 1E

b) 1A 1B 1C 1D 2E

c) 1A 2B 2C 2D 2E

d) 1A 2B 1C 2D 1E

Beachten Sie, dass zwischen den beiden Trennern `|*|` kein Leerzeichen steht. Stünde dort ein solches, würde die Ermittlung der Teile genau so vonstatten gehen wie in der vorletzten Frage, mit dem Unterschied, dass alle mittleren Elemente keinen `linkWrap` bekämen.

Rule 1, the priority is 1-last part, 2-first part, 3-middle part

Rule 2, if the middle part is absent, the last subpart of the first part is repeated in order to fill values. To indicate that the middle part is absent, it's necessary to write with no spaces, as

```
|*||*|
```

Rule 3, if the first and the middle parts are absent, the first subpart of the last part is repeated.

Rule 4, if the last part is absent, the middle value is repeated

<table>
<tr><td>a</td><td>a a a a</td><td></td></tr>
<tr><td>a || b || c</td><td>a b c c c ...</td><td></td></tr>
<tr><td>a || b |*| c</td><td>a b c c c ...</td><td></td></tr>
<tr><td>a || b |*| c |*| d || e</td><td>a b c c ... c c d e</td><td>Rule 1</td></tr>
<tr><td>a || b |*| c |*| d || e</td><td>a b d e</td><td>Rule 1</td></tr>
<tr><td>a || b |*| c |*| d || e</td><td>a d e</td><td>Rule 1</td></tr>
<tr><td>a || b |*||*| c || d</td><td>a b b c d</td><td>Rule 2</td></tr>
<tr><td>|*||*| a || b</td><td>a a ... a b</td><td>Rule 3</td></tr>
<tr><td>a |*| b || c |*|</td><td>a b c b c b c ... b c</td><td>Rule 4</td></tr>
</table>

Abbildung 8.10: Eine Übersicht über `option-Split`-Kombinationen bietet das TYPO3-Wiki wiki.typo3.org

Wir haben kein Leerzeichen verwendet, daher läuft hier die Verarbeitung ab wie folgt: Sobald der mittlere Part leer ist, wird der letzte Subpart (siehe auch nächste Frage) des ersten Parts wiederholt. Da hier kein Subpart gegeben ist, wird lediglich der erste Part wiederholt.

Antwort b) ist richtig.

8.9.4 Ihre Website hat die fünf Seiten A, B, C, D und E. Was gibt der folgende TypoScript-Code aus? (1)

```
page = PAGE
page.10 = HMENU
page.10.1 = TMENU
page.10.1.NO.linkWrap = 1 |*| 2||3 |*| 4
page.10.1.NO.allWrap = | 
```

a) 1A 2B 3C 2D 4E

b) 4A 2B 2C 3D 1E

c) 1A 2B 2C 3D 4E

d) 1A 2B 3C 3D 4E

Die drei Parts können beim `optionSplit` mittels der Pipe-Symbole `||` in beliebig viele weitere Unterbereiche (*Subparts*) zerlegt werden. Im o.g. Beispiel haben wir eine einzelne Trennung verwendet, daher erhalten wir zwei Subparts (2 und 3). Prinzipiell wird der Subpart immer alternierend bestimmt, wenn der umgebende Part regulär wiederholt wird: In unserem Fall wird der letzte Part zuerst bestimmt, dann der erste; nun wird der mittlere Part solange wiederholt, bis alle Elemente behandelt wurden (also noch drei Mal). In den drei Wiederholungen wird der Subpart alterniert, d.h. zunächst wird der erste Teil des Subparts verwendet, dann der zweite und anschließend wieder der erste.

So ist es beispielsweise möglich, Auszeichnungen für das erste und letzte Element eines Menüs zu vergeben und die übrigen Elemente immer abwechselnd auszuzeichnen.

Richtig ist also Antwort a).

8.9.5 Ihre Website hat die fünf Seiten A, B, C, D und E. Wie lautet die Ausgabe bei folgendem TypoScript? (1)

```
page = PAGE
page.10 = HMENU
```

```
page.10.1 = TMENU
page.10.1.NO.linkWrap = 1||2 |*| 3 |*| 4
page.10.1.NO.allWrap = | 
```

a) 1A 2B 1C 3D 4E

b) 1A 2B 3C 3D 4E

c) 1A 2B 1C 2D 3E

d) 1A 2B 2C 3D 4E

Hier nun befindet sich der Subpart nicht in der Mitte, sondern außen, beim ersten Part. Prinzipiell wird der erste Part (und der letzte) nur ein einziges Mal wiederholt, wenn es wie hier einen mittleren Part gibt. Allerdings werden dabei alle Elemente des Subparts (sofern möglich) einmal ermittelt. Die Reihenfolge ist hier also wie folgt:

- Der letzte Part wird ermittelt (4E).
- Der erste Part wird ermittelt, der einen Subpart enthält (1||2).
- Nun wird der Subpart einmal ermittelt (1A 2B).
- Nun wird der Rest mit dem mittleren Part aufgefüllt (3C 3D).

Der erste Subpart hat dabei nur zwei Elemente. Wären es beispielsweise fünf, würden nur vier davon verwendet werden, da ein Element vom letzten Part bestimmt wäre und dann nur noch vier übrig blieben, um die restlichen Menüpunkte zu umschließen; in diesem Fall gäbe es keinen mittleren Part.

Die richtige Antwort ist also b).

8.9.6 Ihre Website hat die fünf Seiten A, B, C, D und E. Was gibt folgender TypoScript-Code aus? (1)

```
page = PAGE
page.10 = HMENU
page.10.1 = TMENU
page.10.1.NO.linkWrap = 1||2 |*||*| 3
page.10.1.NO.allWrap = | 
```

a) 1A 2B 1C 1D 3E

b) 1A 2B 3C 1D 2E

c) 1A 2B 2C 2D 3E

d) 1A 2B 3C 3D 3E

e) 2A 2B 2C 2D 3E

Hier tritt der Fall ein, den wir weiter oben bereits beschrieben haben: Der mittlere Part ist leer, und es existiert ein Subpart im ersten Part. Daher wird wie folgt vorgegangen:

- Der letzte Part wird ermittelt (3E).
- Der erste Part wird ermittelt, der einen Subpart enthält (1||2).
- Nun wird der Subpart einmal ermittelt (1A 2B).
- Anschließend wird der Rest (also noch zwei verbleibende Seiten) mit dem letzten Subpart des ersten Part aufgefüllt (2C 2D).

Richtig ist also Antwort c).

8.9.7 Ihre Website hat die fünf Seiten A, B, C, D und E. Wie lautet die Ausgabe des folgenden TypoScript-Codes? (1)

```
page = PAGE
page.10 = HMENU
page.10.1 = TMENU
page.10.1.NO.linkWrap = |*||*| 1||2||3
page.10.1.NO.allWrap = | 
```

a) 1A 2B 3C 1D 2E

b) 1A 2B 3C 3D 3E

c) 1A 1B 1C 2D 3E

d) 1A 2B 1C 2D 3E

Dies ist nun der theoretisch letzte Fall, der bei einem `optionSplit` auftreten kann: Der erste und mittlere Part sind leer, und es existiert ein Subpart im letzten Part. In diesem Fall wird der erste Subpart des letzten Part so oft wiederholt wie nötig und vor den ermittelten Subpart gestellt.

Daher wird wie folgt vorgegangen:

- Der letzte Part wird ermittelt, der einen Subpart enthält (1||2||3).
- Nun wird der Subpart einmal ermittelt (1C 2D 3E).
- Anschließend wird der Rest (also noch zwei verbleibende Seiten) mit dem ersten Subpart des letzten Part aufgefüllt (1A 1B).

Richtig ist also Antwort c).

8.10 TS Object Browser, Template Analyzer, Constant Editor

Sämtliche TypoScript-Templates werden grundsätzlich aufsummiert und bilden so ein großes TypoScript-Array, das TypoScript-Objekt genannt wird. Dieses Objekt lässt sich als ein Baum denken, in dem die Informationen hierarchisch angeordnet sind. Diese Baumstruktur lässt sich mit dem TypoScript Object Browser (TSOB) visualisieren und damit analysieren. Mit dem TypoScript Template Analyzer dagegen können Sie den Aufbau, die Struktur und vor allem die Reihenfolge der Templates Ihrer Website sichtbar machen. So können Sie zweifelsfrei feststellen, welches Template zu welcher Zeit geladen wird, und haben immer einen Überblick darüber, ob gegebenenfalls ein späteres TypoScript-Template die Anweisungen eines früheren überschreibt.

Der Constant Editor schließlich dient der bequemen Eingabe von TypoScript-Konstanten über Backend-Formulare.

8.10.1 Sie ändern eine Einstellung im TypoScript Object Browser. Wo erfolgt der Eintrag der Änderung? (2)

a) Am Anfang des TypoScript-Setup-Templates.

b) Am Ende des TypoScript-Setup-Templates.

c) Am Anfang des TypoScript-Constants-Templates.

d) Am Ende des TypoScript-Constants-Templates.

e) In der Datei `LocalConfiguration.php`.

f) Keine der oben genannten Antworten ist richtig.

Den TypoScript Object Browser (TSOB) rufen Sie wie folgt auf: Klicken Sie im Backend auf das Modul `Template` und anschließend im Seitenbaum auf die Rootseite Ihrer TYPO3-Installation und wählen Sie dann `TypoScript Object Browser` aus dem aufklappenden Menü. Innerhalb des TSOB stehen Ihnen nun folgende Funktionen zur Verfügung:

- Anzeige des kompletten TypoScript als hierarchischer Baum
- Filter (Setup, Constants)
- Suche (Volltext und reguläre Ausdrücke)
- Simulation von Conditions
- Editieren, Zufügen und Löschen von Objekt-Eigenschaften

Bei jeder Änderung im TSOB wird auf jeden Fall Code hinzugefügt, selbst beim Löschen einer Option oder einer Änderung wird eine neue Codezeile geschrieben. Damit wir nicht lange nach solchen Zeilen suchen müssen, haben die Entwickler entschieden, dass diese Zeilen immer ans Ende geschrieben werden.

Aber wohin genau wird diese TypoScript-Zeile nun geschrieben? Da der TSOB ja – wie der Name schon anzeigt – TypoScript behandelt, findet der Eintrag natürlich im TypoScript-Setup oder in den TypoScript-Constants statt, je nach Filter, den man gewählt hat. In die Datei `LocalConfiguration.php` wird keinesfalls geschrieben.

Richtig sind also die beiden Antworten b) und d).

8.10.2 Ihr TypoScript-Code enthält offensichtlich einen Syntax-Fehler, wie können Sie ihn aufspüren? (2)

a) Der Fehler wird im TypoScript Objekt Browser (TSOB) angezeigt.

b) Der Fehler wird im Admin Panel angezeigt.

c) Der Fehler wird im Template Analyzer angezeigt.

d) Der Fehler wird im Frontend angezeigt.

Eines der schwierigeren Themen in der Beschäftigung mit TYPO3 ist die Fehlersuche in TypoScript. Aufgrund der Art und Weise, wie der Typo-

Script-Parser realisiert ist, wird ein Fehler, den man unter Umständen gemacht hat, nicht als solcher registriert. Schreiben Sie z.B.page = BAGE, erhalten Sie keine Fehlermeldung – genau genommen könnte es ja sein, dass Sie ein selbst definiertes Objekt mit dem Namen BAGE zuweisen wollten. Notieren Sie aber `page. 10 = TEXT`, liegt ein Fehler vor, der vom Parser entdeckt wird, da nach dem Punkt kein Leerzeichen folgen darf; diese Sorte Fehler können Sie also mithilfe der Tools in TYPO3 aufspüren.

Das Admin Panel ist hierfür allerdings nicht hilfreich, hier wird das TypoScript angezeigt, das der Parser „verstanden" und verarbeitet hat. Im Falle `page. 10 = TEXT` würde die Zeile aber einfach nicht in das Endergebnis übernommen werden (und in Folge weitere zugehörige Zeilen, also z.B. solche, die dasselbe Objekt betreffen), somit wird der Fehler im Admin Panel auch nicht angezeigt. Ebenso wenig finden Sie Informationen über den Fehler im Frontend – ist TypoScript-Code fehlerhaft, wird die betreffende Zeile nicht bearbeitet und erzeugt damit auch keine Ausgabe.

Der TSOB aber zeigt den Fehler an, sofern Sie über Browse den entsprechenden Abschnitt (also Setup oder Constants) ausgewählt haben. Der Template-Analyzer zeigt Fehler ebenfalls an – Sie müssen dazu aber auf das entsprechende Template geklickt und in den Optionen Syntax HL (Syntax-Highlighting) ausgewählt haben.

Richtig sind also die Antworten a) und c).

8.10.3 Was genau bewirken die folgenden beiden Zeilen TypoScript-Code im Constants-Bereich? (2)

```
# cat=meintext/ctext/a; type=color; label= Textfarbe
meineTextFarbe = red
```

a) Die erste Zeile wird ignoriert, da sie von einem Kommentarzeichen eingeleitet wird.

b) Die Konstante `meineTextFarbe` wird mit dem Wert `red` vorbelegt.

c) Im Constant Editor wird ein Auswahlfeld für Farben erzeugt.

d) Es wird eine Fehlermeldung erzeugt.

e) Es wird nichts bewirkt.

Prinzipiell dient der Constants-Bereich eines TypoScript-Templates dazu, konstante Werte aufzunehmen und/oder diese übersichtlich zu gruppieren. Da es aber viele verschiedene TypoScript-Templates auf verschiedenen Seiten geben kann, ist man unter Umständen dennoch länger auf der Suche, um wirklich alle Konstanten von Interesse zu analysieren. Es wäre also praktisch, eine Methode zu vorzufinden, mit der man über all diese (oder zumindest die oft benötigten) Konstanten einen Überblick gewinnen könnte. TYPO3 stellt dafür den *Constant Editor* zur Verfügung (zu erreichen über das Modul Template), der Konstanten nicht nur anzeigt, sondern auch vereinfachte Eingabemöglichkeiten zur Verfügung stellt.

Um nun eine Konstante im Constant Editor sichtbar und editierbar zu machen, ist eine bestimmte Auszeichnung einzuhalten. Sie wird über das Rautezeichen # eingeleitet, das in diesem Fall – obgleich es auch der Kennzeichnung von Kommentaren dient – eine Sonderfunktion hat. Über verschiedene Abschnitte (wie Kategorie, Typ und Label) werden so das genaue Erscheinungsbild und der Wertebereich der Konstante festgelegt. Im o.g. Fall würde im Constant Editor z.B. ein Auswahlfeld für Farben angezeigt werden. Der Constant Editor dient aber immer nur als Interface bzw. als bequeme Eingabemöglichkeit – er schreibt letztlich eine ganz gewöhnliche Konstante ins TypoScript Template, die Sie auch selbst dort hätten eintragen können.

Richtig sind also die Antworten b) und c).

8.11 getText

Über `getText` lassen sich dynamische Daten während des Seitenaufbaus ermitteln. Möglich ist das bei den `stdWrap`-Eigenschaften `data`, `dataWrap` und `insertData`. `getText` wird in diesem Zusammenhang auch als Datentyp bezeichnet.

Die Möglichkeiten von `getText` sind sehr umfangreich und mitunter nicht leicht nachzuvollziehen. Einen guten Überblick gibt die TypoScript Referenz im Abschnitt *Data types*.

8.11.1 Sie legen eine Seite mit der ID 76 an, einem leeren Navigationstitel und dem Titel Test-Seite. Welche Ausgabe erzeugt folgendes Skript? (1)

```
page = PAGE
page.10 = TEXT
page.10.value = Zertifizierung
page.10.data = field:nav_title // field:uid // field:title
```

a) Zertifizierung

b) Zertifizierung76Test-Seite

c) 76

d) Test-Seite 76Test-Seite

Ganz offensichtlich handelt es sich beim o.g. Konstrukt um ein gewöhnliches TEXT-Content-Element, das den String `Zertifizierung` ausgäbe, wäre nicht die letzte Codezeile.

Diese überschreibt den vorherigen Wert von `value`, unabhängig davon, ob `data` einen Wert liefert oder nicht, daher können die Antworten a) und b) nicht richtig sein.

Durch die Angabe von `//` wird ein so genannter *Alternativer Datensatz* erzeugt. Prinzipiell werden Alternativen durch diesen Operator abgetrennt, TypoScript verwendet (von links nach rechts vorgehend) dann die erste Alternative, die nicht leer ist. Der Navigationstitel ist leer, daher wird der Wert der Seiten-ID benutzt. Die Ausgabe des Skripts lautet also schlicht 76.

Antwort c) ist richtig.

8.11.2 Wie können Sie mit TypoScript den Namen des eingeloggten Frontend-Benutzers ermitteln? (1)

a) `{field:name}`

b) `${fe_user->name}`

c) `TSFE:fe_user|user|name`

d) `$TSFE->fe_user->user->name`

e) `getIndpEnv:name`

f) `TSFE[fe_user][user][name]`

g) `$GLOBALS['TSFE']->fe_user->user['name']`

Tatsächlich lässt sich mit TypoScript nicht nur der Name des eingeloggten Frontend-Benutzers ermitteln, sondern das vollständige entsprechende TSFE-Objekt. Mit `getText` ist es sodann möglich, auf alle Bestandteile dieses Objekts zuzugreifen, wobei das TSFE-Objekt sämtliche Daten enthält, die im Frontend von Interesse sein könnten, es beinhaltet nämlich das `fe_user`-Objekt des eingeloggten Benutzers. Das `fe_user`-Objekt hat ein Unterobjekt `user`, das die Eigenschaft `name` besitzt. Der Zugriff darauf erfolgt über das Pipe-Symbol `|`.

Alle anderen angegebenen Methoden, um an die gewünschten Daten zu gelangen, sind Unsinn – vielleicht mit Ausnahme der letzten Antwort: Mit dieser Codezeile könnten Sie in einem Frontend-Plugin auf den Login-Namen zugreifen; Sie sehen hier allerdings PHP-Syntax, und es war ausdrücklich nach TypoScript gefragt.

Richtig ist also nur Antwort c).

Abbildung 8.11: Das TSFE: Informationen u.a. zum aktuellen User

$GLOBALS[TSFE]->fe_user: (58 Elemente)

1	->global_database	=""
2	->session_table	="fe_sessions"
3	->name	="fe_typo_user"
4	->get_name	="ftu"
5	->user_table	="fe_users"
6	->username_column	="username"
7	->userident column	="password"
8	->userid_column	="uid"

8.11.3 Was gibt folgendes TypoScript aus? (1)

```
page = PAGE
page.10 = TEXT
page.10.value.data = DB:pages:11:title
```

a) Es erfolgt keine Ausgabe.

b) Die Ausgabe lautet `DB:pages:11:title`.

c) Die Ausgabe lautet `DB pages 11 title`.

d) Es wird der Seitentitel der Seite mit der UID 11 ausgegeben.

e) Es wird die Tabellenzelle mit der ID 11 aus der Tabelle `pages` ausgegeben.

f) Das TypoScript hat keine Ausgabe, speichert aber den Datensatz der Seite mit der UID 11 in einem Register zur späteren Verwendung.

In diesem Beispiel sehen Sie eine weitere Anwendung von `getText`. Prinzipiell werden vier mit Doppelpunkt getrennte Werte angegeben, die offensichtlich einen Pfad darstellen: Zunächst wird die Datenbank über `DB` angesprochen, dann die Tabelle `pages` ausgewählt. Über die UID `11` wird nun der entsprechende Datensatz ausgewählt und über `title` schließlich das gleichnamige Feld ausgelesen (was dem Seitentitel entspricht).

Der Seitentitel wird schließlich von der Datenbankabfrage an TypoScript zurückgeliefert und ausgegeben. Diese Form der Abfrage ist übrigens für alle verfügbaren Tabellen in der Datenbank der TYPO3-Installation möglich, wenn Sie die entsprechende UID kennen. Beachten Sie allerdings, dass beispielsweise keine Ausgabe erfolgt, wenn die angesprochenene Seite zugriffsgeschützt ist (und Sie nicht die entsprechenden Rechte haben) oder wenn sie als versteckt eingetragen ist.

Richtig ist also Antwort d).

8.11.4 Sie wollen den Seitentitel der aktuellen Seite ausgeben. Was fehlt im unten stehenden Skript? (1)

```
page = PAGE
page {
   10 = TEXT
   10.value = Der Seitentitel der aktuellen Seite lautet: {page:title}
   ???
}
```

a) `10.wrap = $|$`

b) Es fehlt nichts, die Ausgabe ist korrekt.

c) `10.dataWrap = {field:title}`

d) `insertData = 1`

e) `dataWrap = 1`

Probieren Sie das oben dargestellte Skript aus, ergibt sich auch ohne die fehlende Zeile eine Ausgabe, leider aber nicht die gewünschte: Der String `{page:title}` wird unverändert ausgegeben. Dies liegt daran, dass die Eigenschaft `value` keine dynamischen Daten anzeigen kann, was den Eigenschaften `data` und `dataWrap` vorbehalten ist.

In TypoScript lassen sich aber glücklicherweise auch andere Eigenschaften, wie `value`, mit dieser Funktionalität ausstatten, dazu dient die Option `insertData = 1`. So ist es möglich, einen wie im Beispiel über `value` angegebenen Wert in einen `dataWrap`-Wert umzuwandeln, wodurch das Konstrukt `{page:title}` korrekt geparst und ausgegeben wird.

Richtig ist also Antwort d).

8.11.5 Was muss im unten stehenden Skript ergänzt werden, damit die vollständige URL ausgegeben wird? (1)

```
page = PAGE
page {
   10 = TEXT
   10.data = ???
}
```

a) `TYPO3_REQUEST_URL`

b) `getIndpEnv:TYPO3_REQUEST_URL`

c) `{getIndpEnv:TYPO3_REQUEST_URL}`

d) `${TYPO3_REQUEST_URL}`

e) `TSFE:TYPO3|REQUEST_URL`

Über den `data`-Parameter können dynamisch Daten bezogen werden. Prinzipiell ist dafür die Umgebungsvariable `TYPO3_REQUEST_URL` zuständig, allerdings nicht in der in Antwort a) vorgeschlagenen Verwendung. Auch eine Adressierung mit `$` oder in geschweiften Klammern schlägt fehl.

`TSFE` wiederum würde nur Daten ausliefern (wenn das Konstrukt denn überhaupt funktionieren würde), die vorher initialisiert wurden, nicht Umgebungsvariablen. Deshalb funktioniert ausschließlich die Zuweisung aus Antwort b). In der Folge wird nicht nur die URL ausgegeben, sondern auch zahlreiche andere Umgebungsvariablen, wie Sie in der TSref im Abschnitt *getText* [11] nachlesen können.

11 `http://docs.typo3.org/typo3cms/TyposcriptReference/DataTypes/Gettext/Index.html`

8.11.6 Welchen Code müssen Sie im unten stehenden Skript anstelle der Fragezeichen einsetzen, um eine Ausgabe aller wichtigen Eigenschaften der aktuellen Seite und der Elternseiten (wie `pid`, `uid`, `title` etc.) zu erhalten? (1)

```
page = PAGE
page.10 = TEXT
page.10.value = TypoScript
page.10.???
```

a) `.data = debug : rootLine`

b) `.data = debug : -1`

c) `.debugData = 1`

d) `.data.debug = rootLine`

e) `.debugData = rootline`

f) `.data.debugData = 1`

In dieser Frage sind einige „Gemeinheiten" versteckt. Aber zunächst zur gewünschten Funktion: Oft benötigen wir einen Überblick über alle Eigenschaften einer Seite, z.B. um Fehler aufzuspüren oder auch um zu prüfen, welche Eigenschaften zur Verfügung stehen. Dazu kann man eine der zahlreichen Debug-Varianten von TYPO3 verwenden, technisch gesehen liest die Debug-Funktion das Array `$cObj->data` aus.

Zunächst war nach einer Ausgabe für die aktuelle Seite und die Elternseite gefragt – daher können alle Antworten, die keine `rootLine` in der Anweisung verwenden, nicht richtig sein. Die Lösung in Antwort c) beispielsweise gibt das gewünschte Array aus, allerdings lediglich für die aktuelle Seite.

Zudem ist die Schreibweise der Eigenschaft `rootLine` wichtig, weshalb Antwort e) falsch ist. Ebenso Antwort d) – `data` kennt nämlich keine Eigenschaft `debug`, im Gegensatz zur `getText`-Funktion.

Richtig ist also ausschließlich Antwort a).

8.11.7 Was müssen Sie im unten stehenden Skript anstelle der Fragezeichen einsetzen, damit der Seitentitel der aktuellen Seite ausgegeben wird? (1)

```
page = PAGE
page.10 = TEXT
page.10 {
dataWrap = DB:pages:{TSFE:id}:title
??? = <h1>Seitentitel:  {|}</h1>
insertData = 1
}
```

a) `data`

b) `wrap`

c) `innerWrap`

d) `wrap3`

e) `stdWrap`

Zunächst wird über den `dataWrap` der String zum Abfragen der Datenbank zusammengestellt. Der Ausdruck `{TSFE:id}` wird dabei durch die ID der aktuellen Seite ersetzt, es erfolgt aber nur diese eine Ersetzung. Damit nun der zusammengestellte Ausdruck selbst wieder durch den aktuellen Wert ersetzt werden kann, muss der Ausdruck mit geschweiften Klammern umschlossen und mittels `insertData` erneut ersetzt werden.

Hier ist allerdings von großer Bedeutung, welchen Typ von Wrap Sie verwenden. Betrachten Sie die Reihenfolge der `stdWrap`-Befehle, stellen Sie fest, dass `dataWrap` erst sehr spät ausgeführt wird. Der einzige (hier aufgeführte) Wrap, der noch später ausgeführt wird, ist `wrap3`. Nur so ist es also möglich, nach der ersten Ersetzung den gewonnenen String mit geschweiften Klammern zu umschließen.

Richtig ist darum Antwort d).

8.12 stdWrap

Das vielleicht leistungsfähigste Konzept in TypoScript stellen die `stdWrap`-Eigenschaften (auch `stdWrap`-Funktionen genannt) dar. Sie werden in der TSref meist einfach als *Datentyp stdWrap* bezeichnet.

`stdWrap`-Funktionen können sehr unterschiedliche Aufgaben übernehmen. Wie erstellen Sie mit `stdWrap`-Funktionen einen Link? Wie fragen Sie die Datenbank ab? Können Sie `stdWrap` auch rekursiv verwenden und, wenn ja, wie? Informationen zu diesem umfangreichen Thema finden Sie in der TypoScript-Referenz im Abschnitt *Functions*.

8.12.1 Gibt es eine bestimmte Reihenfolge, in der `stdWrap`-Eigenschaften in einem TypoScript-Template ausgeführt werden? (1)

a) Die Eigenschaft, die als erste notiert ist, wird als erste ausgeführt.

b) Die Eigenschaft, die als erste notiert ist, wird als letzte ausgeführt.

c) Die Eigenschaft, deren Name alphabetisch der erste ist, wird zuerst ausgeführt.

d) Die Reihenfolge wird durch die Reihenfolge im Source-Code bestimmt.

e) Nein, es gibt keine Ordnung.

Betrachten wir verschiedene Dokumentationen zu TypoScript und die Reihenfolge, in der sie die `stdWrap`-Funktionen besprechen, könnte man den Eindruck gewinnen, dass es keine bestimmte Reihenfolge gibt, was die Abarbeitung in einem Skript betrifft. So ordnen manche Dokumentationen die Funktionen alphabetisch, andere ordnen sie gar nicht. Allenfalls könnte man – liest man im Quellcode nach – annehmen, dass die Reihenfolge im Skript auch die der Ausführung steuert. Das ist, wie wir unten zeigen wollen, falsch. Betrachten wir hierzu zwei Code-Beispiele:

```
// Beispiel 1
page = PAGE
page.10 = TEXT
page.10.value = aa
page.10.wrap = bb | bb
page.10.wrap2 = cc | cc
```

```
//Beispiel 2
page = PAGE
page.10 = TEXT
page.10.value = aa
page.10.wrap2 = cc | cc
page.10.wrap = bb | bb
```

Beide Beispiele liefern das gleiche Ergebnis, nämlich `ccbbaabbcc`. Die Position des Auftretens spielt also keine Rolle, vielmehr ist die Reihenfolge der `stdWrap`-Funktionen im Quellcode entscheidend.

Richtig ist also Antwort d).

8.12.2 Wie lautet die Ausgabe des folgenden Skripts, wenn das Alias-Feld der Seite den Wert **`test23`** hat? (1)

```
page = PAGE
page.10 = TEXT
page.10.value = Hallo Welt!
page.10.if {
   value.field = alias
   equals = test23
}
```

a) `test23`

b) `Hallo Welt!`

c) `Hallo Welt!test23`

d) `alias`

e) Es erfolgt keine Ausgabe.

Auf den ersten Blick soll das o.g. Skript die Meldung „Hallo Welt!" ausgeben. Durch die nachfolgende `stdWrap`-Funktion `if` findet aber eine Einschränkung statt: Der Inhalt des Feldes `alias` der Tabelle `pages` wird geprüft. Ist der Wert gleich `test23` (wie in der Frage vorgegeben), erfolgt die vor dem `if`-Statement definierte Ausgabe – also wird „Hallo Welt!" auch ausgegeben. Dass die Tabelle `pages` verwendet wird (obwohl im Skript kein Hinweis darauf zu finden ist), erklärt sich daraus, dass TypoScript immer den *Kontext* erkennt. Dieser besteht hier aus der Tabelle `pages`, weil keine abweichenden Angaben gemacht wurden.

Ist der Wert des Feldes nicht `test23`, wird *gar keine* Ausgabe erzeugt.

Richtig ist aber Antwort b).

8.12.3 Was setzen Sie im unten stehenden Skript anstelle der Fragezeichen ein, damit der Name des Autors eingefügt wird? (1)

```
page = PAGE
page.10 = TEXT
page.10 {
   ???
   insertData = 1
   typolink.parameter.field = author_email
}
```

a) `value = Autor: author`

b) `value = Autor: {$page:$author}`

c) `value = Autor: {page:author}`

d) `value = Autor: {$author}`

e) `value = Autor: page:author`

f) `value = Autor: $author`

Hier sind nun Ihre Kenntnisse zu den `dataWrap`- und `insertData`-Funktionen des Datentyps `getText` gefragt. Die dynamische Abfrage muss syntaktisch korrekt in geschweiften Klammern erfolgen.

Über `field` wird ein Datenbankfeld im Kontext ausgelesen, dieser Kontext ist im vorliegenden Fall die Tabelle `pages`. Daher lässt sich mit Angabe von `author` das entsprechende Feld auslesen.

Richtig ist somit Antwort c).

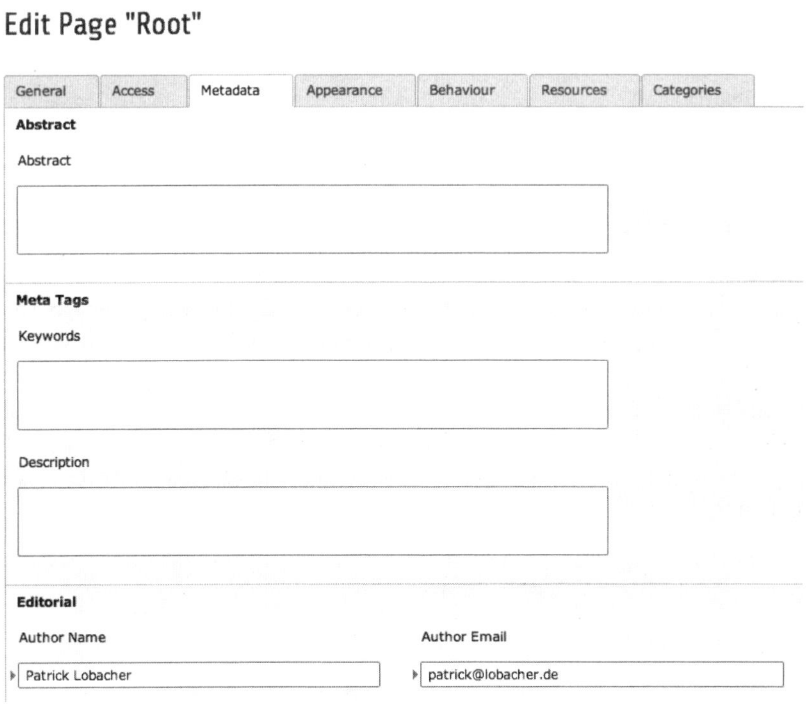

Abbildung 8.12: Name und E-Mail-Adresse in den Seiteneigenschaften hinterlegen

8.12.4 Ihnen liegt der folgende TypoScript-Code vor. Was wird auf dem Bildschirm ausgegeben? (2)

```
page = PAGE
page {
   10 = TEXT
   10.value = Zertifizierung
   10.override {
      required = 1
      data = field:subtitle // field:nav_title
   }
}
```

a) „Zertifizierung“, wenn `field:subtitle` und `field:nav_title` leer sind.

b) „Zertifizierung“, wenn `field:subtitle` und `field:nav_title` beide nicht leer sind.

c) „Zertifizierung“, wenn `field:subtitle` leer ist, `field:nav_title` aber einen Wert hat.

d) „Zertifizierung“, wenn `field:subtitle` einen Wert hat, dagegen aber `field:nav_title` leer ist.

e) `field:subtitle`, wenn `field:subtitle` einen Wert hat und stattdessen `field:nav_title` leer ist.

Zunächst wird der Ausgabe der Wert `Zertifizierung` zugewiesen. Es folgt aber die Funktion `override`, die diesen Wert wieder überschreibt, das aber nur (dafür sorgt `required`), wenn `data` tatsächlich einen Wert liefert.

Das ist dann der Fall, wenn entweder `field:subtitle` und/oder das Feld `field:nav_title` einen Wert haben – daher ist zunächst Antwort a) richtig, denn der Wert `Zertifizierung` wird nur dann überschrieben, wenn Werte für eines der beiden Felder existieren, nicht aber, wenn sie beide leer sind. Antwort b) ist die Negation zu Antwort a) und damit falsch. Die beiden Antworten c) und d) sind ebenfalls falsch, da in beiden Fällen die `override`-Funktion zur Anwendung käme.

Antwort e) allerdings ist richtig, da bei einer Option (`//`) der erste Wert (sofern nicht leer) verwendet wird.

Daher sind die Antworten a) und e) richtig.

8.12.5 Der folgende TypoScript-Code gibt einen Seitentitel aus. Welchen? (1)

```
page = PAGE
page.10 = TEXT
page.10.data = fullRootLine : 0, title
```

a) Es wird der Seitentitel der aktuellen Seite ausgegeben.

b) Es wird der Seitentitel der Elternseite ausgegeben.

c) Es erfolgt gar keine Ausgabe.

d) Es wird der Seitentitel der Rootseite ausgegeben.

Die Funktion `fullRootLine` ist eine Eigenschaft des Datentyps `getText`, damit können während des Seitenaufbaus dynamisch Daten ermittelt werden. Im dargestellten Fall wird anhand des angegebenen Parameters (entlang der Rootline) eine Seite bestimmt. Bei `fullRootLine` werden die Rootseite mit der Nummer `0` gekennzeichnet und alle Unterseiten der Reihe nach bis zur aktuellen Seite mit positiven, aufsteigenden Zahlen. So hätte die erste Unterseite die Nummer 1, die zweite 2 und so weiter.

Hat die Rootseite Elternseiten (Ausnahme: die absolute Rootseite mit dem Weltkugelsymbol kann keine Elternseite haben), werden diese mit negativen Zahlen gekennzeichnet. Damit ist Antwort d) richtig, da das Codebeispiel die Seite mit der Nummer `0` angesprochen hat.

fullRootLine:

Syntax

fullRootLine: syntax is [pointer, integer], [field name], ["slide"]

This property can be used to retrieve values from "above" the current page's root. Take the below page tree and assume that we are on the page "Here you are!". Using the "levelfield" propertydescribed above, it is possible to goup only to the page "Site root", because it is the root of a new (sub-)site. With "fullRootLine" it is possible to go all the way up to page tree root. The numbers between square brackets indicate to which page each value of *pointer* would point to:

```
- Page tree root [-2]
 |- 1. page before [-1]
   |- Site root (root template here!) [0]
    |- Here you are! [1]
```

A "slide" parameter can be added just as for the "levelfield" property above.

Example:

```
foo = fullRootLine : -1, title
```

gets the title of the page right before the start of the current website

Abbildung 8.13: Die Option `fullRootLine` wird in der TSref anschaulich erklärt

8.12.6 Der Navigationstitel welcher Seite wird im folgenden TypoScript-Code ausgegeben? (2)

```
page = PAGE
page.10 = TEXT
page.10.data = levelfield:-2, nav_title, slide
```

a) Es wird der Navigationstitel der aktuellen Seite ausgegeben.

b) Es wird der Navigationstitel der Rootseite ausgegeben.

c) Es wird der Navigationstitel der Elternseite ausgegeben.

d) Es wird der Navigationstitel der Elternseite der Elternseite ausgegeben.

e) Sollte die auszugebende Seite keinen Navigationstitel haben, wird so lange die Rootline aufwärts gesucht, bis eine Seite einen Navigationstitel hat, dieser wird dann ausgegeben.

f) Sollte die auszugebende Seite keinen Navigationstitel haben, so wird der Titel der Rootseite verwendet inkl. aller Titel auf der Rootline (sofern vorhanden).

Die Frage behandelt zwei verschiedene Aspekte: Während sich der erste Teil (die ersten vier Antworten) der `getText`-Funktion `levelfield` widmet, haben die letzten beiden Antworten mit der Option `slide` zu tun. Die Funktion `getText` besitzt vier Level-Typen:

`levelfield`
: zum Auslesen beliebiger Felder

`levelmedia`
: zum Auslesen des Feldes `media`

`leveltitle`
: zum Auslesen des Feldes `title`

`leveluid`
: zum Auslesen des Feldes `uid`

Die Angabe der Seitennummer erfolgt nun nicht wie bei `fullRootLine`: Die aktuelle Seite hat stattdessen den Wert `-1`, die Elternseite `-2` und so weiter, bis hin zur Rootseite. Ist die Zahl allerdings positiv, hat die Seite mit dem Root-Template (Rootseite) den Wert `0`, deren Kindseite die `1` und so weiter bis zur aktuellen Seite.

Unsere Vorgabe war `-2`, daher wird prinzipiell die Elternseite der aktuellen Seite angesprochen, somit ist Antwort c) richtig. Zusätzlich wurde der Funktion aber der Parameter `slide` übergegeben, was dazu führt, dass – falls die Elternseite keinen Navigationstitel besitzen sollte – solange in der Rootline aufwärts gesucht wird, bis eine Seite mit Navigationstitel gefunden wird. Der gefundene Titel (und nur dieser) wird dann ausgegeben. Daher ist zusätzlich Antwort e) richtig.

Richtig sind also die Antworten c) und e).

8.12.7 Über den folgenden Code wird auf eine Seite verlinkt. Auf welche? (1)

```
page= PAGE
page.10 = COA
page.10 {
   10 = TEXT
   10 {
      value = Seite: {leveltitle:-1}
      insertData = 1
      typolink.parameter.data = leveluid : -1
   }
}
```

a) Auf die aktuelle Seite

b) Auf die Elternseite

c) Auf die Schwesternseite

d) Auf die Unterseite

e) Auf die Rootseite

Über den o.g. Code wird zunächst ein `COA` definiert, das nur ein Content-Element vom Typ `TEXT` enthält, dann wird ein Seitentitel `leveltitle` ermittelt. Dabei hilft `insertData = 1`, da es die Angabe einer vorangehenden Zeile als `getText` behandelt. Fehlte diese `stdWrap`-Funktion, würde die Zeile exakt wie notiert angezeigt. Nun wird ein Link um den Seitentitel gelegt, der auf die ID der gesuchten Seite verweist. Die gesuchte Seite ist also zu eruieren aus der verbleibenden Angabe: `-1`.

Die hier verwendeten Leveltypen bieten zwei mögliche Adressierungsarten: Ist der angegebene Wert `0` bzw. positiv, wird von der Rootseite beginnend (diese hat den Wert `0`) die Rootline hinauf bis zur aktuellen Seite gezählt. Ist der Wert allerdings negativ (wie in unserem Fall), so wird von der aktuellen Seite beginnend bis zur Rootseite herunter gezählt, dabei bekommt die aktuelle Seite den Wert `-1`.

Daher ist Antwort a) richtig.[12]

8.12.8 Ihr TypoScript-Code enthält ein Standardbild im Objekt **temp.stdbild**, außerdem kann der User im Backend ein Bild hochladen, das im Objekt **temp.userbild** gespeichert wird. Wie lassen Sie das Standardbild anzeigen, wenn der Benutzer kein eigenes Bild hochgeladen hat? (1)

```
page = PAGE
page.10 = COA
page.10 {
   ???
}
```

a) `10 < temp.stdbild`
   `20 < temp.userbild`

b) `10 < temp.userbild`
   `20 < temp.stdbild`

c) `10 < temp.userbild`
   `20.stdWrap.ifEmpty.cObject < temp.stdbild`

d) `10 < temp.userbild`
   `stdWrap.ifEmpty.cObject < temp.stdbild`

e) `10 < temp.stdbild+ ifEmpty.cObject < temp.userbild`

f) `10 < temp.userbild`
   `stdWrap.if.isTrue.cObject < temp.stdbild`

Die Fragestellung thematisiert einen in der Praxis recht nützlichen Ansatz: Man gibt dem Benutzer die Möglichkeit, ein individuelles Bild für einen bestimmten Bereich hochzuladen. Tut er das, wird es dargestellt, tut er es nicht, soll ein Standardbild angezeigt werden, damit auf der Website keine Leerstelle entsteht. Ginge man vor, wie in Anwort a)

12 Beachten Sie zum Verlinken der aktuellen Seite aber i.d.R. die BITV (Barrierefreie Informationstechnik-Verordnung).

oder b) dargestellt, würden gegebenenfalls beide Bilder angezeigt werden, das ist laut Fragestellung nicht erwünscht. Letztlich funktioniert nur der Vorschlag aus Antwort d) – hier wird zuerst das Benutzerbild zugewiesen, in der folgenden Zeile dann geprüft, ob die Zuweisung eines leeren Inhalts erfolgte (in diesem Fall wäre `ifEmpty` wahr), falls ja, wird das Standardbild zugewiesen.

Richtig ist also Antwort d).

8.12.9 Folgender TypoScript-Code soll nur dann den Button „Druckversion" anzeigen, wenn die Website mit dem GET-Parameter `print=1` aufgerufen wird. Was muss hierfür anstelle der Fragezeichen eingesetzt werden? (1)

```
page = PAGE
page.10 = TEXT
page.10 {
   value = Druckversion
   ???
}
```

a) Es muss nichts eingesetzt werden, die Funktionalität ist bereits gegeben.

b) `if.isTrue.data = GPvar:print`

c) `if.value.data = GPvar:print`
   `if.equals = 1`

d) `if.isPositive.data = GPvar:print`

e) `if.value.data = GPvar:print`
   `if.isGreaterThan = 2`
   `if.isTrue.data = GPvar:print`

Wie in der Frage formuliert, soll der Text `Druckversion` nur dann erscheinen, wenn die URL den `GET`-Parameter `print=1` enthält. Antwort a) ist falsch, denn ohne Ergänzung im Skript hätte der `GET`-Parameter keinen Einfluss. Antwort b) ist vielversprechender: Mit `print=1` erfolgt tatsächlich die Ausgabe des Strings, allerdings auch bei höheren Werten (wie `print=2`, `print=3` und so weiter), es wird nämlich nur geprüft, ob der Parameter `true` ist, das ist immer der Fall, wenn er nicht den Wert `0` hat. Genau dasselbe gilt für Antwort d).

In Antwort c) dagegen wird zunächst der Wert des GET-Parameters bestimmt und dann mit dem Wert 1 verglichen – diese Antwort ist also richtig. Die letzte Antwort wiederum ist falsch, denn der Text würde so auch ausgegeben werden, wenn der GET-Parameter einen negativen Wert hätte.

Bleibt also als einzig richtige Antwort c).

8.12.10 Welche Möglichkeiten stehen zur Verfügung, um einen Link mit Linktext, Linktarget und einer Linkklasse zu erzeugen? (2)

```
page = PAGE
page.10 = TEXT
page.10 {
   value = Linktext
   ???
}
```

a) Das ist ohne entsprechendes HTML-Template in TYPO3 nicht möglich.

b) `typolink.parameter = http://mytypo3domain.de/`
   `typolink.parameter.extTarget = linktarget`
   `typolink.parameter.ATagParams = class='linkclass'`

c) `typolink.parameter = http://mytypo3domain.de/`
   `typolink.extTarget = linktarget`
   `typolink.ATagParams = class='linkclass'`

d) `typolink.parameter = mytypo3domain.de linktarget linkclass`

e) `typolink = mytypo3domain.de linktarget linkclass`

Offensichtlich ist für die Linkerzeugung die `stdWrap`-Funktion `typolink` zuständig. Die Eigenschaft `parameter` nimmt eine Schlüsselrolle ein, mit ihr wird das Ziel näher spezifiziert.

Gibt man z.B. eine Zahl an, wird sie als `UID` (also ID einer Seite im Seitenbaum) interpretiert, übergibt man einen String, der mit dem Rautezeichen # beginnt, wird ein Anker generiert, gibt man eine Dateireferenz an, wird ein Link erzeugt, der auf diese Datei zeigt. Über eine URL schließlich erhält man einen Link auf die angegebene Website. Durch ein

Leerzeichen abgetrennt, wird der dann angegebene String als Linktarget interpretiert, nach einem weiteren Leerzeichen lässt sich zudem eine Linkklasse angeben.

Möchten Sie allerdings nicht alles in einer Zeile notieren, da Sie auf einzelne Parameter evtl. noch `stdWrap`-Funktionen anwenden wollen, können Sie die Angaben zu Linktarget und Linkklasse auch über `extTarget` und `ATagParams` definieren. Diese sind nicht Eigenschaften von `parameter`, sondern von `typolink`. Richtig sind also die beiden Antworten c) und d).

8.12.11 Sie wollen ein Bild verlinken. Beim Klick darauf soll sich die neue Seite mit der ID 123 in einem Fenster mit der Größe 350x700 Pixel öffnen. Welche Möglichkeiten haben Sie? (1)

```
page = PAGE
page.10 = IMAGE
page.10 {
   file = fileadmin/example.jpg
   ???
}
```

a) `typolink.parameter = 123 350x700`

b) `stdWrap.typolink.parameter = 123 350x700`

c) `typolink.parameter = 123`
   `typolink.JSwindow_params = width=350,height=700`

d) `stdWrap.typolink.parameter = 123`
   `stdWrap.typolink.JSwindow_params = width=350,height=700`

e) `typolink.popup = 1`
   `typolink.popup.params = 123 350x700`

f) `stdWrap.typolink.popup = 1`
   `stdWrap.typolink.popup.params = 123 350x700`

Offensichtlich liegen in den Antworten drei unterschiedliche Ansätze vor. Zudem enthält jede Antwortgruppe dieselbe Lösung zwei Mal, mit und ohne `stdWrap`-Parameter. Das wirft zunächst die Frage auf, ob das `IMAGE`-Objekt direkt `stdWrap`-Eigenschaften verarbeiten kann oder ob hierzu die Eigenschaft `stdWrap` notwendig ist?

Die TSref gibt dazu Auskunft: `stdWrap` lässt sich über die gleichnamige Eigenschaft ansprechen, daher sind die Antworten a), c) und e) falsch. Zusammenfassend ist festzustellen, dass sämtliche Möglichkeiten, Links zu erzeugen, über die `stdWrap`-Eigenschaft `typolink` realisiert werden.

Eine Eigenschaft `popup` dagegen gibt es für `typolink` nicht, daher ist auch Antwort f) falsch. Über die Eigenschaft `JSwindow_params` lassen sich nun zwar tatsächlich Parameter für das JavaScript-Fenster festlegen, aber nur in Bezug auf Scrollbars, Statusleiste und ähnliches. Die Größe allerdings – und ob überhaupt ein Popup erzeugt wird – kann diese Eigenschaft nicht steuern, das ist nur über die Eigenschaft `parameter` möglich.

Damit ist ausschließlich Antwort b) richtig.

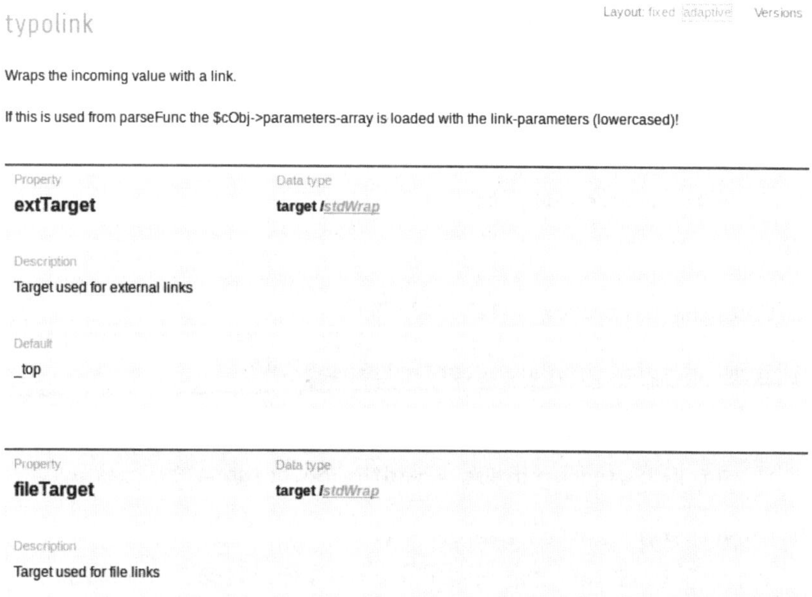
typolink

Layout: fixed adaptive Versions

Wraps the incoming value with a link.

If this is used from parseFunc the $cObj->parameters-array is loaded with the link-parameters (lowercased)!

Property
extTarget

Data type
target / stdWrap

Description
Target used for external links

Default
_top

Property
fileTarget

Data type
target / stdWrap

Description
Target used for file links

Abbildung 8.14: Die Parameter zu `typolink` in der TSref (Ausschnitt)

8.12.12 Mit dem unten stehenden TypoScript-Code soll ein Unix-Timestamp in eine besser lesbare Form umgewandelt werden. Was fehlt dazu anstelle der Fragezeichen? (1)

```
page = PAGE
page.10 = TEXT
page.10.value = 1226923200
page.10.??? = %A, %d.%B %Y
```

a) `strftime`

b) `date`

c) `prioriCalc.strftime`

d) `mktime`

e) `time`

Um einen Unix-Timestamp umzuwandeln, verwendet TYPO3 intern eine PHP-Funktion. Sie müssen als TYPO3 Integrator PHP nicht beherrschen, sollten aber dennoch wissen, welche PHP-Funktionen bei wichtigen TypoScript-Eigenschaften verwendet werden – weniger die Syntax als die möglichen Optionen sind hier für Sie von Interesse.

Beispielsweise bedeuten die Kürzel `%A`, `%d`, `%B` und `%Y`, dass zuerst der ausgeschriebene Wochentag ausgegeben werden soll, dann die zweistellig notierte Nummer des Tages, gefolgt vom ausgeschriebenen Monatsnamen und der vierstelligen Jahreszahl.

Tatsächlich heißt die zugrundeliegende PHP-Funktion `strftime` und wird genau so im TypoScript als `stdWrap`-Funktion verwendet. [13] Ein Unix-Timestamp (hier der Termin der ersten TYPO3-Zertifizierungsprüfung) kann so in ein für Menschen besser lesbares Datum umgewandelt werden.

Richtig ist also Antwort a).

8.12.13 Der folgende TypoScript-Codeabschnitt soll die Anzahl der Tage seit Beginn des TYPO3-Zertifizierungsprogramms bis heute ausgeben. Was fehlt anstelle der Fragezeichen? (1)

```
page = PAGE
page.10 = COA_INT
page.10 {
   10 = TEXT
   10 {
      cObject = TEXT
      cObject.data = date:U
      cObject.wrap = (|-1226923200)/86400
      ???
      wrap = Die Zertifizierung gibt es seit  |  Tagen
```

13 Unter der URL `http://www.php.net/manual/de/function.strftime.php` sind alle Optionen nachzulesen, die Sie dabei verwenden können.

```
    }
}
```

a) `calc = intval`

b) `calc = 1`

c) `prioriCalc = intval`

d) `exec = calc`

e) `priori = calc`

Der o.g. Code erstellt zunächst ein `COA_INT`-Objekt (damit die Ausgabe nicht gecacht wird). Dann wird das aktuelle Datum in Sekunden berechnet, davon abgezogen wird der Unix-Timestamp der ersten TYPO3-Zertifizierungsprüfung am 17.11.2008. Schließlich wird das ganze durch 86400 geteilt, was die Anzahl der Tage ergibt.

Es wird zunächst aber nicht im streng mathematischen Sinne gerechnet, vielmehr wird nur ein String erstellt. Damit tatsächlich die Berechnung erfolgt, muss ein `stdWrap`-Befehl verwendet werden, nämlich `prioriCalc`. Diese Funktion versucht, den Wert zu berechnen, den ein als String übergebener Term hat (im obigen Beispiel gegeben in der vorangehenden Zeile).

Gibt man als Option den Wert `1` an, so wird das Ergebnis unter Umständen als reelle Zahl angezeigt. Um sicherzustellen, dass das Ergebnis eine Integerzahl wird, muss man `prioriCalc = intval` verwenden.

Richtig ist also Antwort c).

8.13 userFunc

Hin und wieder kommt es vor, dass die durch TypoScript zur Verfügung gestellten Funktionen zur Problemlösung nicht ausreichen. Nun müssen Sie eventuell darüber nachdenken, eine Extension zu schreiben. Vor allem aber, wenn es um *kleinere* Vorhaben geht, bietet es sich an, stattdessen eine Funktion in PHP zu erstellen und einzubinden. Hierzu wurde das Konzept der so genannten *Benutzerfunktionen* in TypoScript eingeführt.

8.13.1 Wollen Sie eine eigene PHP-Funktion in TypoScript benutzen, müssen Sie eine Datei mit Ihrer PHP-Klasse einbinden. Was dürfen Sie anstelle der Fragezeichen im Dateinamen benutzen? (2)

```
includeLibs.klasse = directory/???.php
```

a) `userClass`

b) `user_class`

c) `tx`

d) `tx_class`

e) `txClass`

Um eine PHP-Klasse in TypoScript einzubinden, muss zunächst die entsprechende PHP-Datei geladen werden (vgl. auch die folgende Frage). Sie können die Datei hierzu in ein beliebiges Verzeichnis ablegen – möglichst aber nicht in ein Verzeichnis im `fileadmin`-Verzeichnis, das wäre ein Sicherheitsrisiko, da so der Inhalt beispielsweise durch andere Benutzer des Systems ausgelesen werden könnte.

Dabei gibt es in TYPO3 einige Einschränkungen bezüglich der Benennung von Klassen – nicht aber bezüglich der Namensgebung für Dateien. Sie können also alle der vorgeschlagenen Namen für Ihre PHP-Datei verwenden, bei Klassen ist das, wie wir später sehen werden, nicht so.

Die TYPO3 Coding Guidelines[14] empfehlen jedoch, die Klassendatei genau wie die Klasse selbst zu benennen, schon damit sich „von außen" schnell feststellen lässt, welche Klasse enthalten ist.

Richtig sind somit die Antworten a) bis e) – sinnvoll (da die Benennung der enthaltenen Klasse Einschränkungen unterliegt) dagegen nur b) und d).

14 `http://docs.typo3.org/typo3cms/CodingGuidelinesReference/`

8.13.2 Sie wollen eine eigene PHP-Funktion in TypoScript einbinden. Welcher Code fehlt anstelle der Fragezeichen? (1)

```
page = PAGE
page.10 = USER
page.10.userFunc = ???
```

a) `user_class`

b) `user_class->myFunction`

c) `class->myFunction`

d) `userClass|myFunction`

e) `myFunction`

Damit der dargestellte Code funktioniert, muss die entsprechende Datei über `includeLibs` eingebunden, anschließend die Benutzerfunktion angesprochen werden. Dazu wird die Klasse adressiert, dann die gewünschte Funktion. So können Sie beispielsweise nur *eine* Datei einbinden und hieraus mehrere verschiedene Klassen ansprechen – besserer Programmierstil ist es allerdings, pro Datei nur eine Klasse zu hinterlegen.

In die Klasse können Sie wiederum beliebig Funktionen integrieren, deren Name unterliegt, im Gegensatz zum Namen der Klasse, keinerlei Einschränkungen. Der Name der Klasse allerdings muss entweder mit `tx_` oder mit einem definierbaren Präfix beginnen, wobei per Default `user_` verwendet wird. Sie können das Präfix, falls nötig, im Install Tool in der Option `$TYPO3_CONF_VARS[FE][userFuncClassPrefix]` umdefinieren. Analog zur Klasse benennen Sie nun die Funktion.

Richtig ist daher Antwort b).

Tatsächlich wird nicht zwingend eine Klasse als Parameter erwartet. Benutzt man bei der Spezifizierung der `userFunc`-Funktion keine Klasse, sondern eine Funktion, wird sie aufgerufen (wenn sie nicht in einer Klasse gekapselt ist). Die Namenskonvention gilt in diesem Fall für die Funktion, daher ist zusätzlich Antwort a) richtig – auch wenn der Name auf eine Klasse hindeutet, ließe sich so auch eine Funktion benennen.

Der minimale Code für eine Klasse mit einer Funktion sieht folgendermaßen aus:

```
<?php
   class tx_class {
```

```
        function mainFunction($content,$conf){
            return 'Hello World';
        }
    }
?>
```

8.13.3 Welche Möglichkeiten haben Sie, eigene Funktionen mittels `userFunc` zu verwenden? (3)

a) Content-Objekt `USER_INT`

b) Conditions

c) Top-Level-Objekt `USERFUNC`

d) `stdWrap`

Eigene Funktionen mittels `userFunc` können immer dann eingesetzt werden, wenn die gewüschte Funktionalität mit „reinem" TypoScript nicht zu realisieren ist, eine eigene Extension aber zu aufwändig wäre. Daher wurden in TYPO3 einige Möglichkeiten geschaffen, um an bestimmten Stellen eigenen Code mittels `userFunc` einzuschleusen.

Das Content-Objekt `USER` haben wir bereits weiter oben besprochen, ebenso das Objekt `USER_INT`, dessen Inhalt im Unterschied zu `USER` nicht gecacht wird.

In Conditions gibt es ebenfalls die Möglichkeit, eigene Funktionen zu verwenden, so lassen sich beliebige eigene Conditions realisieren. Bei der Verwendung von `stdWrap` existieren zahlreiche Möglichkeiten, um Benutzerfunktionen ausführen zu lassen. Lediglich Antwort c) ist falsch, denn ein Top-Level-Objekt `USERFUNC` gibt es nicht.

Richtig sind die Antworten a), b) und d).

8.13.4 Wie können Sie eigene TypoScript-Optionen an eine `userFunc`-Funktion übergeben? (2)

```
page = PAGE
page.10 = USER
page.10.userFunc = user_class->myFunction
???
```

a) Das ist nicht möglich, da TypoScript keine Optionen an PHP übergeben kann.

b) `page.10.eigeneOption = wert`

c) `page.10.userFunc.eigeneOption = wert`

d) `page.20.userFunc.parameter = eigeneOption->wert`

e) `userFunc.option = eigeneOption|wert`

Verwendet man selbst entwickelten PHP-Code in TypoScript, sollen Benutzerfunktionen meist auch Optionen übergeben werden. Auslesen lassen sich solche Optionen in PHP über das assoziative PHP-Array `$conf`:

```
<?php
   class user_class {
      function mainFunction($content,$conf){
         return print_r($conf,1);
      }
   }
?>
```

Grundsätzlich bieten die Content-Objekte `USER` und `USER_INT` lediglich eine Option, nämlich `userFunc`, die ausschließlich der Angabe der Funktion dient. Alle anderen eventuell hinzugefügten Optionen werden von TypoScript aber durchgereicht und können von der Benutzerfunktion ausgewertet werden – jedoch nur innerhalb des Objekts (also `page.10`). Daher sind die Antworten d) und e) falsch. Richtig sind b) und c), denn es ist unerheblich, ob Sie die Optionen `userFunc` als Untereigenschaft übergeben oder sie parallel – also auf derselben Ebene – definieren.

Index

E

F

G

H